Lars Muhl

Das Licht im Herzen der Menschen

Entdecke das unendliche Universum in dir

Titel der Originalausgabe: The Light within a Human Heart

First published in the UK and the USA by Watkins,
an imprint of Watkins Media Ltd., London 2022
This translation has been published by the agency of Agence Schweiger, France

www.kamphausen.media

ISBN Printausgabe: 978-3-95883-609-9
ISBN E-Book: 978-3-95883-610-5

2. Auflage 2024

Projektmanagement: Marianne Nentwig
Übersetzung: Naleea Landmann
Lektorat: Dr. Richard Reschika
Umschlaggestaltung: Wilfried Klei
Coverdesign: Ingeborg Lykke Mitchell
Autorenfoto: © privat
Innenteil, Layout/Satz: Carine Wiebe
Druck: Grafoprint, Gornji Milanovac

Bibliografische Information der Deutschen Nationalbibliothek
Die Deutsche Nationalbibliothek verzeichnet diese
Publikation in der Deutschen Nationalbibliografie;
detaillierte bibliografische Daten sind im Internet über
https://dnb.de abrufbar.

LARS MUHL

DAS LICHT IM HERZEN DER MENSCHEN

Entdecke das unendliche Universum in dir

Aus dem Englischen übersetzt von Naleea Landmann

Zuallererst möchte ich Naleea Landmann für ihre Inspiration und ihr Verständnis für den Inhalt des Manuskripts danken. Ohne ihren unermüdlichen Willen, ihren kreativen Beitrag und die Übersetzung sowohl der englischen als auch dieser deutschen Ausgabe wäre dieses Buch nur ein weiterer Traum geblieben.

Doch nun ist das Buch tatsächlich da, und ich möchte meinen Verlegern und dem ganzen Team von Kamphausen dafür danken, dass sie diesen Traum verwirklicht und das Buch denjenigen zur Verfügung gestellt haben, denen diese Ausgabe gewidmet ist, den deutschsprachigen Lesern auf der ganzen Welt.

Letztendlich geht es wirklich immer nur um eines:
Wo ein Licht ist, ist auch ein Weg.

INHALT

When all the talk is done,
All ways melt into one.
Remember, oh Precious Heart of mine:
The reason you came here was … to shine!
I'll be waiting –
Till the end of time.

Naleea Landmann
„Song of Taxo"

Wer – wenn nicht Du?
Wann – wenn nicht jetzt?

PROLOG

Seit der Veröffentlichung der dänischen Ausgabe von *Das Licht in unseren Herzen* im Jahr 2018 habe ich eine Reihe von Downloads über die im Buch erwähnte goldene Substanz, die sich mir im Ätherraum gezeigt hat, empfangen. Ich halte es daher für wichtig, die Informationen sowohl in die im Juni 2022 erschienene englische[1] als auch in diese nun vorliegende deutsche Ausgabe aufzunehmen.

Die Existenz der ätherischen Realität ist seit Menschengedenken bekannt. Jedes Mal, wenn wir unsere Mobiltelefone, unseren Fernseher oder unser Radio einschalten, sind wir in Kontakt mit diesem scheinbar unsichtbaren Element, durch das alle Arten von Informationen von einem Sender zu einem Empfänger transportiert werden.

Wir sind in der Lage, Schallschwingungen, Töne und Klänge jeglicher Art über den Äther wahrzunehmen und weiterzuleiten.

Es war Pythagoras, der sagte, dass es sowohl „Geometrie im Summen der Saiten" als auch „Musik in den Weiten der Sphären" gebe. Durch seine heilige Wissenschaft wurde der Ausdruck *Sphärenmusik* bekannt. Für den Verstand stellt diese „Musik" seit Jahrzehnten ein Rätsel dar. Heute wissen unsere Wissenschaftler, dass im Weltenraum unseres Universums „eine Art Klang" existiert oder dass dort „so etwas wie Musik gespielt" wird. Es bleibt jedoch die Frage, wer oder was der Urheber oder die Ursache diese „Musik" sein könnte.

[1] *The Light Within a Human Heart,* Watkins Publishing.

In einigen der ältesten der Menschheit bekannten Schriften, den indischen Veden, wird das Element *Akasa* wie folgt definiert: „Das erste der fünf materiellen Elemente, aus denen das Universum besteht; oft mit ‚Raum' und ‚Äther' übersetzt; eine subtile, hochempfindliche geistige Essenz, die den gesamten Raum durchdringt."

Mystiker wissen seit Jahrhunderten von der sogenannten *Akasha-Chronik* oder dem *Buch des Lebens*, einer universellen Bibliothek oder einem kosmischen Gedächtnis, in dem sämtliche Worte und Taten jedes Menschen aufgezeichnet sind.

Wenn wir von positiven Ideen und Visionen inspiriert werden, stammen diese oft aus den Akasha-Aufzeichnungen. Die Qualitäten und Eigenschaften, die diesen Ideen und Visionen zugrunde liegen, wurden im Laufe der Zeit von Seelen erschaffen, die sich der wahren Entfaltung aller Menschen verschrieben haben. Ihre zeitlosen Ideen und Visionen werden auf diejenigen zurückprojiziert, die in unserer heutigen Zeit selbstlos daran arbeiten, Lösungen zum Wohle der Menschheit zu finden. Deshalb müssen wir uns, wenn wir beginnen, bewusst mit den Akasha-Aufzeichnungen zu arbeiten, über unsere wahren Absichten im Klaren sein. Was sind die Gründe für unser Handeln? Jeder egoistische Wunsch nach persönlichem Gewinn wird nur dazu führen, dass unsere Verbindung zu den Aufzeichnungen eingeschränkt wird. Eine solche Leichtsinnigkeit hat stets verdrehte Visionen zur Folge, die zu Missverständnissen und Irrtümern führen.

Ich war acht Jahre alt, als ich zum ersten Mal das leuchtende *Netz des Lichtes* sah, das alles durchdringt. Viele Jahre später verstand ich, dass das, was ich erlebt hatte, die Struktur des Äthers war.

Als ich bei meinem Lehrer, dem Seher Calle de Montségur, in die Lehre ging, war ich gezwungen, die Gabe meines geöffneten Inneren Sehens anzuerkennen und bewusst zu beginnen, sie weiterzuentwickeln und zu schärfen. Wohlgemerkt: Calle zufolge ist dies eine Gabe, die wir alle besitzen. Und genau das möchte ich hier mit Dir teilen.

Die meisten Menschen haben schon einmal von Marienerscheinungen gehört. Aber was genau passiert bei so einer Erscheinung? Wie kommt sie zustande? Und von woher?

Erscheinungen von Mutter Maria sind ein gutes Beispiel dafür, wie archetypische Informationen aus dem Ätherischen ins Physische übertragen werden. Erscheinungen von Mutter Maria sind ätherische Bilder, die aus all jenen Qualitäten, die zu Hoffnung, Mitgefühl und Heilung führen, bestehen und die seit Jahrzehnten von Millionen von Menschen, die in ihrer Not zu diesem Archetypus der *Liebenden Güte* um Hilfe beten, auf sie projiziert worden sind und es auch heute noch werden. Das ätherische Bild wird auf der ätherischen Membran, die den Schleier zwischen der physischen und der ätherischen Welt bildet, zu uns zurückgespiegelt. Aus diesem Bild können wir die Essenz der Eigenschaften und Qualitäten von Mutter Maria in unser eigenes Erfahren und Empfinden empfangen und integrieren.

In den letzten 100 Jahren haben Menschen mit besonderem Interesse an der Wissenschaft des Geistes über eine in Kürze stattfindende große Transformation des Bewusstseins gesprochen. Für mich gibt es keinen Zweifel daran, dass wir uns jetzt gerade mitten in dieser Transformation befinden.

Eines Tages, vor nicht allzu langer Zeit, habe ich Visionen aus dem Ätherraum empfangen, in denen sich die goldene Substanz, über die ich in diesem Buch geschrieben habe, plötzlich auf eine neue Weise zeigte. Sie strahlte und pulsierte und war lebendiger als alles, was ich je zuvor innerlich wahrgenommen habe. In diesem Moment verstand ich, dass diese Substanz die Essenz des höheren Bewusstseins in sich trägt, auf das wir alle warten, und eine neue Art von Heilung, Klarheit und Mitgefühl manifestiert, die jenseits jeder mir bekannten Beschreibung liegen.

Diese goldene Substanz breitet sich im Äther wie ein Lauffeuer aus. Sie wird jeden Irrtum, jedes disharmonische Denken oder Handeln offenbaren und gleichzeitig deutlich machen, warum es notwendig ist, dass wir unsere Lebensweise und Gewohnheiten ändern und damit beginnen, im Einklang mit unseren gemeinschaftlichen und individuellen Bestimmungen zu leben.

Alles vom Menschen Geschaffene, das nicht mit dem *Gesetz des Lichtes* übereinstimmt, wird aufgedeckt, und allem wird eine Transformation angeboten. Jede Art von Fehlverhalten wird korrigiert und jedes Leiden wird geheilt. Die Transformation wird sich in dem Moment vollziehen, in dem die Menschheit begreift, dass kein Weg an der Wahrheit und Wahrhaftigkeit dieser goldenen Substanz vorbeiführt.

Meine Visionen haben mir gezeigt, dass es einige Menschen geben wird, die ihre Positionen und Machtspiele nicht so leicht aufgeben werden. Sie werden sogar versuchen, die goldene Substanz in ihren Besitz zu bringen und ein Monopol darauf zu erlangen, sobald sie von ihr erfahren. Aber sie kann weder besessen noch manipuliert werden. Wird das nicht verstanden, wird es der Untergang derjenigen sein, die stur an den alten Wegen von Hierarchie, Macht, Dominanz, Ausbeutung, Unterdrückung, Manipulation, Wettbewerb und Gier festhalten. Irgendwann werden diese Menschen jedoch zur Besinnung kommen und, als kosmische Folge ihrer Erkenntnis, geheilt und zu ihrer wahren Bestimmung zurückgeführt werden. Ab diesem Zeitpunkt wird die Transformation zu unserem ursprünglichen Seinszustand und unserer ursprünglichen Realität sehr schnell vonstattengehen.

Je eher jeder von uns anfängt, sein persönliches Chaos zu beseitigen, desto schneller wird sich der Wandel vollziehen. Überall, wo auch immer wir hingehen, müssen wir mit der Essenz dieser goldenen Substanz in Verbindung treten, mit ihr kommunizieren und nach ihrem Gesetz des Lichtes handeln. Dies setzt unsere vollkommene Gegenwärtigkeit voraus, ganz und gar unabhängig davon, wo wir gerade sind oder was wir gerade erfahren. Bevor wir sprechen oder handeln, müssen wir zuallererst die Schwingung der Liebe und des Friedens in uns selbst herstellen. Von dort aus begegnen wir jedem Moment unserer Tage mit einem weit geöffneten Herzen – und bemerken, was wir tun können, um den Weg für die Allgemeinheit zu erleichtern; wir heben

Müll auf, wenn wir ihn sehen; teilen unseren Wohlstand mit den weniger Wohlhabenden; tragen die Last der Bedrückten; wir erheben die Gefallenen; lassen die Toten auferstehen und sind das Licht, das zu sein uns immer bestimmt war.

Beginne damit, ununterbrochen mit der goldenen Substanz zu kommunizieren. Meditiere über sie. Empfange sie und spüre ihre heilende und mitfühlende Klarheit, die alles und jeden revolutionieren und transformieren wird. Wie es Taxo in diesem Buch sagt: Wann – wenn nicht jetzt? Wer – wenn nicht wir?

Als mein Freund und Lehrer, der Seher Calle de Montségur[2], im Jahr 2007 starb, war ich darauf vorbereitet. Sechs Monate zuvor hatte ich ihm versprochen, mich um sein spirituelles Erbe zu kümmern, und in den letzten 15 Jahren habe ich mein Bestes getan, um mein Versprechen einzulösen. Seit seinem Tod ist er allmählich tiefer in die feinstofflichen Dimensionen vorgedrungen und hat schließlich dieses Universum endgültig verlassen. Es ist nun an der Zeit, dass ich die Verantwortung für die Gaben übernehme, die mir gegeben wurden.

Ich habe mich dafür entschieden, dieses Buch als ungefilterte Erzählung zu verfassen, ohne jegliche literarischen Ambitionen zu hegen, denn ich möchte einfach meine Erfahrungen teilen, anstatt für Unterhaltung zu sorgen. Mir ist klar, dass es praktisch unmöglich ist, derart tiefgreifende Erfahrungen in Worte zu fassen, denn es gibt keine Worte, die sie angemessen ausdrücken könnten. Jeder Vergleich mit der physischen Realität, wie wir sie kennen, ist aus Sicht der geistigen Welt in gewisser Weise bedeutungslos. Und so habe ich, diese Beschränkung akzeptierend, den Text als einen Bewusstseinsstrom geschrieben, ganz im Sinne von Asaph – der nur das schreibt, was ⊙[3] am meisten dient.

---

[2] Wer sich dafür interessiert, kann mehr über meine Ausbildung bei Calle de Montségur in dem Buch *Der Seher* lesen.

[3] Das Symbol besteht aus einer Verschmelzung des Weiblichen (der Kreis) und des Männlichen (der Punkt) – Peripherie and Zentrum, das Allumfassende und das eng Fokussierte (mehr dazu im Buch *Die Gottes Formel* von Lars Muhl).

Der Inhalt dieses Buches wurde durch einen zweiwöchigen Aufenthalt in Israel im Jahr 2014 inspiriert, als ich an den Dreharbeiten zu einem Dokumentarfilm über Yeshua und die aramäische Sprache beteiligt war; wir haben untersucht, wie wichtig diese Sprache ist, um uns dabei zu helfen, ein tieferes Verständnis für die heilenden Fähigkeiten des Menschen zu erlangen, die im Neuen Testament beschriebenen werden.

In den 15 Jahren, die seit dem Tod von Calle de Montségur vergangen sind, habe ich Phasen des Zweifels durchlebt, in denen ich es für notwendig hielt, über die Erkenntnisse und Erfahrungen, die ich in der Vergangenheit hatte und auch heute noch habe, zu schweigen. Aber, lieber Leser, ich habe den Moment schon viel zu lange aufgeschoben, und nun ist es an der Zeit, dich mitzunehmen – in das unendliche Universum von Asaph Muzethi.

Lars Muhl

1

AUF EIGENEN FLÜGELN

Die Uhr an der Wand ist stehen geblieben. Ein ungefähr fünfjähriges Mädchen lässt ihren Lolli fallen und quietscht, als er über den Boden rollt und sich dabei in Windeseile in eine Art geteertes und gefedertes Etwas verwandelt. Ein Mann mittleren Alters blickt überrascht von seiner Zeitung auf, wie wenn er sich plötzlich seiner Umgebung bewusst geworden wäre. Ein mit Koffern beladener Gepäckwagen bahnt sich lautlos seinen Weg durch den Terminal. Eine Schlange von Menschen verschwindet durch Gate Nummer 12. Ungeduldig halten sie den Stewardessen ihre Bordkarten hin, von denen eine lächelt, aber innerlich weint. Ein junges Paar küsst sich leidenschaftlich, als hinge ihr Leben davon ab. Es ist der 22. Juli, und ich kann all das von meinem Aussichtspunkt in der Lounge aus sehen. Seit meiner Lehre bei dem Seher Calle de Montségur versuche ich das, was ich in Bezug auf andere Menschen sehe, fühle oder erlebe, nicht zu beurteilen. Gleichzeitig ist es jedoch nicht möglich, das, was ich sehe, fühle oder erlebe, zu ignorieren. Schon als Kind habe ich die inneren Welten anderer Menschen und auch deren Probleme wahrgenommen, konnte mich aber nicht vor den Impulsen, die ich erhielt und die mich zuweilen zu überwältigen drohten, schützen oder über sie tiefgründig reflektieren.

Nicht alles, was ich beobachte und wahrnehme, spiegelt die grundlegende Universelle Wahrheit wider – dass wir alle von derselben Quelle erschaffen wurden und unverzichtbare Teile des Universums sind. Ich kann immer nur dann die Wahrheit und Wahrhaftigkeit erkennen, wenn ich mich daran erinnere, dass wir nicht reinkarnieren, um uns von Glaubenssätzen, Gewohnheiten und konditionierten Einstellungen vereinnahmen zu lassen, die unser inneres Sehen, unsere Intuition und unsere bewusste Wahrnehmung zu einem nahezu Nichtvorhanden-Sein reduziert haben. Ich würde sicherlich in einem permanent depressiven Zustand enden, wenn ich nicht in der Lage wäre, mich über das zu erheben, was ich spüre. Man könnte sagen, dass die meisten Menschen in einem komatösen Seinszustand leben; sie sind ständig in Bewegung, haben mit der einen oder anderen Sache Erfolg, äußern eine Meinung zu diesem oder jenem und erreichen oder erledigen eine Menge, während sie gleichzeitig einen endlosen Strom von innerem und äußerem Lärm produzieren, der von ihren Meinungen, Vorurteilen, Entschuldigungen und Urteilen ausgeht. Verstehe mich bitte nicht falsch – auch ich bin einer dieser Menschen, allerdings habe ich das Gefühl, dass ich inzwischen immer besser mit meinem Lärm umgehen kann.

Zum Beispiel *sah* ich das weinende Mädchen mit dem glücklosen Lolli, ich *sah*, wie sie mit ziemlicher Sicherheit für den größten Teil ihres Lebens in dem materialistischen und phänomenorientierten Verständnis gefangen bleiben würde, an das ihre Eltern sie gewöhnt hatten. Auch konnte ich die verborgene Verbindung zwischen der Begebenheit mit dem fallen gelassenen Lolli, dem Quietschen des Mädchens und dem älteren Mann mit der Zeitung sehen. Das Quietschen hatte ihn aus der Erstarrung geweckt, in der er sich seit dem Tod seiner Frau vor fünf Jahren befunden hatte. Jetzt war ihm die Möglichkeit gegeben worden zu erkennen, dass das, was er für ein langes und erfülltes Leben gehalten hatte, in Wirklichkeit nichts weiter als ein flüchtiger Augenblick gewesen war, der die Spitze einer Nähnadel bedecken könnte.

So wirkt und waltet das Leben und die unsichtbare Verbindung zwischen den Menschen. Es formt eine geheime Sprache, von der nur wenige wissen. Doch ist es von entscheidender Bedeutung, dieser Sprache zu lauschen, wenn wir den Sinn unseres Lebens finden und Möglichkeiten statt frustrierender Einschränkungen sehen wollen. Für den eingeweihten Beobachter ist die wahre und wahrhaftige Essenz einer Person, deren Vergangenheit und Zukunft, deutlich lesbar, geschrieben in Buchstaben aus Licht in ihrem ätherischen Feld. Der Äther, in dem die Menschheit atmet und lebt, ist das hauptsächliche Medium, durch das wir unsere Umgebung beeinflussen können. Die kleinste Andeutung eines Gedankens erzeugt eine subtile Schwingung im Äther. Ein Gedanke, der durch Worte oder durch eine physische Handlung ausgedrückt wird, kann – bedingt durch den Äther – das Leben auf der anderen Seite des Planeten beeinflussen. Das ist der bekannte Schmetterlingseffekt! Wenn wir die Realität dieses Effektes nicht anerkennen, verirren wir uns auf unserem Weg.

Jede Epoche hat ihre eigene Ästhetik, die jedoch meist nur eine Art intellektueller Fassade war und ist. Eine Fassade, die uns vorgaukelt, dass wir durch diese seelenlosen Projektionen von persönlichem Lärm „die wahre Realität" sehen können. Doch in Wirklichkeit erschaffen wir nur ein tieferes Gefühl der Entfremdung, das uns, anstatt uns von der materiellen Welt zu befreien, zu hilflosen und unbewussten Sklaven von Dingen, Meinungen, Normen, Formen, Flucht und Furcht macht: Wir haben Angst, die Kontrolle zu verlieren und nicht „normal" zu sein – selbst wenn wir uns nach Kräften darum bemühen, korrekt, unorthodox oder provokativ zu sein.

Wenn sich der kontrollierende Intellekt ausschließlich mit dem Physischen verbindet, wird er zu einem ernsthaften Hindernis für die Seele während der Zeit, in der sie hier inkarniert. Die Tragödie solch einseitiger Anbindung und Fixierung führt zu einem vollständigen Verlust von Überblick und Führung. Ein menschliches Wesen ist in erster Linie eine Seele, die sich für eine kurze Zeit in einem physischen Körper wiederfindet. Um sich zu orientieren, muss sie ein Gehirn, einen Verstand und eine Psyche benutzen. Irgendwann kommt jedoch der Tag, an dem sich das menschliche Wesen der enormen Beschränkungen und Beschränktheiten des Intellekts bewusst wird.

Aus der Perspektive des Hohen Selbst betrachtet, sucht der Intellekt ewiglich nach Möglichkeiten, wie er sich vor der Übernahme von Verantwortung drücken und seinen eigenen Vorurteilen entkommen kann. Diese Flucht hat viele Namen; wahrer Glaube, vernünftige Politik, verantwortungsvoller Journalismus, gute Literatur, kritische Kunst und nachdenklich stimmende Filme. Es gibt jedoch eine Bewusstseinsebene, die weit entfernt ist von solchen menschengemachten Beschränkungen, in der die Seele allwissend ist, sich bewegt, wohin auch immer sie will, und in der sie sich weder verstellen muss, noch ein Bedürfnis danach hat, unterhalten zu werden. Stattdessen finden wir Stimulation durch Intuition. *Wenn wir uns nicht mit unserer Intuition verbinden, wird sie sich nicht mit uns verbinden.*

Diese Erkenntnis hat meine Realität bestimmt, seit mich der Seher Calle de Montségur auf dem heiligen Berg von Montségur eingeweiht hat. Nicht als Theorie, sondern als gelebte Erfahrung. Und trotzdem hatte ich es vor mir hergeschoben, die Verantwortung für die mir übertragene Aufgabe zu übernehmen. So verging die Zeit; und irgendwann wurde mir klar, dass ich, wenn ich mich nicht genau jetzt entscheide, eine Gelegenheit verpassen würde, die sich mir mit Sicherheit nie wieder bieten würde – jedenfalls nicht in dieser Inkarnation. Es war jedoch nicht bloß eine Gelegenheit; es war eine Notwendigkeit. Sowohl mein guter Freund, der Astrologe Andrew Smith[4] aus Dublin, Irland, als auch die walisische Seherin Carol Clarke[5], die ich bei einer Vortragsreise in London kennengelernt hatte, hatten mir geholfen zu erkennen, dass die Zeit reif und ich bereit war. Ich musste die Sicherheit und

[4] Andrew Smith ist ein irischer Astrologe, der zusammen mit seiner Frau Karen Morgan ein einzigartiges astrologisch-therapeutisches System entwickelt hat, in dem die authentischen astrologischen Lesemethoden der alten Mysterienschulen auf zeitgemäße Weise angewendet werden.

[5] Carol Clarke lebt in Wales und ist eine der angesehensten Seherinnen unserer Zeit, die Zugang zu den Aufzeichnungen im Buch des Lebens hat.

den Komfort gegen das Unbekannte eintauschen. Mein Ziel, sowohl äußerlich als auch innerlich, war das Heilige Land.

In Israel sollte ich den norwegischen Dokumentarfilmregisseur Ole Bernt Frøshaug[6] und den israelischen Kameramann Ami Shamir[7] treffen, um an einem Film über Yeshua und die aramäische Sprache – ein leidenschaftliches Interesse von mir, das mich seit 1988 zu umfassenden Recherchen und Studien veranlasst hat – mitzuwirken.

Fünf Stunden später landete mein Flugzeug in Tel Aviv. Inzwischen kannte ich die Sicherheitsprozedur in- und auswendig. In Israel gibt es nichts, was ohne Grund getan wird. Jede der Fragen, die die Sicherheitsbeamten an die ankommenden Besucher richten, ist eine unmittelbare Folge der Wiedererrichtung Israels im Jahr 1948. Manche nennen es Paranoia, die Israelis nennen es lebenswichtige pragmatische Vorsichtsmaßnahmen, die jedes Mal automatisch verschärft werden, wenn ein palästinensischer Junge den kleinsten Stein auf einen israelischen Soldaten in einem der zahllosen Brennpunkte des Landes wirft, wenn Zionisten oder ultraorthodoxe Juden sich illegal in palästinensischen Gebieten niederlassen oder wenn die Hamas ihre wöchentlichen Raketen aus dem Gazastreifen abschießt.

Ich mietete ein Auto, kam am Nachmittag in Jerusalem an und nahm mir ein Zimmer im Christ Church Hostel, das am Jaffator in der Altstadt von Jerusalem liegt. Es ähnelt einem Kloster und hat einen alten Garten, den ich sehr schätze.

---

[6] Ole Bernt Frøshaug, geboren 1954, ist ein norwegischer gesellschaftskritischer Fotograf und Filmemacher. Er hat vor allem in Afrika und Lateinamerika gearbeitet und mehr als dreißig Dokumentarfilme für TV2, NRK und die BBC mit den Schwerpunkten Politik, Umwelt und Kultur gedreht. Der Film *Hvitt lerret, svart hyene* gewann 2005 den Prix Essai auf dem renommierten Kunstfilmfestival der UNESCO in Paris als innovativster Kunstfilm des Jahres. Der Film *Ole Bull – Himmelstormeren* aus dem Jahr 2007 wurde mit internationalen Preisen ausgezeichnet.

[7] Ami Shamir ist ein israelischer Kameramann, der in Afrika und im Nahen Osten für alle großen Fernsehsender der Welt gefilmt hat. Eine Zeit lang war er Bildredakteur in der Redaktion von Fox News, Jerusalem, und später in derselben Position bei Al Jazeera.

Nach vielen Jahren, in denen ich wie in einem Standby-Modus gelebt hatte, war ich endlich frei! Ich machte mich auf den Weg zu dem Ort, an dem ich es liebe zu meditieren; die Klagemauer im jüdischen Viertel. Hier stellte sich ein junger orthodoxer Jude vor mich, als ich versuchte, einen Stuhl an die Mauer zu rücken.

„Bist du Jude?“, fragte er auf Englisch mit einem jiddischen Akzent. Es war klar, dass er, falls ich mit „Nein“ antwortete, versuchen würde, mein Vorhaben zu verhindern. Ich schaute ihm direkt in die Augen. Sein Blick schwankte und zeigte, dass er sich seiner Sache nicht mehr sicher war.

Dann sagte ich: „Kennst du nicht die Worte des Propheten Jesaja: ‚Denn mein Haus soll ein Haus des Gebetes sein für alle Völker der Welt‘?“[8]

Er lächelte mühsam und trat zähneknirschend, mit sichtlich schlechter Laune, zur Seite, um mich passieren zu lassen.

Die Klagemauer wird jedes Jahr von Hunderttausenden von Menschen besucht. Viele Touristen beobachten lediglich. Sie kommen, machen Fotos von der Mauer und den Betenden, scheinen jedoch nicht die Gegenwart von irgendetwas Besonderem wahrzunehmen. Wahrscheinlich sind sie einfach von der theatralischen Heiligkeit, die dort zu sehen und zu hören ist, überrascht oder befremdet. Wenn man an der Mauer sitzt oder steht, wird schnell klar, dass nicht alle dort Anwesenden tief im Gebet versunken sind, sondern dass es einigen eher darum geht, gesehen und gehört zu werden. Nicht anders als die Szene im Neuen Testament, in der Yeshua den bescheidenen Zöllner hervorhebt, der still im hinteren Teil der Synagoge betet, während der Pharisäer so nahe wie möglich am Altar steht, um sicher zu sein, dass jeder sehen kann, wie heilig er ist.

Wenn man es schafft, sich über dieses ständige Eindringen und Aufdrängen zu erheben, wird man die Göttliche Gegenwart spüren; nicht als etwas, das von außen zu einem kommt, sondern als eine Realität in einem selbst, die vom Herzen ausströmt. Mein Gebet hat keine

[8] Jesaja 56:7 und Matthäus 21:13.

Worte – es ist eine *vertikale Gegenwärtigkeit*, die die äußeren Umstände auflöst, eben weil sie vertikal ist.

Und was ist mit vertikaler Gegenwärtigkeit gemeint?

Eine Inkarnation, die sich als Leben auf der Erde manifestiert, wird als eine horizontale Gegenwärtigkeit (Präsenz und Existenz) betrachtet, deren Leben von den Parametern Vergangenheit, Gegenwart und Zukunft bestimmt wird. Obwohl wir den Begriff „Gegenwart" als Beschreibung eines Zeitraums verwenden, der sich im unmittelbaren Moment abspielt, erleben wir dieses besondere *Jetzt* in unserem täglichen Leben tatsächlich nur sehr selten.

Die vertikale Gegenwärtigkeit hingegen ist ein Seinszustand, den der Mensch mindestens zweimal in einem irdischen Leben kennenlernt – beim Abstieg der Seele, wenn sie in einen Körper inkarniert, und bei ihrem Aufstieg, wenn sie diesen Körper wieder verlässt.

Wir könnten diesen Zustand jedoch auch kontinuierlich auf der Achse von Zeit und Raum erleben, wenn wir seine Existenz bewusst wahrnehmen würden. Das Wissen über die vertikale Gegenwärtigkeit, die uns de facto immer erfüllt und umgibt, führt uns zu dem Seinszustand der Wiedergeburt, von dem Yeshua uns gesagt hat, dass dieser „sogar in diesem Leben" stattfinden muss.[9] Durch das bewusste Erleben unserer vertikalen Gegenwärtigkeit integrieren wir den fehlenden Arm des *Kosmischen Gleicharmigen Kreuzes* in unsere Erfahrung, sodass wir in der Lage sein werden, in seinem Zentrum, dem heiligen Moment, anzukommen. Dieses wird die „nine to five"-Wahrnehmung des horizontalen Lebens transzendieren, den Menschen mit seinem spirituellen Erbe verbinden und ein *ewiges Jetzt* erschaffen, durch das er jeder Zeit in der Lage sein wird, in seinem Zentrum verankert zu bleiben, unabhängig von jedweden äußeren Umständen.

Wenn eine Seele auf Gaia Mutter Erde inkarniert, verlässt sie eine höhere, spirituelle Bewusstseinsebene, um ein Leben in einer physischen Realität zu führen, die die Seele für eine gewisse Zeit in die Enge einer physischen Form bindet. Die meisten inkarnierten Seelen vergessen, wer

---

[9] Johannes-Evangelium 3:6.

sie sind, woher sie kommen und was ihre irdische Aufgabe ist. Es findet eine vollständige Identifikation mit dem Drama des Daseins und seinen Phänomenen, Festlichkeiten, Emotionen und Ängsten statt. Wenn ein menschliches Wesen aus dieser verzerrten Identifikation erwacht, übernimmt das Bewusstsein der Seele Schritt für Schritt die Führung. Nach einer Periode kontinuierlicher spiritueller Praxis wird es schließlich möglich sein, sich in einem meditativen Zustand zu halten, der das Horizontale zugunsten des Vertikalen hinter sich lässt oder ein angemessenes Gleichgewicht zwischen beiden findet.

Die innigen Gebete von Millionen von Pilgern über Hunderte von Jahren haben bewirkt, dass der Geist der Göttlichen Gegenwart an der Klagemauer so unübersehbar und überdeutlich spürbar ist.

In der vertikalen Gegenwärtigkeit meines Gebets werde ich inspiriert. Ich weiß genau – wohin auch immer ich von hier aus gehen werde, diese Inspiration wird mich begleiten und sie wird sich durch jede einzelne meiner Erfahrungen weiterentwickeln. Die Klagemauer trennt nicht das Profane von dem Heiligen. Nach einer Stunde an der Mauer wurde mir klar, dass der nächste Schritt unausweichlich war. Seit Calles Tod hatte ich den Zeitpunkt, an dem ich die Verantwortung für meine eigenen Fähigkeiten übernehmen würde, immer wieder hinausgeschoben.

Das, was ich gesehen hatte, und die Informationen, die mir gegeben worden waren, wurden von mir wie immer einer inneren Zensur unterworfen, die nicht aus Demut, sondern aus Angst davor, lächerlich gemacht zu werden, herrührte. Ich war hin- und hergerissen zwischen der Angst, als jemand beurteilt zu werden, der etwas Besonderes sein wollte, und dem in meinem Inneren tief verwurzelten Gefühl, nicht klug oder gut genug zu sein. Wenn man jedoch etwas *sieht*, kann man nicht leugnen, was man gerade *gesehen* hat. Die Herausforderung besteht darin, im Moment der Aufnahmebereitschaft bewusst gegenwärtig zu sein. Allzu oft bin ich allerdings ein unbewusstes Medium gewesen – fähig, Informationen zu empfangen, aber unfähig, eine Verbindung zum Sendenden zu spüren. Verleugnet man die Informationen, die man empfängt, begibt man sich auf das Glatteis der ungenutzten Möglichkeiten.

Calle sagte über sich und seine Fähigkeiten, dass er „seine Arbeitgeber“ nicht kennen würde, und dennoch hat er im Laufe seines Lebens Tausenden von Menschen geholfen. Die Visionen, die ich als Kind hatte, waren für mein damaliges Verständnis nicht fassbar gewesen. Calle de Montségur hatte mir geholfen, meine übersinnlichen Fähigkeiten zu entwickeln, und mich darin bestärkt, jeder meiner Eingebungen zu folgen.

Ich wusste – jetzt war die Zeit gekommen, meine Berufung anzunehmen. Ich musste mich ganz und gar ⊙ hingeben.

Dafür würde ich jedoch nach Qumran gehen müssen, zu der alten Universität, an der Yeshua der Nazarener und Yohanan der Täufer von den Essenern ausgebildet wurden; der Bruder- und Schwesternschaft, die die Schriftrollen vom Toten Meer geschrieben hat; dem Ort, der vor 2.000 Jahren das Zentrum meines Lebens gewesen war. Es gibt eine bestimmte Höhle in Qumran, die ich aus meinem früheren Leben sehr gut kenne und in der im Laufe der Jahre zahlreiche Einweihungen stattgefunden hatten, wie es im Neuen Testament geschrieben steht. Mein ganzes Leben lang hatte ich mir den Zugang zu meinen Erinnerungen und Erkenntnissen aus dieser Zeit verwehrt und infolgedessen vermieden, diesen Ort zu besuchen. Ich habe Bücher geschrieben, die mein Wissen über das Wirken der Essener bezeugen, das selbst jetzt noch nicht allgemein anerkannt ist, es aber zweifellos in Zukunft sein wird.

Wie kann man versuchen, Wissen weiterzugeben, das aus einer unmittelbaren und spontanen Erfahrung resultiert; Erkenntnisse, die nur wenige interessieren oder verstehen können? In einem langen Leben, zwischen dem Niemandsland meiner inneren Wankelmütigkeit einerseits und dem Unglauben und Spott der äußeren Welt andererseits, habe ich die Erfahrung gemacht, dass sehr viele Menschen lieber in Unwissenheit leben, als aufzuwachen und Verantwortung zu übernehmen. Es scheint einfacher und viel bequemer zu sein, die Rolle des Opfers zu spielen und jegliche Auseinandersetzung zu vermeiden. Jedoch gibt es nichts Verheerenderes, als sich der Verantwortung für sein eigenes Leben zu entziehen. In diesem Fall bedeutet Verantwortung nicht nur, eine Familie ernähren oder betreuen zu können oder beruflich erfolgreich zu sein. Die Verantwortung, von der hier die Rede ist, reicht viel weiter, denn sie umfasst bedingungslos und uneingeschränkt alles und jeden in unserem Dasein.

Nach meinem Besuch an der Klagemauer ging ich den kurzen Weg durch das Zionstor in die Ruinen der Stadt Davids, was eine sofort spürbare buchstäbliche Erleichterung mit sich bringt, denn hier kann man tatsächlich viel leichter atmen. Es gibt keine Gebete, keine Bitten an ⊙ um Gnade, Gerechtigkeit oder Vergeltung. In der Stadt Davids manifestiert sich ⊙ als Vergebung und Dankbarkeit. Die wenigen Male, die ich die Davidsstadt besucht habe, haben zu einer Stärkung meiner spirituellen Inspiration geführt. Heute erlebe ich dort die Vision einer Treppe, die zu mir kommt und mich nach oben führt, bevor sie sich in eine Art Nebel auflöst und schließlich in den Äther entschwindet.

Haben also heilige Orte überhaupt irgendeine Bedeutung? Ja, eine sehr große sogar. Aber jeder muss für sich selbst erfahren, welche Wirkung ein heiliger Ort haben kann. Für mich dienen sie als Inspiration, und sie sind Portale zu den tiefsten Ebenen meines Bewusstseins.

Nach einer intensiven Nacht wachte ich am nächsten Morgen um 05:00 Uhr auf. Ich kaufte mir ein warmes, mit geschmolzenem Käse gefülltes Brot in einer der besten Bäckereien der Altstadt, die ihr Brot noch immer in einem alten unterirdischen Steinofen backt – eine Methode, die seit Menschengedenken praktiziert wird.

Eine Stunde später war ich auf dem Weg zum Toten Meer, begleitet von dem aus den Lautsprechern des Autoradios strömenden Klang von Fairuz' goldener Stimme, die „Kamat Mariyam"[10] sang.

[10] Fairuz ist eine libanesische christliche Sängerin, die im gesamten Nahen Osten bekannt und geliebt ist. In dem Lied „Kamat Mariyam" lässt Mariyam, die Mutter von Yeshua, am Fuße des Kreuzes ihren Schmerz zum Ausdruck kommen. Das Lied befindet sich auf der CD *Good Friday, Eastern Sacred Songs.*

2

DAS TOR DER HOFFNUNG

Die Reise von Jerusalem nach Qumran am Toten Meer ist in vielerlei Hinsicht eine Pilgerfahrt in die Unterwelt. Unmittelbar nach dem Ende der Hochebene außerhalb Jerusalems führt die Route immer weiter und weiter hinab, bis zum tiefsten Punkt der Erde, der etwa 400 Meter unter dem Meeresspiegel liegt. Man würde davon jedoch nicht wirklich etwas mitbekommen, wenn einen nicht die alle paar Kilometer aufgestellten Schilder auf die jeweilige geologische Tiefe hinweisen würden.

Am Horizont konnte ich den Beginn des Sonnenaufgangs über dem Toten Meer erahnen. Kein einziges Auto war zu sehen, nur die Wüste auf beiden Seiten der Straße, untröstlich und verlockend zugleich ... ein weiß-gelber Spiegel, der die Welt und die Zeit reflektiert – und auch uns alle, die wir darin leben. Aus diesem ewigen Nichts heraus kam mir plötzlich der amerikanische Seher Edgar Cayce[11], „der schlafende Prophet", in den Sinn. In den 1920er-Jahren erhielt er

[11] Edgar Cayce lebte von 1877 bis 1945 und ist der bestdokumentierte Seher der Welt. Er war in der Lage, sich selbst in eine schlafähnliche Trance zu versetzen, aus der heraus er Fragen zu den Beschwerden seiner Klienten beantworten, Diagnosen stellen und präzise Hinweise zur Heilung geben konnte. Mit der Zeit entwickelten sich seine Fähigkeiten so weit, dass er in der Lage war, aus dem Buch des Lebens sowohl vergangene als auch zukünftige historische Ereignisse zu lesen. Er war in der Lage, alle Inkarnationen einer Seele zu sehen. Glenn Sanderfurs Buch *Lives of the Master* basiert auf Cayces Readings und ist sehr zu empfehlen.

mediale Informationen über die Gemeinschaft der Essener am Toten Meer, ihre Lehren und Schriften in Bezug auf Yeshua und auch über die Beziehung von Yohanan dem Täufer zu dieser Gemeinschaft. Interessanterweise hatte Edgar Cayce diese Visionen mehr als 20 Jahre bevor die Schriftrollen vom Toten Meer in den Höhlen bei den Ruinen der Universität der Essener in Qumran gefunden wurden. Cayce behauptete, dass er seine Informationen aus einer Bewusstseinsebene erhielt, die er das *Buch des Lebens* nannte.

Das Buch des Lebens wird in der Offenbarung des Johannes im Neuen Testament erwähnt, ist aber auch unter anderen Namen bekannt. In der vedischen Tradition wird es zum Beispiel *Akasha* oder *Akasha-Feld* genannt.

Wenn mein Lehrer, der Seher Calle de Montségur, Informationen über eine Seele benötigte, *las* er sie im Buch des Lebens. Nannte ich ihm den Namen und den Aufenthaltsort einer Person, von der er noch nie gehört hatte, konnte er nach einem kurzen Kontakt mit dem Buch des Lebens eine genaue Charakterbeschreibung dieser Person geben – physisch, psychisch und spirituell.

Im Wesentlichen ist das Buch des Lebens eine höhere, ätherische, magnetische Bewusstseinsebene, die die Energien aller Gedanken, Gefühle, Worte und Handlungen, die sich von allen inkarnierten Individuen und Wesen seit Anbeginn der Zeit angesammelt haben, in sich aufnimmt. Im Hinblick auf künftige Ereignisse strahlt sie Optionen, Möglichkeiten und Wahrscheinlichkeiten aus und wartet darauf, dass wir eine Wahl treffen und in Aktion treten. Die alten Mysterientraditionen wussten von dieser Bewusstseinsebene, und ihre absichtsvolle, achtsame Beziehung zu diesem Bereich oder Feld ist genau das, was unsere heutige Zeit von der ihren unterscheidet – ganz offensichtlich glauben wir nicht, dass diese uralten Erkenntnisse und Verhaltensweisen irgendeinen Wert für uns haben könnten! Wir richten unser Hauptaugenmerk vollständig auf unsere physische Realität und sind durch unsere Bemühungen, diese in Einzelteile zu zerlegen, wie gelähmt, sodass wir nicht mehr in der Lage sind, die verborgene Sprache, die hinter allem existiert, zu *sehen* oder zu *hören*. Wenn wir uns des

Vorhandenseins von mehr als einer Realität bewusst werden würden und wir verstehen könnten, dass sich diese anderen Realitäten dicht neben unserer physischen Realität entfalten, wären wir in der Lage, uns mit Kräften und Energien zu verbinden, deren Reichweite und Potenziale das Geheimnis des Lebens für uns enthüllen würden. In dem Moment, in dem dies geschieht, wird die Menschheit aus ihrem Tiefschlaf erwachen und all die Dinge tun, die sie derzeit noch nicht zu tun vermag: alles Unnötige loslassen, dekonstruieren, demontieren und auflösen, die Verwendung von Giften und Zusatzstoffen in der Nahrung unterbinden, den Gebrauch von Chemikalien in der Natur einstellen, die Ausbeutung anderer Menschen verhindern, die Art und Weise verändern, wie wir Tiere behandeln, usw. Die Welt wird eine ganz neue Sichtweise entdecken. Ein völlig neues Verantwortungsgefühl und eine neue Gewissensqualität werden uns auf den richtigen Weg bringen, und wir werden erkennen, wie primitiv wir gewesen sind, sobald wir begreifen, wie sinnlos es ist, Zeit damit zu verschwenden, Dinge anzuhäufen, die wir ohnehin nie wahrhaftig unser Eigen nennen können. Wir werden verstehen, wie sehr das Streben nach weltlichen Gütern und der daraus folgende Kampf, sie zu behalten, unser Leben vergiftet.

Die Essener Brüder- und Schwesternschaft entstand etwa 200 Jahre vor der Geburt Yeshuas als Gegenbewegung zum damaligen Klerus – den Pharisäern und Sadduzäern in Jerusalem, zwei hierarchischen Orden, die die Essener als korrupt und in Opposition zum Gesetz des Lichtes betrachteten. Die hauptsächliche Bestimmung der Essener war es, den Weg für den Messias zu bereiten, auf den alle Juden warteten. Sie lebten in einer vollkommenen kommunistischen Gesellschaft, in der die Mitglieder ihren gesamten irdischen Besitz der Gemeinschaft zur Verfügung stellten. Sie teilten alles in gleichem Maße miteinander; sie waren Vegetarier, Propheten, Heiler, Pflanzenkundler, Verehrer der Sonne, Astrologen, Astronomen und Gelehrte. In den meisten großen Städten des Nahen Ostens, von Damaskus bis Jerusalem und Alexandria, unterhielten sie Herbergen. Auf dem Berg Karmel, oberhalb des heutigen Haifa, und in Qumran am Toten Meer hatten sie ihre

Universitäten – herausragende Bildungszentren, in denen Yeshua und Yohanan der Täufer den größten Teil ihrer Ausbildung erhielten.

Als ich eine Stunde später um die letzte Kurve bog, bot sich mir ein beunruhigender Anblick: Das Tote Meer lag vor mir – jedoch nur noch wie ein Schatten seines früheren Selbstes. Fast gänzlich verschwunden, nähern sich seine Ufer in beängstigendem Tempo einander an. Seine unbeschreibliche Schönheit ist jedoch immer noch zu spüren, als die Morgensonne aufgeht und im kristallklaren Salzwasser zu funkeln beginnt.

Eine Viertelstunde später erreichte ich die Abzweigung nach Qumran, wo sich die Ruinen der alten Universität der Essener befinden, die jedoch an diesem Tag nicht mein Ziel sein sollte. Stattdessen verlangsamte ich mein Tempo und lenkte das Auto vorsichtig nach rechts über den Straßenrand, um auf einem kaum erkennbaren Schotterweg zum Wadi Qumran zu gelangen. Es gab eine Zeit, vor 2.000 Jahren, als das Tote Meer bis hierhin reichte. Jetzt konnte man es nur noch schemenhaft am Horizont erkennen.

Umgeben von einer unheimlichen Stille, war ich von Traurigkeit erfüllt, als ich zögernd auf die Felswand zuging. Es fühlte sich an, als würde ich mich von einem alten Freund verabschieden. Etwa hundert Meter über mir erwartete mich die Höhle, die der eigentliche Grund meiner Reise war. Von den insgesamt elf Höhlen, in denen Archäologen die Schriftrollen vom Toten Meer gefunden haben, wurde der größte Teil der Schriften in dieser Höhle, der „Höhle 4", entdeckt. Sie ist die einzige von Menschenhand geschaffene unter den elf Schriftrollen-Höhlen. Auch war sie die am nächsten zur Essener Universität gelegene, weshalb man annimmt, dass die hier gefundenen Schriftrollen in aller Eile versteckt worden waren. Die Zeit hätte nicht ausgereicht, um in diesen politisch schwierigen Zeiten in aller Eile eine Höhle für die Aufbewahrung der Dokumente in den Felsen zu schlagen, also muss die Höhle ursprünglich einen anderen Verwendungszweck gehabt haben. Ihre Lage in unmittelbarer Nähe der Universität, die direkt über der Höhle liegt, lässt darauf schließen, dass sie für etwas ganz Besonderes genutzt worden sein muss.

Im Buch Hosea des Alten Testaments wird Qumran als *Das Tor der Hoffnung* bezeichnet.[12] Die Essener nannten sich selbst *Kinder des Lichtes*. Ihre Tradition lässt sich bis zum Propheten Elia zurückverfolgen, der auf dem Berg Karmel die Schule der Propheten gründete. Es wird allgemein angenommen, dass Yohanan der Täufer eine Inkarnation von Elia ist; nur wenige wissen jedoch, dass der Prophet Elisa, der ein Schüler von Elia war, eine frühere Inkarnation von Yeshua war. Bevor er diese Welt in dem sogenannten Feuerwagen verließ, hatte Elia Elisa eingeweiht und ihm all seine Weisheit an den Ufern des Jordans übertragen, und zwar genau an der Stelle, an der Yohanan viele Jahre später Yeshua taufte.

Sowohl Elisa als auch Yeshua vollbrachten Wunder wie Speisungen von Menschenmengen, Auferweckungen von Menschen aus dem Tod und Heilungen von Kranken.

Im Jahr 1969, dem Jahr meines ersten Besuchs in Qumran während einer dreimonatigen Tournee in Israel mit der Band *Daisy* hatte eine bekannte amerikanische Psychologin namens Helen Schucman[13] (die 1965 begann, das einzigartige Werk *Ein Kurs in Wundern* zu channeln) eine Vision, in der sie eine Höhle sah. In dieser ätherischen Höhle befand sich eine Schriftrolle. Sie beobachtete, wie sie selbst die Schriftrolle öffnete und die Worte „GOTT IST!" las.

Es sei angemerkt, dass Helen Schucman ihre Gefühle nur sehr selten zeigte. Nach Aussage ihrer engsten Freunde war sie stets kontrolliert, zielgerichtet und pragmatisch. Als sie jedoch Qumran besuchte,

---

[12] Die Essener errichteten ihre Universität im Tal von Achor, dem heutigen Buqei'a oder *Little Plain* – einer fünf Meilen langen Hochebene, die sich oberhalb und parallel zu den Felswänden von Qumran erstreckt. Hosea bezeichnet das Tal als ein *Tor der Hoffnung*. Siehe Hosea 2:14-15.

[13] Helen Schucman, PhD, lebte von 1904 bis 1981. Sie war die leitende Professorin für medizinische Psychologie an der Columbia University, NY. Den größten Teil ihres Lebens hatte sie als eine bekennende Atheistin gelebt, begann aber 1965, Diktate von Jesus niederzuschreiben, was zu dem epischen Werk *Ein Kurs in Wundern* führte, das sie 1972 abschloss. Ihr Gedichtband *The Gifts of God* wurde erst nach ihrem Tod veröffentlicht. Die literarische Qualität dieses Werkes ist inzwischen anerkannt und wird mit den Werken Shakespeares auf eine Stufe gestellt.

reagierte sie in einer Art und Weise, die niemand für möglich gehalten hätte. Im Folgenden beschreibt ihr Freund Kenneth Wapnick den Vorfall:

> „Schon bei unserer Ankunft in Qumran war Helen sichtlich bewegt, was sehr untypisch für sie war. Als wir auf dem Areal der ehemaligen Gemeinde [der Essener] standen, blickten wir über das abgesperrte Gelände auf eine Reihe von Höhlen, darunter auch diejenige, in der die Schriftrollen in Zylindern gefunden worden waren. Plötzlich brach Helen in Tränen aus und erzählte uns, dass die Höhle vor ihr genau die Höhle war, die sie in ihrer Vision mit der „GOTT IST!"-Schriftrolle gesehen hatte. Anschließend rief sie aus, dass sie an dem heiligsten Ort der Welt stehen würde."

Darüber hinaus fühlte sich Helen auch durch ein früheres Leben mit diesem Ort verbunden. Als sie die alte Begräbnisstätte der Essener besuchen wollte, die in der Nähe der Ruinen liegt, rief ihr Freund Kenneth sie mit den Worten zurück: „Lass die Toten die Toten begraben". Wapnick erzählte später einmal, Helen sei überzeugt gewesen, dass ihre Essener-Inkarnation dort begraben worden war.[14]

Da ich Höhle 4 in meinem jetzigen Leben schon einige Male besucht hatte, wusste ich inzwischen genau, wie ich dort hinaufkomme. Ich war fest entschlossen, mir die nötige Zeit zu nehmen, damit mein Vorhaben auch wirklich gelingen würde.

Der Aufstieg zur Höhle ist nicht nur schwierig – er ist schlichtweg lebensgefährlich! Die Judäische Wüste ist extrem trocken. Wenn man das Gleichgewicht verliert, greift man instinktiv nach irgendetwas, das sich in der Nähe befindet, um sich daran festzuhalten. Jedoch wird alles,

[14] Schucman lebte den Rest ihres Lebens in einem inneren Konflikt mit ihrem großen Werk. Trotz vieler Einwände und Widerstände ihrer Persönlichkeit stellte sie sich einer höheren Bewusstseinsebene zur Verfügung und vermittelte eine der tiefgreifendsten Einsichten in Vergebung und Versöhnung, die in unserer Zeit niedergeschrieben wurden.

wonach man greift, zu Staub und löst sich, wie die Zeit, in Luft auf. Wenn ich gefragt werde, welche geistige Haltung man einnehmen sollte, um es zu schaffen, die Höhle zu erreichen, rate ich den Menschen, sich vorzustellen, wie es wäre, auf Wasser oder brennenden Kohlen zu gehen! Man muss einen Schritt auf den anderen folgen lassen, ohne dass man dabei jemals sein ganzes Gewicht an den Boden abgibt. Es ist die *Katzenpfoten*-Technik, die ich in den Pyrenäen gelernt habe, mit der man der Schwerkraft zu trotzen scheint, denn sie erlaubt es einem, wie über den Boden zu schweben, ohne jemals einen richtigen Halt finden zu müssen.

Auf dem Weg hinauf zur Höhle gibt es nur zwei Stellen, an denen man innehalten und wieder zu Atem kommen kann. Der letzte Abschnitt des Aufstiegs ist der gefährlichste, denn man muss sich mit den Armen auf einen Felsvorsprung hochziehen, von wo aus man sich auf einem sehr schmalen Sims zur Felswand hin umdrehen und einen anderthalb Meter weiten Schritt hinüber zu einem ebenso schmalen Sims am Höhleneingang machen muss. Am einfachsten wäre es natürlich, die Höhle von den Ruinen der Universität auf dem darüber liegenden Plateau aus zu betreten, wie es die Essener vor 2.000 Jahren getan haben. Dieser Weg ist jedoch verboten und bedarf einer Sondergenehmigung, die nur an ausgewählte Archäologen vergeben wird. Während ich diese Zeilen schreibe, erwägen die israelischen Behörden gerade, eine Absperrung des Eingangs zum Wadi zu erlassen, und damit den Schotterweg, auf dem ich durch das Tal gefahren bin, zu blockieren.

In der Höhle herrscht eine außergewöhnliche Stille; eine Stille, die jenseits der Abwesenheit von Geräuschen existiert. Es ist eine Art neutralisierte Energie, die man nur als *befreiend* beschreiben kann – und die in einem das Gefühl hervorruft, mit einer überirdischen Klarheit gereinigt worden sein. Sie stellt einen weiten Raum jenseits jeglicher Offenbarung dar, eine Herausforderung, die man annehmen muss. Das ist der eigentliche Grund für die Existenz der Höhle. Vor 2000 Jahren war sie die wichtigste Einweihungsstätte für die Essener. Hier durchliefen sowohl Yohanan als auch Yeshua ihre *Vierzig Tage in der Wüste*-Initiation, während der sie 40 Tage nur mit Wasser, Datteln, Aloe-Vera-Saft und einigen speziell ausgewählten Lehrschriften in der Höhle verbrachten.

Die Essener Version dieser Praxis bestand darin, sich in einen ungeschützten Zustand zu begeben. Sie benutzten den Begriff „Wüste" als Metapher für diese Art von Zustand – wenn man sich in einer Wüste befindet, bietet einem die öde und karge Landschaft keine Möglichkeit, sich zu schützen oder zu verbergen. Man ist ihr ausgeliefert, unmittelbar und existenziell. Man kann sich weder vor sich selbst verstecken noch vor ☉. Man wird dort auf jede erdenkliche Weise daran gehindert, sich in seine Komfortzone zurückzuziehen. Deshalb heißt es: Wenn nur die Menschen ihr Versteck verlassen würden (mit anderen Worten: Wenn sie ihre Angst, ihre Vorurteile und all den von der Persönlichkeit produzierten Lärm aufgeben würden), würde ☉ sie finden können. Die Menschheit muss diese Herausforderung annehmen und sich für ☉ zugänglich machen, sich ☉ zur Verfügung stellen – ihr wurde alles, was sie braucht, gegeben, aber diese Gaben wurden bisher von den meisten von uns weder wahrgenommen noch verstanden noch in Anspruch genommen und genutzt.

Nach einer Zeit der Isolation in der Höhle wird man mit den „wilden Tieren" konfrontiert, wie es im Neuen Testament beschrieben wird. Dies sind die eigenen Schattenaspekte des Praktizierenden. Es braucht Mut, um sich diesen wilden Tieren oder Schatten zu nähern. Das Wort *Sühne* drückt diesen Prozess auf wunderschöne Weise aus. Zur Sühne gehört, dass man sich seine Fehler eingesteht und sie bedauert. Wenn man sich seiner Fehler bewusst wird, werden sie aufgelöst und man wird in den Zustand der Einheit – des Einsseins – mit ☉ zurückgeführt.[15]

Der Prozess endet, wenn Satan, eine Metapher für das Ego oder das kleine Selbst, sich als der Versucher, der Widersacher, manifestiert und versucht, dich zu stören und von deinem Vorhaben abzubringen. Die Praxis an sich bedroht die Existenz des Egos, bis sie es schließlich transformiert, entweder vorübergehend oder dauerhaft.

[15] Sühne auf Englisch: Atonement. *Atonement* wird zu *At-One-ment.*

Wenn ein Praktizierender sich weigert, sich dem Prozess vollständig hinzugeben, kann er den gegenteiligen Effekt erleben – das Ego kann sich so aufblähen, dass das Individuum von religiösem Größenwahn befallen wird. Das Ego sieht sich immer als von anderen und vom Ganzen getrennt an und würde lieber ein Selbstbild fördern, das sich anderen Menschen gegenüber überlegen – oder auch unterlegen – fühlt. Am deutlichsten wird dies vielleicht dann, wenn es sich in den Mantel der Religion hüllt. Alles, was dabei in Wirklichkeit passiert, ist, dass das Ego ein neues Kostüm anzieht, ohne dass eine wahrhaftige, innere Transformation stattgefunden hat. Auch Yeshua war sich dieser Gefahr bewusst. „Nur ‚die Erlösten' können nicht gerettet werden", sagte er über die Pharisäer und ihre selbstgerechte Scheinheiligkeit.

Die elementare Praxis der „Vierzig Tage in der Wüste" kann eine Stunde, 40 Tage oder ein ganzes Leben andauern. Der Ausdruck „Vierzig Tage" symbolisiert einen Zustand der Einheit mit ⊙, der erreicht werden muss, bevor man eingeweiht wird, ganz gleich, wie lange es dauern mag. Und selbst wenn du diesen Zustand erreicht hast, kann die Einweihung mehr als einmal wiederholt werden. Für manche Menschen mag es sogar notwendig sein, diese Praxis im Laufe ihres Lebens in regelmäßigen Abständen zu wiederholen.

Nachdem ich die mitgebrachten Kerzen angezündet hatte, setzte ich mich und ließ mich von der Stille einhüllen. Ich schloss die Augen, und es dauerte nicht lange, bis zwei Säulen vor mir erschienen. Nach einer Weile verstand ich, dass eine der Säulen die ultimative Wahrheit über Alles symbolisierte. Mir wurde klar, dass es irreparable und katastrophale Folgen hat, wenn wir dieser Wahrheit ausweichen. Es heißt, nichts schmerzt so sehr wie die Wahrheit, deshalb vermeiden wir sie allzu oft, weil wir Angst haben, anders zu sein. Es ist erschreckend zu erkennen, wie oft wir bereit sind, die Wahrheit zu kompromittieren, nur weil sie nicht mit den akzeptierten Normen übereinstimmt. Wenn wir eine Nachricht oder Information erhalten, die unsere Selbstwahrnehmung oder unser Weltbild beeinträchtigt, sind wir bereit, bis zum Äußersten zu gehen, um den Boten zum Schweigen zu bringen. Jedes

Mal, wenn wir die Wahrheit unseres Seins kompromittieren oder infrage stellen, wird unser Selbstbetrug größer. Ein perfektes Heilmittel für solchen Wahn und Irrsinn wäre es, einige Zeit an einem Ort wie Höhle 4 zu verbringen. Was aber ist die Wahrheit? Das Gesetz. Das Gesetz des Lichtes.

Die andere Säule repräsentierte ultimatives Mitgefühl. Ich erkannte die wahrhaftige Essenz von Mitgefühl als allumfassende Vergebung (einschließlich der Vergebung gegenüber sich selbst), der wichtigste Schritt auf dem Weg zum *Einssein.* Es ist eine Art von Vergebung, die sich nicht für die Fehler oder Irrtümer anderer Menschen interessiert, sondern uns in erster Linie das Bewusstsein für unseren eigenen Anteil an den Dramen eröffnet – und uns dazu bringt, die Verantwortung für den erlebten Lärm und Schmerz zu übernehmen. In diesem Prozess gibt es keine Bewertung oder Verurteilung, sondern nur das Entstehen und Entwickeln von Bewusstsein.

Es ist unmöglich, in allen Einzelheiten zu beschreiben, was ich während der zehn Stunden, die ich in der Höhle verbrachte, erlebt habe. Irgendwann hatte ich mich auf den staubigen Boden gelegt und war in eine tiefe Meditation eingetreten. In diesem meditativen Zustand erlebte ich eine Vereinigung mit einer höheren Bewusstseinsebene, die unabhängig von Zeit und Raum zu existieren schien. Diese Verschmelzung fand in einer anderen Dimension statt und fühlte sich so an, als würde ich mich nach innen bewegen, hin zum Zentrum – ein Prozess, den ich erst im Nachhinein verstanden habe. Es ist ein Zustand, den jeder von Zeit zu Zeit erlebt, aber die meisten von uns sind leider nicht in der Lage, ihn beizubehalten oder ihn auf positive Weise zu nutzen, weil uns niemand die Regeln beigebracht hat, die außerhalb dieser physischen Welt gelten. Man könnte versucht sein zu glauben, dass „außerhalb von Zeit und Raum" etwas ist, das extrem weit von uns und unserer Welt entfernt ist, aber dem ist nicht so. Wie von dem Physiker David Bohm beschrieben, liegen alle existierenden Realitäten, einschließlich Zeit und Raum, ineinandergefaltet in unserem Bewusstsein. Der Schleier, der uns davon trennt, multidimensionale Realitäten in unserem Alltag zu erfahren, kann durch meditative

Praxis gelüftet werden, aber es kann auch spontan geschehen, zum Beispiel dann, wenn wir unerwarteten, schockierenden oder gewalttätigen Ereignissen ausgesetzt sind. Wir lassen uns so oft von unserer eigenen Geschäftigkeit vereinnahmen, dass wir selten über die Realität, in der wir leben, reflektieren. Wenn wir aus dieser physischen Realität herausgerissen werden, zum Beispiel bei einer außerkörperlichen Erfahrung, werden wir andere Realitäten wahrnehmen und erfahren am eigenen Leib, dass *es mehr zwischen Himmel und Erde gibt, als uns bewusst ist.*

Die meisten Menschen verlassen ihren Körper im Schlaf, auch wenn sich nur wenige dessen bewusst sind. Durch spirituelle Praxis, zum Beispiel die uralte *Feuerwagen-Praxis*, strebt der Praktizierende oder Reisende danach, den Körper und die physische Realität vollkommen bewusst zu verlassen, um einen höheren Bewusstseinszustand zu erreichen. Das Ziel hinter jeder spirituellen Praxis ist nicht die Befriedigung des Egos, sondern der Dienst an der Menschheit und an ⊙. Dies gilt insbesondere für die Feuerwagen-Praxis.

Bevor man sich auf sie einlässt, gibt es einige wesentliche Regeln, die befolgt werden müssen. Die wichtigste Vorbereitung besteht darin, sich in das Gesetz des Lichtes zu integrieren und bereit zu sein, die Fragen zu beantworten, die von den *Wächtern der Schwelle* gestellt werden, wenn man eine Dimension verlässt und eine andere betritt.

Ich öffnete meine Augen und fand mich auf dem Boden der Höhle sitzend wieder. Ich fühlte einen unbeschreiblichen Frieden, der aus dem Zentrum meines Herzens strömte. Es fiel mir schwer, mich von einem Ort loszureißen, mit dem ich so eng verbunden bin, aber irgendetwas, tief in meinem Inneren, sagte mir, dass ich bald zurückkehren würde. Ich war von einem Gefühl erfüllt, das mir sagte, dass dies gerade erst der Anfang war. Aber *wovon*? Das musste ich herausfinden.

Was danach geschah, erinnere ich nicht mehr. Ich muss eingeschlafen sein, denn als ich meine Umgebung wieder wahrnahm, war die Sonne hinter den Felsen verschwunden und die Kerzen waren erloschen. Ich schaute auf meine Uhr. Es war fast 18:00 Uhr. Zehn Stunden waren vergangen. Ich hatte ein Gefühl, als würde ich vollkommen frei im Raum schweben und als wäre die Höhle das Vehikel, mit dem ich mich nach oben in die Ewigkeit hineinbewegte. Und dann sah ich es. Es lag auf dem Boden in der Mitte der Höhle und verströmte im Halbdunkel einen goldenen Schein.

Als ich es aufhob, nahm ich einen zarten Duft von Zedernholz und Myrrhe wahr. Ich öffnete es vorsichtig, blätterte die erste leere Seite um und begann zu lesen.

3

DAS BUCH ASAPHS

An den Finder dieses Buches:

Bevor Du mit dem Lesen beginnst, vergewissere Dich, ob Du wirklich bereit dafür bist. Erwartest Du, dass es Dir möglich sein wird, diese Worte wie jedes andere Buch zu lesen, so wird der Schein Deiner Vermutung Dich betrügen! Niemand kann diese Seiten empfangen, ohne von ihnen tief berührt zu werden. Mithin bitte ich Dich, ernsthaft und gewissenhaft innezuhalten, bevor Du zu lesen beginnst. Kannst Du wahrhaft sicher sein, dass Dein Mut ausreichen wird? Wirst Du es zulassen, im Verbund mit Deiner uneingeschränkten Aufmerksamkeit und bedingungslosen Hingabe zu bleiben? Bist Du bereit, Verantwortung für Dein wahres Wesen zu übernehmen und jegliche Konsequenzen zu tragen? Es wird kein Zurück für Dich geben, nachdem Du den ersten Schritt getan hast, da er Dich Dein altes Leben kosten kann. Jedoch wartet bereits ein neues Leben auf Dich – es wird sich Dir offenbaren, wenn es Dir gelingen wird, durchzuhalten und unversehrt voranzuschreiten. Mögest Du den Ruf hören und den Weg finden. Mögen die Findenden gefunden werden. ICH BIN bei Dir, allezeit.

1. Es gibt viele, die weiser sind als ich. Wohl habe ich mehr gesehen als die meisten, doch bin ich weder Prediger noch Missionar. Ich bin lediglich eine alte Seele, die über die Zeitengefilde wacht. Immerdar werde ich diejenigen finden, die rufen. Wer Ohren hat zu hören, wird von meinem Wort empfangen werden. ICH BIN Asaph – ein Reisender, der vorüberzieht, ein Zeuge, dessen einzige Bestimmung ist, alles, was ich gesehen und erlebt habe, weiterzugeben. Es gab Zeiten, in denen ich von tiefer Dunkelheit umgeben war. Ich scheine eine Ewigkeit durchlebt zu haben, ohne zu bemerken, wie ignorant ich gewesen bin. Wahrlich, ich habe meine Hingabe an die Unbewusstheit, ein weitverbreiteter Zustand des menschlichen Seins, zu meiner Überzeugung und meinem Glauben erhoben. Trotz Blindheit und mangelndem Gehorsam fühlte ich mich dazu genötigt, all meine Erlebnisse aufzuschreiben, als sollte ich durch ein solches Zeugnis meine eklatante Einfalt und vollendete Unzulänglichkeit offenbaren. Wie ein Pendel schwankte ich zwischen Größenwahn und Minderwertigkeitsgefühlen und riss alles um mich herum in eine heillose Zerstörung. „Tick, tack", „tick, tack", „tick, tack" ... bis zu dem Tag, an dem ⊙ mir die Fähigkeit nahm, auch nur irgendetwas aussprechen oder niederschreiben zu können, das nicht ⊙ und ⊙s Wahrhaftigkeit dient. Gezwungen in eine gefühlte Ewigkeit des Schweigens, weigerte ich mich hartnäckig, die bedingungslose Heilung und unermessliche Liebe anzunehmen, die ⊙ für alle verströmt. „Verlass' Dein Versteck!" Ich tat so, als würde ich nichts hören. Da erstrahlte ⊙s Licht mit voller Kraft, es leuchtete auf mich, bis ich mich nicht mehr verstecken konnte. So stand ich da, entblößt und beraubt von allem, was ich kannte und wusste, ein bloßer Schatten meiner selbst. Vor mir erschien ein Weg. Er führte in die absolute Dunkelheit. Ohne jegliche Alternative erkannte

ich endlich, dass ich diese Dunkelheit betreten musste – ich musste das Licht finden, das nur in ihr gefunden werden kann. Entblößt und ungeschützt, war ich angekommen. Ich begann zu schreiben. Mit Worten, die nirgendwo zu finden sind, in einer Sprache, die es nie gegeben hat, schrieb ich ein Kapitel in das Buch des Lebens.

2. Die Menschheit verwendet die Worte Gott, Allah, Allaha, YWHW, Adonai, um die allgegenwärtige Einheit und Verbundenheit, das Bewusstsein, die Kraft und die Intelligenz zu beschreiben, deren Gegenwart und Wirken die Ursache aller geschaffenen Dinge ist. Dieses Bewusstsein trägt in unserer Tradition den Namen ⊙. Das Wort Gott ist ein Konzept. Es ist nicht ⊙. So wie das Wort Liebe nicht die Liebe ist. ⊙ ist ohne Anfang und ohne Ende. ⊙ ist Ewigkeit. ⊙ ist Wirklichkeit. Wahrhaftigkeit. ⊙ ist Bewusstsein. ⊙ ist ein Seinszustand, in dem alles lebt und wirkt. ⊙ ist schwingende, pulsierende, leuchtende Kraft. ⊙ ist allgegenwärtig. ⊙ ist immerdar im Verbund mit der Schöpfung. ⊙ vereint alle Widersprüche in sich Selbst. ⊙ ist weder männlich noch weiblich, ⊙ ist die Einheit und Vereinigung beider Prinzipien und Geschlechter. ⊙ ist die Himmlische Quelle allen Seins, die große Vater-Mutter-Gegenwart. Alle Wesen sind ⊙s Kinder. Alles, was von ⊙ ausgeht, kehrt zu ⊙ zurück. Alles ist Energie. Alles ist Bewusstsein. Alles ist miteinander verbunden.

In Dir schwingt ein Fragment von ⊙s Bewusstsein, das Du im Moment Deiner Schöpfung von ⊙ empfangen hast. ⊙ ist wie ein holografisches Spektrum, das alle Bewusstseinsfrequenzen enthält. Die Menschheit kennt nur einen winzigen Bruchteil des Ganzen und schwingt in einem sehr schmalen Frequenzband. Erinnere Dich! Steht es nicht geschrieben, dass die

Menschheit in ⊙s Ebenbild geschaffen wurde? Meister Yeshua sprach über das ⊙-Bewusstsein als ein Senfkorn des Lichtes, das in jedem Menschen schlummert – und das darauf wartet, aktiviert zu werden.

3. Im Augenblick Deiner Geburt kamst Du an den Ort Deiner Inkarnation, ausgestattet mit der Freiheit zu wählen. Von diesem Moment an warst Du Mitschöpfer Deines Lebens und Schicksals hier auf der Erde. Wenn Du Dich über Dein eigenes Elend oder über den Zustand der Welt beklagst und in Deinem Schmerz, Deiner Frustration, Trauer oder Angst ⊙ vorwirfst, dass ⊙ das ewige Versprechen, allen Menschen bedingungslosen Schutz zu gewähren, nicht einhält, dann vergiss nicht, dass Hunger und Not, Kriege und Umweltverschmutzung, Vernichtung und Mord, Krankheit und Katastrophen allein auf die Handlungen und Entscheidungen der Menschen zurückzuführen sind. Mit diesem Buch wird Dir eine Gelegenheit gegeben. Die Gelegenheit, einen neuen Weg zu wählen. Jeder Fehler kann korrigiert werden. ⊙ verurteilt niemanden. Jedoch gibt es im ⊙-Bewusstsein ein Gesetz, das wir das Gesetz des Lichtes nennen. Es ist das alles beherrschende, ordnende und durchdringende Gesetz, das die Menschheit dazu anleitet, mithilfe ihrer Gedanken, Worte und Taten Erkenntnisse zu erzeugen und dem Licht Bewusstsein zuzuführen.

Wenn bestimmte Oberhäupter religiöser Gemeinschaften ihrer Gemeinde erzählen, dass ⊙ ein urteilender Patriarch sei, sprechen sie nicht von ⊙, sondern von einem Gott, der nach dem Ebenbilde der menschlichen Persönlichkeit geschaffen wurde. ⊙ ist bedingungslose Liebe und Weisheit, die niemals irgendetwas oder irgendjemanden beurteilt oder verurteilt. Jede einzelne Seele richtet sich selbst, wann immer sie das Gesetz des Lichtes vermeidet oder bricht; wenn eine Seele eine andere verurteilt, verurteilt sie sich selbst. Die einzige Frage, die Du Dir unentwegt stellen musst, ist: „Was ist das Motiv, das Dich zu Deinem Handeln veranlasst?" Erlebst Du Deine Gedanken, Worte und Taten nicht als Einheit, im Einklang miteinander, als einen Klang, wirst Du in Deinem Leben nur Unordnung, Verwirrung und Lärm erzeugen. Es mag Dir gelingen, andere, und auch Dich selbst, zu täuschen, aber das ⊙-Bewusstsein deckt alles auf – und trägt es in das Buch des Lebens ein, das Buch der Aufzeichnungen von allem, was ist, war und sein wird. Alles, was du aussendest, wird irgendwann einmal zu Dir zurückkehren. So lautet und wirkt das Gesetz des Lichtes.

4. Tief eingebettet in jedem Menschen vibriert ein Fragment von ⊙s Bewusstsein. Es liegt im Verborgenen und wartet darauf, aktiviert zu werden. Das Senfkorn. Der heilige Same. Nur einige wenige inkarnierte Seelen erinnern sich an ihren göttlichen Ursprung, und es ist eben diese Vergesslichkeit, die all das Elend der Welt hervorgebracht hat. Doch selbst die dunkelste Stunde trägt einen Funken der ewigen Flamme von ⊙ in sich. Leid unterstützt die Entwicklung Deiner Seele. Durch das Erleben von Schmerz und Kummer wirst Du dazu gezwungen, nach einem neuen Weg zu suchen. Dich vollkommen dem Wesen und Wirken ⊙s zu ergeben, sich von ihm erfüllen und umhüllen zu lassen ist der Weg, den Du finden musst, um alles Leiden wahrhaftig zu erkennen, zu verstehen und zu transformieren. Eine Seele ist wie ein Edelstein: Die mannigfaltigen Inkarnationen und Lebenserfahrungen polieren sie, bis sie schließlich, wie ein Diamant, von allem Überflüssigen befreit ist und das Licht von ⊙, das auf sie strahlt, in Klarheit und Reinheit reflektieren kann.

Wie viele Inkarnationen sind nötig, bis eine Seele diesen göttlichen, diamantenen Zustand erreicht? Der größte Avatar, Messias und Prophet der Menschheit, Yeshua Masiach, Yeshua der Erlöste, den ihr Jesus Christus nennt, inkarnierte unter euch, um euch daran zu erinnern, wer ihr seid und was ihr vollbringen könnt. War Er es nicht, der euch versicherte, dass ihr, wenn ihr bereit seid, Seinem Beispiel zu folgen, sogar noch größere Werke vollbringen werdet als Er? Er hat mit euch die bedeutendste Wahrheit geteilt, die Du nie und nimmer vergessen darfst: „Das Himmlische Königreich ist in Dir und überall um Dich herum.“ Wieder und wieder sprach er davon, dass alle Menschen ⊙s Kinder sind und dass ihr in ⊙s Ebenbild geboren seid. Hast Du wirklich vergessen, was dieser Satz bedeutet und beinhaltet? Du kannst sein Ausmaß nicht verstehen – weil du Dich selbst nicht verstehst. So starrst Du nun auf diese Welt, die aufgrund Deines Handelns und Wirkens zusammenbricht. Möglicherweise erkennst Du Christus intellektuell an, aber Du folgst nicht Seinen Lehren, Seiner kostbaren Weisung und Seinem Rat, weil Du nicht glaubst, dass dieser Rat für Dich von irgendeinem Nutzen ist – in einer Welt, in der Freiheit bedeutet, jederzeit überall dorthin gehen zu können, wo immer Dein Ego Dich gerade hinführen will; in einer Welt, in der ein „schlauer“ Mensch den „weniger schlauen“ Menschen betrügt, und in der diejenigen, die ihre eigenen Taschen am besten füllen können, die Gewinner im Spiel des Lebens sind. Das Ego sucht überall nach der ultimativen Befriedigung. Dabei hinterlässt es eine Spur von Lärm und Verwirrung, wendet sich jedoch von der allerwichtigsten und größtmöglichen Befriedigung ab – dem Teilen der Gaben, die Dir gegeben wurden. So komm, es ist an der Zeit! Erwache!

5. Die Strategien des kleinen Selbst binden den Menschen an die physische Welt und deren Wesen der Unbeständigkeit und Vergänglichkeit. Mit seinen Unmengen von nicht transformiertem Gepäck, das Du immer in Deinem Feld mit Dir trägst, kannst Du niemals wahre Freiheit finden, so wie ein Schwimmer, der mit 1000 Kilo Blei an seinem Körper ins Meer springt, niemals zurück zum Atemschöpfen an die Wasseroberfläche gelangen kann. Löse, was Dich beschwert! Lege für einen Moment die begrenzte und begrenzende Sichtweise des Intellekts beiseite und betrachte das Leben durch Dein Herz. Das Herz ist das Tor, das geöffnet werden muss. Der Schleier, der es bedeckt, geschaffen durch Beurteilungen, Verurteilungen, Vorurteile, Unwissenheit und Angst, kann nur durchdrungen werden, wenn Du beginnst, bedingungslos und uneingeschränkt mit Deinem Herzen zu sehen. Löse Dich von den Dramen des Lebens. Betrachte Deinen Körper und die physische Dimension nicht länger als die einzige Realität Deiner Existenz. Die Erde ist ein betörend schöner Ort, um zu inkarnieren. Sie bietet alles, was das Ego begehrt. Doch bedenke die Worte des Meisters: „Sei in der Welt, nicht von der Welt". Wähle den Weg des Herzens, richte Deine volle Aufmerksamkeit auf das Gesetz des Lichtes und siehe, wie alle Trennung und Krankheit verschwindet.

6. Der Meister sprach: „Sieh eine neue Hand in der Hand und einen neuen Fuß in dem Fuß. Nur wenn Du Dein wahres Bildnis siehst, wirst Du in das Königreich eintreten." Willst Du wahrlich zum Meister Deines Daseins werden, so sei bereit, die Gaben und Fähigkeiten, die Dir gegeben wurden, bedingungslos zu teilen. Die Reise beginnt jetzt und hier: „Dein Wille geschehe." Du kannst Dich heute entscheiden, in ein vollkommen neues Sehen einzutreten. Betrachte ab jetzt alles

mit neuen Augen – jeden Menschen, jeden Umstand und jedes Geschöpf. Es gibt einen Grund für alles, was geschieht, ob persönlich oder kollektiv, Freude oder Unglück. Jeder Widerstand, jeder Konflikt, jedes Hindernis, jedes Leiden, jede Krankheit und jeder Schicksalsschlag ist eine Erinnerung daran, dass es einen alternativen Weg jenseits Deiner momentanen Wahrnehmung und Erfahrung gibt. Die Situationen, in denen Du Dich befindest, wurden durch die Schwingungen der Entscheidungen geschaffen, die Du irgendwann einmal getroffen hast. Es ist jederzeit möglich, alles zu verändern, indem Du andere Entscheidungen triffst. Sieh Deine Probleme als Chancen und Wegweiser. Der Menschheit war es nie bestimmt, im Leid zu leben. Der Mensch allein ist die Ursache von allem Leid, weil er zu irgendeinem Zeitpunkt in diesem oder einem früheren Leben gegen das Gesetz des Lichtes verstoßen hat. Du kannst diese Qualen jederzeit beenden. Schau Dir die Millionen von Menschen an, die wegen Deines übermäßigen Konsums leiden. Schau dir die Millionen von Tieren an, die unnötig leiden, damit Du die Möglichkeit hast, Deinen Bauch zu füllen. Wisse, dass Du bist, was Du isst. Alles hat seinen Preis. Die Angst, die diese Tiere durch ihre unmenschliche Behandlung ansammeln, verbleibt in dem Fleisch, das Du isst, und wird ein Teil von Dir. Angst ist wie ein Stein, der den Weg zum Himmlischen Königreich versperrt, das, wie der Meister gesagt hat, in Dir ist.

Du wirst wohl das Himmlische Königreich als eine Idee oder ein Konzept erleben können, aber Du wirst niemals in der Lage sein, es zu betreten. Verstehst Du nun, wieso alles, was ein Mensch tut, einen Preis hat? Wenn Du den Weg zum inneren Königreich finden willst, musst Du das Gesetz des Lichtes studieren und nach ihm leben. Das Gesetz des Lichtes ist der Pfad zur wahren Freiheit, denn es erlöst Dich von Deinen Aggressionen, Deinen Eitelkeiten, Deinem Egoismus, Deiner Gedankenlosigkeit, Unachtsamkeit, Unbewusstheit und Rücksichtslosigkeit. Erkenne an, dass Du allen Phänomenen, Farben, Formen und den Belastungen von unkontrollierten Empfindungen, Gedanken und Emotionen ausgesetzt bist, warst und immer wieder sein wirst, aber lass Dich nicht von ihnen versklaven.

7. Erlaube mir, Dich daran zu erinnern, wer ihr seid. Ihr seid ⊙s Kinder; Kinder der Sterne; ewige Wesen, die sich auf dieser Erde inkarniert haben, um Materie in Geist und Dunkelheit in Licht zu verwandeln, Kranke zu heilen und Gefallene aufzurichten. Ihr seid hier, um neue Erfahrungen zu sammeln und neue Wege zu finden, auf denen sich ⊙s Bewusstsein in ebendiesem Moment, in diesem Universum, entfalten kann. Ihr habt euch bereits auf anderen Planeten, in anderen Universen, auf niederen und auf höheren Bewusstseinsebenen inkarniert und tragt die kosmische Erinnerung an diese Erfahrungen mit euch, wohin ihr auch geht. Sie ist Teil des Himmlischen Königreichs in euch. Ihr müsst lernen, für Es empfänglich zu sein und mit Ihm verbunden zu bleiben. Erinnert euch! – in Wahrheit seid ihr immer eins mit ⊙! Aber die Erstarrung, die den größten Teil der Menschheit überwältigt hat, wird sich so lange weiter ausbreiten, bis ein jeder von euch sie abschüttelt und die wahre Freiheit ergreift. Erst dann wird der Schleier fallen, ihr werdet wieder klarsehen und zurück zu eurer wahren Bestimmung finden – und sie sowohl erkennen als auch annehmen.

Das kleine Selbst wird immer mit seinen eigenen Bedürfnissen beschäftigt sein. Es ist allein an sich selbst interessiert und daran, sich durch seine Worte, Strategien und Taten so viele Vorteile wie möglich zu verschaffen. Es kann sehr schwierig sein, das Ego zu durchschauen. Seine Motive sind oft nicht auf den ersten Blick erkennbar, und die Entscheidungen, die es trifft, führen in der Regel zu weiterem Lärm und Leid. Das Ego will seine eigene Verantwortung für diese leidvollen Schöpfungen nicht sehen – und so sucht es immer wieder andere, denen es die Schuld für seine Erfahrungen zuweisen kann. Das Hohe Selbst hingegen weiß genau, wer es ist, woher es kommt, wofür es sich auf der Erde inkarniert hat und wohin es gehen wird. Alle Entscheidungen, die das Hohe Selbst trifft, werden immer diese Einsicht widerspiegeln. Das kleine Selbst tut nichts, ohne dafür eine Gegenleistung zu erhalten, während das Hohe Selbst immerdar und allezeit seine wahre, großzügige Natur zum Ausdruck bringt.

8. Wenn Du nachts in den Himmel schaust und Millionen von Sternen siehst, blickst Du auf Deine eigene Vergangenheit zurück. Du stellst Dir vor, dass dort irgendwo, irgendwann einmal Leben entdeckt wird, und so sendest Du Signale und Raumschiffe aus, um nach anderen Lebensformen zu suchen. Jedoch kann das, was dort draußen ist, bereits hier gefunden werden, und das, was hier nicht gefunden werden kann, existiert auch nirgendwo anders! Eure Wissenschaftler beschäftigen sich mit schwarzen Löchern, Wurmlöchern und Raumzeit, um Erklärungen dafür zu finden, wie es in Zukunft möglich sein wird, Entfernungen zu überwinden, die derzeit noch in Lichtjahren gemessen werden. Ihr habt gänzlich vergessen, dass es eine andere Art und Weise gibt, durch Raum und Ewigkeit zu reisen. Diese Reise führt nicht nach außen, sondern nach innen, tief hinein in das Wesen des Menschen, in den Raum Deines göttlichen Bewusstseins. Ein jeder von

euch ist somit ein wichtiges Portal zu einer Realität, von der nur die wenigsten überhaupt zu träumen vermögen. Wenn eure Wissenschaftler über den Urknall, die Erschaffung des Universums, sprechen, dann bezeichnen sie damit ein singuläres Ereignis, das vor Millionen von Jahren stattgefunden hat. Der Tag wird kommen, an dem die Menschheit erkennt, dass sich alles, was jemals geschaffen wurde, in einem Urknall manifestiert – von der Geburt eines Universums über die Schöpfung und Zeugung eines Kindes bis hin zur Ankunft eines Gedankens. Jedoch wird es euren Wissenschaftlern mit ihren einseitigen, erdgebundenen Sichtweisen nie gelingen, eine Antwort auf die wichtigsten aller Fragen zu finden: Was existierte vor dem Urknall; wer oder was hat ihn verursacht; und wer hat das Nichts erschaffen, in dem dieses Wunder geschah?

9. Um den Felsen zu bewegen, der derzeit den Eingang zu Deinem inneren Himmlischen Königreich blockiert, musst Du Dir Deine innersten und verborgensten Intentionen sehr genau ansehen. Warum handelst Du gerade so, wie Du handelst? Was ist Dein Beweggrund? Was willst Du erreichen? Was sind Deine wahren Absichten? Welche Geister sind es, die dich immer wieder stagnieren lassen? Bevor Du für den nächsten Schritt bereit bist, musst Du den Mut haben, alle Schatten zu benennen, die Dich an die Begrenzungen des Egos binden. Glaube mir, auch ich habe mich in unzähligen Inkarnationen riesigen Schatten und Dämonen stellen müssen, von denen ich in meiner Naivität geglaubt habe, sie seien äußere Schöpfungen, die ich auf die Fehler anderer Menschen zurückführen könne, anstatt auf meine eigenen. Ich beklagte mein Schicksal; ich verfluchte ⊙; ich versuchte, meine Aufmerksamkeit von der eigentlichen Wahrheit, über die ich

wütend war, abzulenken. Erst als ich mich endlich aus meiner Dunkelheit erhob und die Verantwortung für diese Schatten übernahm, wurde mir klar: Ich hatte sie selbst erschaffen – und nur ich selbst konnte sie transformieren. Der Tag, an dem mir diese Erkenntnis dämmerte, läutete den Beginn meiner Reise in das wundervollste Universum ein, das je geschaffen wurde, das Himmlische Königreich – ⊙s grenzenloses Bewusstsein.

10. Wir möchten, dass Du so schnell wie möglich Kontakt aufnimmst. Dieses ist unser größter Wunsch und die einzige Aufgabe, die uns übertragen wurde. Wir bitten Dich daher, die ersten zehn Verse sehr sorgfältig zu lesen. Lege jedes einzelne Wort auf die goldene Waage Deines Gewissens. Es wird Dich befähigen, die Verantwortung für alles, was Du erschaffen hast, zu übernehmen. Verantwortung für etwas zu übernehmen bedeutet, es zu meistern, sodass Du zum Herrn und Gebieter über Dein eigenes Leben wirst.

    a. Erschaffe einen Raum der Stille. Sitze aufrecht und in einem Zustand entspannter Klarheit und Gegenwärtigkeit und atme so tief wie möglich ein, sodass Deine Lungen und Dein Bauchraum vollständig mit der heiligen Essenz des Äthers gefüllt sind. Halte kurz inne, während Du den Atem anhältst. Atme aus und lasse dabei den Atem wieder zurück in den Äther strömen, frei und ungehindert, bis sich Deine Lungen geleert haben und Dein Bauch leicht eingezogen ist. Denke daran, dass sich der Bauch beim Einatmen nach außen bewegt und beim Ausatmen nach innen. Wiederhole diese Praxis, bis Du sie gemeistert hast.

b. Während Du auf diese Weise praktizierst, stelle Dir nun vor, wie Du Deinen Atem und die heilige Essenz des Äthers durch die Krone Deines Kopfes empfängst. Von dort einatmend, lässt Du sie hinunter in Dein Herz fließen. Erlaube ihr, dort eine Weile zu schwingen und sich mit Deiner Herzenskraft zu verbinden, und lasse sie dann, ausatmend, durch Dein Herz wieder in den Äther hinausströmen. Halte einen Moment inne, lausche und atme dann durch Dein Herz ein, lasse die heilige Essenz des Äthers hoch in Deine Krone fließen und atme durch Deine Krone wieder aus.

c. Hast Du diese beiden Schritte gemeistert, füge das folgende Gebet hinzu. Sprich in Gedanken während des Einatmens die Worte: *Rukha d'Koodsha.* Halte einen Moment inne, während du den Atem anhältst. *Rukha d'Koodsha* bedeutet Heiliger Geist auf Aramäisch. Durch die Kontemplation dieses Mantras rufst du den Heiligen Geist zu Dir. Spüre, wie jede einzelne Zelle erwacht und mit dieser aktivierten Kraft in Verbindung tritt. Fühle, wie die Kraft mit ihrem heilenden Licht durch Dich strömt, in Dir pulsiert und Dich erfüllt. Ist die Zeit des Ausatmens gekommen, so sprich lautlos in Deinem Geiste die Worte *Malkoota d'Shmeya.*[16] *Malkoota d'Shmeya* bedeutet Himmlisches Königreich auf Aramäisch. Erlaube der aktivierten,

[16] Das Aramäische ist auf Wortstämmen (engl. *Root words = Wurzelwörter*) aufgebaut. Die Wurzel für *Malkoota* ist *MLK*, die Wurzel für *Shmeya* ist *SHM*. Ein Wurzelwort wird nur dann aktiviert, wenn es von jemandem ausgesprochen wird – laut hörbar oder im Reich der Stille der Gedanken. In gleicher Weise ist auch der Mensch, aus aramäischer Sicht, ein Wurzelwort, das darauf wartet, von seinem Schöpfer, ⊙, aktiviert oder ausgesprochen zu werden. Als Yeshua sagte: „Das Himmlische Königreich/*Malkoota d'Shmeya* ist in euch!", bezog er sich auf das Wurzelwort *SHM*, das folgende Bedeutungen in sich trägt: Name; Schwingung; Leben; Licht/Bewusstsein; Wahrheit; die wahre Identität; Lebensfunke; Klang; die energetische und aurische Sphäre, von der jeder Mensch erfüllt ist und die ihn umgibt; das Bildnis von ⊙ im Inneren jedes Menschen.

pulsierenden, strahlenden, heilenden Kraft, aus Dir hinausströmen, während Du ausatmest. Indem Du diese Mantras verwendest, folgst Du der Aufforderung des Meisters: „Klopfet an und es wird Euch aufgetan; bittet und es wird Euch gegeben werden."

Das Gebet hilft Dir, das Himmlische Königreich auf der Erde zu manifestieren. Die Qualität deiner Praxis hängt vom Grad Deines Einsatzes und Deiner Hingabe ab.

Als ich zu Vers elf kam, fand ich eine unbeschriebene Seite. Ich blätterte sie um und sah, dass dort der Text mit Vers zwölf fortgesetzt wurde. Zweifellos wollte der Verfasser des Buches, dass der Leser bei Vers elf innehält. Wollte er ihm die Möglichkeit geben, das soeben Gelesene gründlich zu verarbeiten?

Es war fast dunkel in der Höhle. Was ich gerade gelesen hatte, enthielt für mich keine wirklichen Neuigkeiten. Einerseits war es fast banal, andererseits lag im Tonfall des Autors eine Eindringlichkeit, die meine Aufmerksamkeit erregte. Jedes Wort war wie ein Keil unter dem im Text erwähnten Felsen – einem Felsen, der auch den Eingang zu meinem Herzen und meinem Himmlischen Königreich versperrte. Ich saß einen Moment da und hielt das kostbare Buch in den Händen, bevor ich es hochhob und seinen Duft von Zedernholz und Myrrhe einatmete. Dann legte ich es vorsichtig in meinen Rucksack und begann den Abstieg.

Es war fast Mitternacht, als ich nach Jerusalem zurückkehrte. Ich lag auf meinem Bett und konnte nicht einschlafen. Die Geschehnisse des Tages gingen mir nicht aus dem Kopf. Das Buch mit seinen präzis formulierten Wahrheiten hatte meine Neugierde erregt und ließ mich nicht zur Ruhe kommen. Ich schaltete das Licht an und las die ersten zehn Verse erneut. Ich war wie besessen von dem Wunsch weiterzulesen, aber jedes Mal, wenn ich die Seite mit dem weißen, leeren Papier, auf der

Vers elf hätte stehen sollen, umblättern wollte, hielt mich irgendetwas tief in meinem Inneren davon ab. Mir wurde klar, dass der fehlende Vers eine Grenze für mich darstellte, die ich nicht überschreiten durfte. Wenn ich mit dem Lesen fortfahren wollte, musste ich den fehlenden elften Vers finden; ich musste die im Buch beschriebene Meditation studieren. Ich setzte mich gerade im Bett auf, das Buch lag aufgeschlagen vor mir; ich holte tief Luft und begann die Praxis. Als ich das erste Atemritual beendet hatte, wurde mir klar, dass es schon immer ein fester Bestandteil meines Lebens gewesen war.

Obwohl ich nur einen flüchtigen Eindruck von dieser Meditation erhalten hatte, wusste ich, dass sie mir den allerersten Punkt zur Verfügung stellen würde, den Ursprungspunkt, in dem aus einem endlosen Netz von nummerierten Punkten bestehenden Bild, das ich schon immer in mir getragen hatte. Es ist nun meine Aufgabe, diese Punkte in der richtigen Reihenfolge zu finden und zu verbinden, damit eines Tages das einzige Bild von ⊙, das in der physischen Welt manifestiert werden kann, Gestalt annehmen wird. Der Äther um mich herum fühlt sich an wie eine Versammlung von Klarheit und Geborgenheit. Eine vertraute Empfindung berührt meinen Scheitel. Ich nehme das Buch in die Hand und beginne, den zweiten Teil der Übung erneut zu lesen. Ich schließe die Augen und ...

4

DAS AUGE ⊙S

Das vertraute Gefühl von „Ich" und der Bindung an die physische Welt ist verschwunden. Die beste Analogie, die ich verwenden kann, um meinen gegenwärtigen Zustand zu beschreiben, ist *ein Fließen von Licht in einer undefinierbaren Dunkelheit.* Ich bin immer noch „Ich selbst", aber die physischen Grenzen, die das „Ich" definieren, haben sich aufgelöst. Auch wenn es eine Empfindung der ätherischen Substanz gibt, durch die noch immer ein Gefühl von „Selbst" hervorgerufen wird, ist es das Hohe Selbst, befreit vom Lärm der Persönlichkeit – ein Zentrum reinen Bewusstseins, das sich langsam ausbreitet und symbiotisch mit allem um mich herum verschmilzt. Doch trotz dieses Gefühls der völligen Vereinigung mit allen Dingen gibt es gleichzeitig ein undefinierbares Gefühl eines Schleiers, der mich eine Art Schwelle zu dem sich immer weiter ausbreitenden Licht spüren lässt. Ich bin nicht in der Lage, die Tiefe meiner Erfahrung zu erfassen, aber irgendetwas in mir weiß, dass sie mich mit einer bestimmten Frequenz verbinden wird, durch die ich eines Tages Zugang zu dem Tor erhalten werde, nach dem ich suche.

Meine Seele sehnt sich danach, aus diesem Zustand der Trennung befreit zu werden. Ich erinnere mich an die Zeit, als Calle de Montségur mir den *Schacht der Seele* offenbart hat. Der Schacht der Seele ist eine Metapher, die die Momente beschreibt, in denen eine Seele in die physische Realität eintritt und sie verlässt. Ich sehe mit meinem geistigen Auge, wie ich mit Calle im Schacht stehe, während er mir zeigt, dass alle Bilder in Wirklichkeit ein einziges Bild sind; dass alle Menschen nur ein einziger Mensch sind; und ich erkenne, dass die Auflösung der physischen Realität, die ich in diesem Moment erlebe, genau der Zustand ist, in dem ich mich befinden muss, um durch Zeit und Raum zu reisen, die dreidimensionale Realität hinter mir zu lassen, eins mit allen anderen Seelen zu werden und alle Bilder als ein Bild zu sehen. In Wahrheit sind wir alle Könige und Bettler, Henker und Opfer, Helden und Schurken, Erwachsene und Kinder, Frauen und Männer – bis wir keines dieser Einzelschicksale mehr sind, sondern lediglich die gleichzeitige Summe aller Erfahrungen.

Wenn wir verstorbene Familienmitglieder oder Freunde treffen, begegnen wir ihnen in ihrer reinsten Form, befreit von allem persönlichen Lärm, der ihre Seelen färbte, als sie inkarniert waren und ihre Rollen als Onkel, Tanten, Väter, Mütter, Söhne, Töchter, Brüder, Schwestern, usw. spielten. Auf der anderen Seite des Schleiers werden alle Leiden und persönlichen Neurosen beiseitegelegt.

Wenn wir reinkarnieren und erneut durch den Schacht der Seele hinabsteigen, übernehmen wir die Verantwortung für die Aufgaben, die wir in unserer vorherigen Inkarnation nicht transformieren konnten. Wenn die Seele die physische Welt verlässt, gibt es dort, wohin sie sich begibt, keine „Orte", wie sie in der Erdeninkarnation wahrgenommen wurden, sondern nur Bewusstseinsebenen.

Diese Ebenen manifestieren sich auf unterschiedliche Art und Weise. Die physische Ebene schwingt verhältnismäßig langsam. Je höher das Bewusstsein, desto schneller die Schwingungsebene.

Symbole, Metaphern und archetypische Bilder sind die Sprache, die man braucht, um die irdische Inkarnation verstehen zu können. Es wird eine Zeit kommen, in der die inkarnierte Seele erkennt, dass diese symbolische Sprache die einzige Möglichkeit ist, durch die die Menschheit erfahren und ausdrücken kann, wie sie ihre physischen Begrenzungen durchbrechen und den nächsten Schritt in Richtung der inneren holographischen und multidimensionalen Ebenen vollziehen kann. Die Seele trägt diese universelle Sprache bereits in sich – sie muss nur aktiviert werden. Derzeit ist die Menschheit zu sehr darauf konzentriert, für jedes Problem eine technologische Lösung zu finden. Aber, wie Calle de Montségur sagte, jedes Mal, wenn wir ein Navigationsgerät benutzen, kehren wir dem inneren Navigationsgerät der Menschheit den Rücken zu – oder dem, was man früher Intuition nannte. Die menschliche Intuition ist das feinste und genaueste Messinstrument, das in der physischen Welt zu finden ist, und eröffnet uns daher die beste Möglichkeit für einen inneren Kontakt mit dem Göttlichen.

Trotz dieser Tatsache haben wir es geschafft, unser Vertrauen in unsere Intuition völlig zu untergraben. Ein physikalisches Messgerät richtet sich nach außen, in die lärmgefüllte Leere, während ein spirituelles Messgerät nach innen gerichtet ist, in die Gegenwart und in die Ewigkeit, unsere wahre Heimat. Deshalb ist es so wichtig, unser spirituelles Potenzial anzuerkennen und zu entwickeln, und zu fordern, dass die Beschränkungen, die der Menschheit in den letzten Jahrhunderten durch eine enge wissenschaftliche Haltung auferlegt wurden, beiseitegelegt werden und ein neues, offenes, vorurteilsfreies Bewusstsein aktiv entwickelt wird.

Diese Entwicklung erfordert auch eine ernsthafte Bereitschaft, Neurosen und Leiden zu transformieren. Das beste Mittel gegen Hoffnungslosigkeit, Schmerz, Trauer und Sehnsucht ist, die selbstbezogenen Befindlichkeiten des Egos aufzugeben und zu beginnen, andere wirklich zu *sehen* und etwas für sie zu tun. Das gilt sowohl auf persönlicher als auch auf kollektiver Ebene. Wenn ich mich nach etwas sehne oder mir etwas fehlt, weiß ich, dass die Lösung oder das Heilmittel in all den Dingen liegt, die ich anderen nicht gebe, nicht gönne oder nicht erlaube. Wenn ich mich zurückgewiesen fühle, liegt es in den meisten Fällen daran, dass ich eine ablehnende Haltung eingenommen habe. Alles, was ich aussende, kommt früher oder später zu mir zurück. Dieses Gesetz der Wechselwirkung kann so subtil sein, dass der Zusammenhang nicht immer offensichtlich ist, aber er ist dennoch eine lebendige Realität.

Ein fahles lilafarbenes Licht erfüllt das Zimmer. Ich schaue mich verwirrt um und stelle fest, dass ich während der Meditation eingeschlafen sein muss. Draußen bricht ein neuer Tag an. Ich greife nach dem Buch, schlage es auf und suche nach der Seite mit dem fehlenden Vers.

Zu meinem großen Erstaunen ist sie nicht mehr leer! Zwei Zeilen sind hinzugefügt worden! Ich kneife meine Augen zusammen und schaue noch einmal. Es sieht aus, als hätten sie schon immer dort gestanden.

11. Das Auge, durch das ⊙ Dich sieht, ist dasselbe Auge, durch das Du ⊙ sehen kannst.

Ich sitze da und starre auf den Satz. Ich erkenne darin die bekannten Worte des christlichen Mystikers Meister Eckhart.

War es das, was Yeshua meinte, als Er zu Seinen Jüngern sagte: „Mein Vater und ich sind eins"? Dieser Satz ist in seiner ganzen Einfachheit eine der revolutionärsten Botschaften des Neuen Testaments. Eine Botschaft, die von jemandem verkündet wurde, der ⊙ durch das erwähnte Auge gesehen hat. In den Schriften der Essener heißt es: Würde sich dieses allsehende Auge auch nur für eine Sekunde schließen, so hörten alle geschaffenen Dinge augenblicklich auf zu existieren.

„Das Licht des Körpers ist in dem Auge. Wenn du also diese Sicht vervollkommnest und wenn du die zwei zu einem machst, wird dein ganzer Körper mit Licht erfüllt sein." So wird Yeshua im Matthäus-Evangelium 6:22 zitiert. Und wenn Er von Licht spricht, meint Er damit Bewusstsein.

„Wenn ihr die zwei zu einem macht und wenn ihr das Äußere wie das Innere macht und das Oben wie das Unten und wenn ihr das Männliche und das Weibliche zu einem macht, dann wird das Männliche nicht mehr männlich und das Weibliche nicht mehr weiblich sein, und wenn ihr mit neuen Augen sehen könnt und eine neue Hand in der Hand und einen neuen Fuß in dem Fuß sehen könnt, wenn ihr euer wahres Bild gesehen habt, dann könnt ihr das Königreich betreten." So sagt es Yeshua im Thomas-Evangelium, Logion 22.

Wie konnte es dazu kommen, dass wir Menschen diese wesentliche Information, die uns mitteilt, wer wir wirklich sind, missverstanden oder übersehen haben?

Könnte es etwas mit dieser neuen Art und Weise, die Dinge zu betrachten, zu tun haben, wenn Yeshua uns darauf hinweist, dass wir bereits in diesem Leben ein weiteres Mal geboren werden sollen? Alles neu zu sehen ist eine Praxis, die von uns verlangt, das Herz zu einem Zentrum der gereinigten Gefühle zu machen – Mitgefühl statt Emotionen. Und das Dritte Auge zu einem Zentrum gereinigter Gedanken – Visionen anstatt Erinnerungen. Wenn wir in der Lage sind, diese Praxis in unserem Alltag zu verwirklichen, werden wir verstehen, dass wir zuallererst spirituelle Wesen sind, die sich jedoch zurzeit in einem physischen Körper inkarniert haben, und wie wichtig es ist, die richtige Balance zwischen diesen beiden Realitäten zu finden.

„Was aus dem Fleisch geboren ist, ist Fleisch, und was aus dem Geist geboren ist, ist Geist. Wundert euch nicht, wenn ich euch sage, dass ihr noch einmal geboren werden müsst. Der Wind weht, wo er will, ihr hört sein Rauschen, aber ihr seht nicht, woher er kommt und wohin er geht: so ist es mit jedem, der aus dem Geist geboren ist."[17]

Könnte genau das auch Saulus passiert sein, der auf dem Weg nach Damaskus war, um Christen zu verfolgen und zu töten, als er plötzlich Yeshuas Worte als innere Stimme hörte und sein Augenlicht verlor? Drei Tage lang durchlief er unter der Anleitung eines essenischen Therapeuten die Einweihung der Wiedergeburt, die wahre Taufe, die Yeshua die Essener gelehrt hatte. Nach drei Tagen hatte er sich von dem hasserfüllten Saulus in Paulus, den Prediger der Liebe, verwandelt. Die neue innere Sicht vereinigte sich mit der äußeren Sehkraft der Augen und sein Sehvermögen wurde wiederhergestellt. Er begann ein neues Leben. Er konnte plötzlich *sehen*. Er sah sich selbst und die Spur von Ignoranz, Tod und Zerstörung, die er überall, wohin er auch gegangen

[17] Johannes-Evangelium 3:6.

war, hinterlassen hatte. Unversehens war ihm der Zutritt zu einer höheren Bewusstseinsebene gewährt worden. Er sah und verstand nun, dass er die Chance erhalten hatte, eine neue Wahl zu treffen und in seinem Leben einen neuen Weg einzuschlagen.

Paulus' Geschichte ist die Geschichte von Jona, der von dem Großen Fisch verschluckt wurde und drei Tage in ihm bleiben musste, bevor er wiedergeboren wurde; von Lazarus, der von Yeshua zum Leben erweckt wurde, nachdem er drei Tage im Grab gelegen hatte; und von Yeshua selbst, der nach drei Tagen im Grab von den Toten auferstanden ist.

Die Geschichte des Paulus ist auch die unsrige, denn durch unsere Ignoranz und Unachtsamkeit hinterlassen auch wir tagtäglich eine Spur der Verwüstung, des Leidens und des Todes, verursacht durch unsere entfremdete und distanzierte Lebensweise: kaufen, konsumieren und wegwerfen. Auch wir werden eines Tages gezwungen sein, aufzuwachen und die Verantwortung für unser Handeln zu übernehmen. Niemand in der westlichen Welt kann sich vorstellen, wegen Dürre, Überschwemmungen oder anderen Naturkatastrophen plötzlich Haus und Hof verlassen zu müssen. Niemand kann sich vorstellen, als Flüchtling an der Grenze zu einem anderen Land zu stehen und schlicht und einfach abgewiesen zu werden.

Wir müssen aus unserem tiefen, mehr oder weniger unbewussten Schlaf aufwachen und die Verbindung zwischen uns und ⊙ wiederherstellen. Aber sie muss real sein und nicht nur ein Lippenbekenntnis. Mit leeren Worten lässt sich wenig anfangen. Wir können dies tagtäglich hören und sehen, wenn zu uns wie zu Schafen oder Kanonenfutter anstatt wie zu Mitbürgern und gleichwertigen Seelen gesprochen wird oder wenn wir unsererseits mit anderen ohne Respekt vor ihrer Integrität sprechen. Wir erleben auch das Aufkommen einer Art Priesterschaft innerhalb der verschiedenen spirituellen Gemeinschaften, die sich weit mehr auf den wirtschaftlichen Erfolg oder die Aufrechterhaltung ihres eigenen Status zu konzentrieren scheint als auf das spirituelle Wohlergehen ihrer Anhängerschaft.

Fake News sind ein so fester Bestandteil der menschlichen Realität geworden, dass ihre Dunkelheit auf perfide Weise alles in und um uns herum mit Halbwahrheiten und Lügen vergiftet. Wir müssen zuerst mit unseren eigenen Lügen Schluss machen, dann können wir uns den globalen Lügen zuwenden. Der Gralsritter muss den Drachen in sich selbst erschlagen, damit die Prinzessinnen der Weisheit, Sophia und Shekinah, ihre vollständige Freiheit wiedererlangen können, nicht nur in der Welt, sondern vor allem in jedem Einzelnen von uns.

Ich stand auf und nahm ein dringend benötigtes Bad, holte mir eine Tasse Tee aus dem Frühstücksraum und trank sie im Klostergarten. Ich konnte den Klang Jerusalems auf der anderen Seite der hohen Gartenmauern hören, als die alte Dame erwachte und ihr buntes Kostüm voller würziger Aromen, religiöser Ablenkungen, Zerstreuungen und Gegensätze, atonalem Lärm und Bergen von Waren anlegte! Ich befand mich im Zentrum der Welt, wo alle Meridiane der Erde zusammenlaufen, vereint im *Brunnen der Seelen*, tief unter dem Felsendom; der Ort, an dem laut jüdischem Mythos Adam einst die Verantwortung für seine Übertretung im Garten Eden ablehnte; an dem Abraham bereit war, seinen Sohn zu opfern; an dem die große Flut hereinbrach und die Erde verwüstete; an dem die für die Hölle bestimmten Seelen auf unbestimmte Zeit am Eingang zum Hades warten müssen. Jerusalem ist auf einer Unzahl von Symbolen aufgebaut. Hier ist alles eine Metapher für etwas Tieferliegendes und Höherstehendes – unfassbar und unumstößlich. Jerusalem packt mich an der Kehle und droht, mich zu erdrosseln. Ich flehe darum, freigegeben zu werden. Mir fehlen die Worte, ich kann nicht einmal formulieren, warum ich hierhergekommen bin, aber ich weiß, dass da draußen in der Dunkelheit etwas verborgen ist, das gefunden und ins Licht gebracht werden will, damit jeder die Chance hat, es zu sehen.

Ich gehe durch die engen Gassen. Auf einem Platz in der Nähe der Auferstehungskirche sehe ich ihn auf mich zukommen, schlank, mit geradem Rücken und weißem Haar, das im Wind weht. Seltsamerweise scheint ihn niemand zu bemerken. Er ist der Einzige in der Menge, der keinen Schatten wirft. Er geht schnell, es sieht aus, als würde er durch die Menge tanzen. Ich muss mich konzentrieren, um in dem

Gedränge von Einheimischen und Touristen, Priestern und Rabbinern, Kindern und Katzen, Straßenverkäufern und all ihren Waren mit ihm Schritt zu halten. Es ist, als wäre er ein Geist, den niemand sehen kann, als würde er auf dem Wasser gehen, während der Rest der Welt zu versinken droht. Eine Bettlerin streckt mir ihre Schale entgegen. Ich zögere einen Moment und schaue in ihre dunklen, brennenden Augen, aber meine Aufmerksamkeit ist nicht bei ihr. Ich ignoriere die Frau und sehe gerade noch, wie der Mann in der koptischen Kirche verschwindet. Ich folge ihm. Ein Priester sitzt direkt hinter der Tür und deutet auf die Sammelbüchse neben ihm. Darauf liegt ein Zettel, der ankündigt, dass die Kirche sich darüber freut, Spenden für einen Besuch in der unterirdischen Krypta entgegenzunehmen. Hastig schaue ich mich um, kann ihn aber nirgends entdecken. Aus einem Impuls heraus renne ich die steilen Stufen hinunter. Auf halber Strecke bleibe ich stehen und lausche. Falls er tatsächlich hier ist, müssen seine Schritte vollkommen lautlos sein. Das einzige Geräusch, das von tief unten zu mir hochdringt, ist das Echo von fließendem Wasser und fallenden Tropfen, die auf die Oberfläche eines unterirdischen Gewässers treffen.

Ich erreiche den Fuß der Treppe, wo das Wasser leise gegen die unterste Stufe plätschert, gerade noch rechtzeitig, um das Heck eines Bootes in die Schatten der schmalen Öffnung am Ende des Gewölbes eintauchen zu sehen. Er war verschwunden.

Ich setze mich auf eine Stufe und versuche, meinen Atem zu beruhigen. Meine wirbelnden Gedanken kommen abrupt zum Stillstand, als ich die Melodie höre. Ein Mantel aus Frieden legt sich um mich. Ich spüre die Umarmung der Harmonien und höre, wie sich meine Stimme zu ihnen erhebt. Sachte singt sie in das gedämpfte Echo hinein: „*Mariam Mare …*“[18], immer wieder; wieder und wieder; aber ich erhalte keine Antwort.

[18] *Mariam Mare*: Aramäisch für „Mariam die Meisterin“.

5

DER SCHMALE PFAD

Die Stufen führen weiter hinunter in das unterirdische Wasser. Ich halte mich am Geländer fest und lehne mich so weit wie möglich nach vorne, sodass ich hinter der Öffnung, in die das Boot verschwunden ist, einen engen Schacht erkennen kann. Am Ende dessen, was von oben betrachtet wie ein Kanal aussieht, befindet sich eine Mauer. Auf der anderen Seite ist es wegen der Schatten schwieriger, überhaupt irgendetwas zu erkennen. Könnte sich dort ein geheimes Tor befinden oder ist die Mauer selbst in Wirklichkeit ein getarntes Tor? Es gibt nichts, was ich noch tun könnte, also gehe ich widerwillig die tausend Schritte zurück nach oben ...

In der Kirche versuche ich, mit dem koptischen Priester zu sprechen, aber er lächelt nur und schüttelt den Kopf. Sogar der Engel hinter ihm scheint mich nachsichtig anzulächeln.

Kann es sein, dass ich alles vergessen habe, was ich so viele Jahre lang zu verstehen versucht habe? Impulsiv laufe ich zurück zum Platz bei der Auferstehungskirche, durch die Gassen und nach Hause in mein Zimmer im Christ Church Hostel. Sobald sich die Tür fest hinter mir schließt, nehme ich das Buch zur Hand und schlage es bei Vers elf auf. Kurioserweise, aber irgendwie auch nicht wirklich überraschend, ist mehr Text erschienen:

11. Das Auge, durch das ⊙ Dich sieht, ist dasselbe Auge, durch das Du ⊙ sehen kannst.
Du bist bereits erleuchtet, und Du kannst ⊙ sehen, wann immer Du willst. Du hast lediglich vergessen, wie alles miteinander zusammenhängt. Wenn Du lediglich die physische Realität in der Welt um Dich herum siehst, ohne zu erkennen, wie sie aufgebaut ist und dass sie nur ein Teil eines kontinuierlichen Ganzen ist, bist Du nicht mit dem Gewahrsein verbunden, das jedem Menschen erlaubt, auf allen Bewusstseinsebenen zu sehen.
Wenn das Männliche nicht mehr männlich ist und das Weibliche nicht mehr weiblich; wenn die beiden Eins werden; wenn das Äußere zum Inneren wird; und wenn es Dir möglich ist, Dich selbst mit neuen Augen zu sehen, dann wirst Du in das Königreich eintreten.

Schließe für einen Moment Deine physischen Augen. Ziehe das Bewusstsein des Sehens zum Mittelpunkt Deiner Stirn, in Dein inneres Auge. Durch dieses Auge wirst Du in der Lage sein, durch alle Schleier zu sehen. Licht wird in Dunkelheit erschaffen – und Bewusstsein entsteht dort, wo vorher Begrenzung war. Dieses Sehen ist wie ein Laser, der in die Ewigkeit blickt und das Buch des Lebens liest.

Kommunion: Die folgende Praxis muss gemeistert werden.

a. Lege Deine rechte Hand (Dein männlicher Ausdruck) auf Dein Herz, in der Mitte Deines Brustbeins (das Zentrum des weiblichen Prinzips in Dir). Spüre die Vereinigung.

b. Lege dann Deine linke Hand (Dein weiblicher Ausdruck) auf das Dritte Auge, in der Mitte Deiner Stirn zwischen Deinen

Augenbrauen und der Breite eines Fingers über ihnen (das Zentrum des männlichen Prinzips in Dir). Spüre die Vereinigung.

c. Visualisiere nun, wie Du die Heilige Essenz des Äthers einatmend durch Deine rechte Hand in Dein Herz hineineinströmen lässt. Lass Dich dort von ihr erfüllen und spüre in ihrer heilenden Gegenwart die Vereinigung Deiner männlichen und weiblichen Schwingungen. Dann lasse sie, während Du den Atem pausierst, hinauf in Dein Drittes Auge steigen. Spüre auch dort wieder die heilende Essenz des Äthers in der Vereinigung mit Deinen männlichen und weiblichen Schwingungen. Wenn der Ausatem-Impuls kommt, ströme sie aus Deinem Dritten Auge und Deiner linken Hand hinaus in den Ätherraum um Dich herum.

d. Dann lasse die Heilige Essenz des Äthers einatmend durch Deine linke Hand in Dein Drittes Auge hineinströmen. Lass Dich dort von ihr erfüllen und spüre wieder in ihrer heilenden Gegenwart die Vereinigung Deiner männlichen und weiblichen Schwingungen. Dann lasse sie, während Du den Atem pausierst, hinab in Dein Herz fließen. Spüre auch dort wieder die heilende Essenz des Äthers in der Vereinigung mit Deinen männlichen und weiblichen Schwingungen. Wenn der Ausatem-Impuls kommt, ströme sie aus Deinem Herzen und Deiner rechten Hand hinaus in den Ätherraum um Dich herum.

e. Füge nun das Mantra *Ephatah* hinzu, während Du die Heilige Essenz des Äthers einatmend in Dich einströmen und ausatmend wieder ausströmen lässt.

Ephatah: „Öffne Dich; befreie, was gefangen ist; erweiche, was erstarrt ist."

Ephatah ist der Klang, der das Wurzelwort *PTHAH*, „Das, was etwas öffnet", aktiviert – wird dieses Mantra bewusst gedacht oder laut ausgesprochen, öffnet und aktiviert es die inneren Heilungsfähigkeiten und höheren Bewusstseinsebenen im Menschen.

f. Ersetze das Mantra mit *Rukha d'Koodsha* beim Einatmen und *Malkoota d'Shmeya* beim Ausatmen.
Erinnere Dich: Die Schwingung von *Malkoota d'Shmeya* – das Himmlische Königreich wird bei jedem Ausatmen stärker in dem ätherischen und physischen Raum um Dich verankert, da Du seine Gegenwart immer stärker aktivierst. Ebenso wirst Du die Gegenwart von *Rukha d'Koodsha* – dem Heiligen Geist im Ätherraum – bei jedem Einatmen intensiver spüren.

g. Lege nun Deine linke Hand unter Deine rechte, sodass beide Hände auf Deinem Herzen in der Mitte des Brustbeins ruhen, während Dein Körper und Dein Geist sowohl entspannt als auch aufrecht und hellwach sind. Lasse die Heilige Essenz des Äthers durch das Herz ein- und wieder ausströmen, während Du das aramäische Mantra *Inana Rakhma*, „ICH BIN bedingungslose Liebe und unendliche Gnade", lautlos in Dir schwingen lässt. Einatmend erfüllt Dich *Inana*, „ICH BIN", ausatmend erfüllt Dich und verströmst Du *Rakhma*, „Bedingungslose Liebe und unendliche Gnade". Nach dieser Phase der Praxis wird Dein Energiekörper durch den Heiligen Geist erfüllt und gestärkt sein. Dein Gloriengewand ist aktiviert und erstrahlt im Reinen Sein und Einen Klang Deines Selbst. Deine Hände sind nun bereit, für Heilung eingesetzt zu werden.

h. Und schließlich, tritt ein in die heilige Kammer des Herzens, das Heiligste Heiligtum, in dem das Ewige in Dir, *SHM*, als eine geweihte Flamme brennt. Tritt ein, voller Dankbarkeit für alles, was Du bereits empfangen hast, und sprich mit ⊙. Egal, was Du an der Schwelle des Tores hinterlassen hast, egal, woher Du kommst oder was Du mit Dir bringst – Du wirst hier immer Antwort und Hilfe, Trost und Heilung, Segen und Inspiration erhalten. Bleibe so lange, wie es für Dich nötig ist, lausche aufmerksam und wach im Augenblick dieses Jetzt. Bevor Du Dich aufmachst, die heilige Kammer wieder zu verlassen, bedanke Dich bei ⊙, Deinem Hohen Selbst, Deinen Engeln und Führern, Deiner geistigen Familie sowie allen Menschen und Wesen, die auf der Erde um Dich sind, für alles, was Du erhalten hast, und tritt leise wieder hinaus.

Wiederhole diese Praxis dreimal täglich 30 Minuten lang, bis Du Eins mit ihr geworden bist. Mit der Zeit werden die Klarheit und Präzision in Deiner Stirn und die Offenheit und Wärme in Deiner Brust, die Du während dieser Praxis erfährst, zu einem dauerhaften Zustand werden. Spüre das Licht als eine vertikale Kraft, als eine Säule vibrierender Energie in deinem Innersten Wesen. Durch diese Klarheit und Offenheit bist Du in der Lage, mit neuen Augen und einem neuen Bewusstsein zu sehen. In diesem Zustand bist Du bereit, auszusenden und zu empfangen. Reines Fühlen wird eins mit klarem Denken und es entsteht eine Übereinstimmung zwischen dem inneren Himmlischen Königreich und Deinen Gedanken, Worten und Taten.

Ich klappte das Buch zu und legte es auf den Nachttisch. Ich stand genau zwischen zwei Realitäten, was für mich keine neue Erfahrung war. Es war etwas, das ich aus meiner Kindheit nur zu gut kannte, ein Zustand, den alle Kinder kennen, selbst wenn sie ihn als Erwachsene wieder vergessen haben. Ein Kind ist noch nicht so weit desensibilisiert, dass ihm sein Zugang zu den verschiedenen Universen verschlossen worden wäre.

Vielleicht war das der Grund, warum mich das Heilige Land, wo die Schleier zwischen den Welten viel lichter und durchlässiger zu sein scheinen als an anderen Orten, so angezogen hat. Hier, wo sich seit Anbeginn der Zeit Propheten inkarniert haben, die durch metaphysische Methoden Zugang zu allen Ebenen der Wirklichkeit hatten. Während ich diese Zeilen schreibe, finden in Israel wissenschaftliche Forschungen über die Natur und Essenz unseres Geistes statt. Diese Forschungsarbeiten sind weiter fortgeschritten, als wir es uns in unseren kühnsten Fantasien vorstellen können, und wenn sie erst einmal veröffentlicht sind, wird sich unsere Wissenschaft, so wie wir sie derzeit verstehen, unwiderruflich verändern müssen, weil sie nicht mehr in der Lage sein wird, uns das veraltete Wissen zu vermitteln, auf das wir uns bisher verlassen haben.

Ein Wissenschaftler, der sich mit dem Geist des Menschen beschäftigt, duldet keinerlei Form von Engstirnigkeit oder Borniertheit, wenn er zukunftsweisende Forschung betreiben will. Nehmen wir zum Beispiel das Gebet – eine Methode, die im Westen skeptisch betrachtet wird und nur für eine religiöse Minderheit eine Option darstellt. Viele jüdische Geistesforscher, von denen einige zu den begabtesten Mathematikern und Physikern der Welt zählen, sind auch Rabbiner. Mit anderen Worten, sie sind religiöse Lehrer! Sie wissen, dass es Bewusstseinsebenen gibt, zu denen nur Gebete und Invokationen Zugang gewähren, und dass der Mensch nicht nur eine psychologische Entität, sondern in erster Linie ein geistig-spirituelles Wesen ist. So wie es verborgene Seiten in der Psyche eines Menschen gibt, die nur durch einen bestimmten inneren Dialog erreicht werden können, gibt es auch Bewusstseinsebenen, die ebenfalls eine ganz bestimmte innere Kommunikation oder Kommunion erfordern. Diese Kommunion beginnt mit dem, was in religiösen Kreisen als Gebet bezeichnet wird. Während in konventionellen Kreisen Gebete oft als etwas nach außen und oben, zu einem unbekannten und weit entfernten

Gott Gesendetes wahrgenommen werden, richtet der spirituelle Wissenschaftler und Mystiker seine Gebete nach innen, zu der inneren Göttlichkeit, dem Hohen Selbst oder dem Himmlischen Königreich, von dem Buddha und Yeshua sprachen. Der Zweck des Gebets ist es, den persönlichen Lärm, die Neurosen und all unsere Vorbehalte zu durchbrechen, den Weg, der durch Verstand und Intellekt führt, freizuräumen und einen Zugang zum höheren Bewusstsein zu schaffen. In diesem Zustand der Einheit gibt es kein Bedürfnis, wahrgenommen oder anerkannt zu werden, der ständige Zustand der Unzufriedenheit wird geheilt und du entdeckst eine *Stille* – das wahre Bildnis von ⊙, in dem du erschaffen wurdest.

Ein Gebet sollte niemals eine Aneinanderreihung von Worten sein, die gedankenlos heruntergespult werden. Die Wirksamkeit des Gebets hängt ganz von der Absicht ab, die dahintersteht, und von der Aufrichtigkeit, mit der es verrichtet wird. Wie Annalee Skarin einmal schrieb, müssen unsere Gebete höher reichen als unsere Zimmerdecke. Alles, was wir tun, kann in ein Gebet verwandelt werden. Unser ganzes Leben kann ein Gebet sein. Anfangen kann man überall, aber immer hier und jetzt; in der Kirche ebenso wie im Supermarkt; beim Abwasch oder bei der Hausarbeit; beim Radfahren oder Autofahren; unter der Geburt oder an einem Sterbebett; in einsamer Zurückgezogenheit oder in der Brautkammer. Kurzum, überall und jederzeit.

Ich warf einen schnellen Blick auf Asaphs Buch, um mich zu vergewissern, dass es wirklich existierte und ich mir seine Gegenwart nicht bloß eingebildet hatte! Es lag immer noch dort, wo ich es hingelegt hatte. Es erschien mir, als ob bestimmte Teile des Textes sich in Relation zu dem Grad der Offenheit und des Bewusstseins des Lesers für die tieferen Schichten der Worte manifestierten. Ich beschloss, den Anweisungen in Vers elf wortwörtlich zu folgen. Ein Wort innerhalb dieses Verses berührte mich zutiefst – *Kommunion*. Der Zustand der völligen Vereinigung zwischen dem Eingeweihten und ⊙. Wenn die Verschmelzung Wirklichkeit wird, erhält die Person, die die Praxis ausführt, Heilkraft und manifestiert grenzenlose Energie.

Punkt für Punkt folgte ich den Anweisungen, und schon bald hatte ich mein Zeitgefühl sowie das Bewusstsein für meine Umgebung völlig verloren.

Von weit her höre ich ein Geräusch, als ob ein Korken aus einer Flasche gezogen würde. Gleichzeitig wird mir bewusst, dass ich meinen physischen Körper loslasse und einer fast unsichtbaren Schnur folge, die im milchweißen Äther weht. Vor mir erkenne ich die verschwommenen Umrisse von Gestalten, die sich vorwärtsbewegen. Ohne Vorwarnung werde ich durch den Schleier gezogen und finde mich neben diesen ätherischen Gestalten wieder. In mir erwacht die Erkenntnis, dass sich diese Seelen nicht mehr in einer erdgebundenen Inkarnation befinden und hier zwischen zwei Welten gefangen sind.

In der Ferne kann ich ein Licht wahrnehmen, von dem diese Seelen magnetisch angezogen werden. Etwas weiter vorne wird das Licht so stark, dass einige der Gestalten stehen bleiben und sich die Hände vor das Gesicht halten, um ihre Augen zu schützen. Mir wird klar, dass diese Gestalten lediglich ätherische Duplikate der physischen Körper ihrer einst inkarnierten Seelen sind. Als ich mich dem Licht nähere, lösen sich die Gestalten auf. In diesem Moment erkenne ich, dass, solange ich noch mit meinem physischen Körper verbunden bin, meine Sinne auf dieser ätherischen Ebene genau so funktionieren wie in der physischen Welt.

Ich werde Zeuge einer unmittelbaren Umwandlung von Bewusstsein in ätherisches Material, das sich als Bilder manifestiert. Diese Bilder werden auf die Membran von Zeit und Raum projiziert, den Schleier, der die physische von der ätherischen Realität trennt.

In der physischen Welt sucht der Intellekt nach Wissen im Außen. Er beobachtet die Wunder des Universums, ist aber unfähig, das, was er beobachtet, zu erfahren. Der Mystiker hingegen ist jederzeit durch seine Intuition mit dem Herzen verbunden. Anstatt zu beobachten, möchte er alles erfahren, und zwar durch Kommunion und vollkommene Identifikation mit dem ⊙-Bewusstsein.

Ein seltsames Gefühl des Gezogenwerdens machte mir klar, dass ich zunächst einmal wieder in meinen Körper zurückkehren musste.

Nachdem ich mir meiner physischen Realität wieder bewusst geworden war, vollendete ich meine Praxis mit der Kommunion in der heiligen Kammer des Herzens. Ich betrat den innersten Herzenstempel, ohne eine Frage zu formulieren, in der festen Überzeugung, dass die mir zur Verfügung stehende Frequenz von ⊙ genau wissen würde, was ich in diesem Moment brauchte.

12. Mit den Sinnen und Gefühlen nimmt der Mensch wahr und macht Erfahrungen. Er erkennt, analysiert und wählt mit dem Intellekt. Durch seinen eigenen Willen manifestiert er auf der physischen, der psychischen oder der geistigen Ebene, was er beschlossen hat. Der Geist kann ein Universum sein, das mit anderen Universen verbunden ist, oder eine von allem isolierte Wüste. Ob Du das eine oder das andere erfährst, hängt von den Entscheidungen ab, die Du triffst. Wann immer Du das Äußere anstelle des Inneren wählst, Dinge anstelle von Menschen, menschliche Gesellschaft, anstatt Dich Deiner Angst vor der Einsamkeit zu stellen; wann immer Du Deinem Ego die Wahl überlässt anstatt Deinem Hohen Selbst, gehst Du unweigerlich in Richtung Wüste, Isolation und Trennung. Du wirst daher oft mit verlockenden und eindeutigen Angeboten konfrontiert werden, die die Chance auf Beförderung, Reichtum, Ruhm oder Macht versprechen. Erfolg ist ein zweischneidiges Schwert. Erfolg in den Augen der äußeren Welt kann katastrophale Folgen in der inneren Welt haben.

Du musst wissen, wann Deine Zeit gekommen ist; alles hat seine Zeit. Du musst wissen, wer Du wirklich bist und warum Du hier bist, sonst wirst Du nie sicher sein, welchen Weg Du wählen sollst und welche Richtung Dir bestimmt ist. Du lebst in einer Welt, in der die meisten Menschen glauben, dass die wahre Realität und Existenz in dem liegen, was mit einer Waage gemessen und gewogen und mit dem bloßen Auge erfasst werden kann. Du aber weißt es besser, denn du hast Deine Wahl getroffen. Denke daran, was der Meister gesagt hat:

„Wähle den schmalen Pfad, denn der Weg, der ins Verderben führt, ist breit und verlockend, und viele wählen ihn. Aber es ist der schmale Pfad, der trotz seiner Herausforderungen zum wahren Leben führt, und nur wenige finden ihn."

Der schmale Pfad ist der Weg des Herzens. Weil das Herz verhärtet und verschlossen worden ist, musst Du ausdauernd, gewissenhaft und geduldig sein, um eine Öffnung zu finden. Der kleinste Kratzer schließt sich schnell und bildet einen Panzer, der die Rüstung des Herzens noch undurchdringlicher macht als zuvor. Aber was nützt es, sich hinter einer Mauer der Angst zu verbarrikadieren, wenn der Tod von innen kommt? Du hast nur eine Wahl: Durchbrich den Panzer und finde den Weg zu Deinem inneren Himmlischen Königreich.

Die Stimme des Buches hatte einen neuen Ton angenommen. Ich spürte – irgendetwas, das lange Zeit unter Verschluss gehalten worden war, würde befreit werden. Ich öffnete die Tür zum Balkon. Die Sonne schimmerte über Jerusalem und in meinem Geist hörte ich immer wieder den einen Satz: „Das Himmlische Königreich ist in Dir ... Das Himmlische Königreich ist in Dir ... Das Himmlische Königreich ist in Dir!"

Wenn sich doch alle, die sich als Christen bezeichnen, und alle, die in der christlichen Kirche getauft, konfirmiert und getraut wurden, nur weil sie in einer sogenannten christlichen Gesellschaft leben, ganz für die Botschaft des Neuen Testaments öffnen und beginnen würden, den tieferen Sinn hinter den Texten zu verstehen! Die aramäische Sprache und die ihr zugrunde liegende Psychologie bieten einen Schlüssel zum esoterischen Aspekt von Yeshuas Botschaft. Wenn man seine Zugehörigkeit zu einer Kirche oder jeder anderen Institution nicht bewusst reflektiert, hat das Konsequenzen. Bleibt man weiterhin Mitglied einer Gemeinde, obwohl man nicht glaubt, was der Priester predigt, erzeugt ein solches Verhalten nicht nur Lärm in und um den Einzelnen, sondern leitet auch einen Missklang gegensätzlicher Signale in die kollektive Realität hinein und macht die Atmosphäre, die Umgebung und die Lebensbedingungen dichter und schwerer, als sie ohnehin schon sind. Genau davon sprach Yeshua, als er sagte:

> „Jedes Königreich, das mit seiner *Naphsha* [aramäisch: Hohes Selbst; Seele; Grundvoraussetzungen; Bestimmung; Blaupause; Matrix; Verbindungsglied zu ⊙] in Uneinigkeit ist, ist dem Untergang geweiht; und keine Stadt, Familie oder Person, die mit ihrer *Naphsha* in Konflikt steht, kann fortbestehen.“[19]

Solange Yeshuas Botschaft weiterhin darauf reduziert wird, Teil einer Liste leerer Zeremonien zu sein, bei denen mechanische Rituale (wie z. B. wann man stehen und wann man sitzen soll) Befriedigung verschaffen und bei denen Gefühle der Sicherheit erzeugt werden, ohne dass man die persönliche Herausforderung annimmt, die Seine Botschaft verlangt, wird der Schlaf sowohl tief als auch oberflächlich sein. Diese Art von Schlaf hat jedoch ihren Preis.

Der Mensch ist das sensibelste aller erschaffenen Wesen, aber was nützt das, wenn sich seine Sensibilität hinter starren Haltungen und einem alleinigen und eindimensionalen Streben nach Bequemlichkeit versteckt?

---

[19] Die Evangelien Matthäus 12:25; Markus 3:24-25; und Lukas 11:17.

„Wenn ihr meinem Beispiel folgt, werdet ihr noch größere Werke vollbringen können als ich!“[20]

Haben wir wirklich vollkommen vergessen, wer wir sind? Was hat Yeshua tatsächlich getan? Er hat das Gesetz der Schwerkraft aufgehoben, und auch alle anderen Beschränkungen, von denen sich die Menschheit beherrschen lässt. Er war dazu in der Lage, weil er während seiner Zeit in der Essener Mysterienschule einen Einblick in die Verbindung zwischen dem Physischen und dem Geistigen gewonnen hatte. Wir Menschen sind zu viel mehr fähig, als uns bewusst ist. Die meisten von uns sind sich der Wirkung, die unsere Gefühle, Gedanken, Worte und Taten auf andere und auf unsere Umgebung haben, vollkommen unbewusst.

Seit meinem fünfzehnten Lebensjahr, lange bevor ich meinem Lehrer Calle de Montségur begegnet bin, hatte ich alle möglichen religiösen und philosophischen Traditionen gelesen und studiert, aber ich hatte mich nie ernsthaft in die spirituelle Praxis vertieft. Als ich sein Schüler wurde, arbeiteten wir ausschließlich mit der Praxis. Erst da lernte ich wirklich, wie ich meine angeborene Sensibilität aktiv nutzen konnte, um Zugang zu den universellen Energien und der spirituellen Welt im Inneren zu erhalten. Was vorher nur ein Konzept gewesen war, hatte, wie ich jetzt erkannte, sehr reale Konsequenzen für mein Leben. Jedes Mal, wenn wir einen Gedanken denken, ein Wort aussprechen oder eine Hand heben, initiieren wir eine Bewegung auf allen Ebenen – auf der physischen, psychischen, esoterischen, ätherischen und spirituellen Ebene. Wenn wir dieses Verständnis einmal integriert haben, wird uns bewusst, wie wichtig es ist, Herr im eigenen Haus zu sein und dafür zu sorgen, dass dieses Haus nicht in sich selbst gespalten und uneins mit seinen Eigenschaften und seiner Bestimmung ist.

Die einzige christliche Anrufung, die ich jemals von Calle de Montségur gehört habe, war Franz von Assisis wunderschönes Gebet:

[20] Johannes-Evangelium 14:12.

Herr, mach mich zu einem Werkzeug Deines Friedens;
wo Hass ist, lass mich Liebe säen;
wo Verletzung ist, Vergebung;
wo Zweifel ist, Vertrauen;
wo Verzweiflung ist, Hoffnung;
wo Dunkelheit ist, Licht;
und wo Traurigkeit ist, Freude.

Franz von Assisi gründete den Orden der Franziskaner. Dieser Orden war in vielerlei Hinsicht mit dem Karmeliterorden verwandt, der bezeichnenderweise auf den Überresten der Prophetenschule des Elias auf dem Berg Karmel im Heiligen Land gegründet wurde, genau an der Stelle, an der die Tradition der Essener vor 2.500 Jahren entstanden ist. Aus diesem Grund ist dieses Gebet auch seit vielen Jahren eine solide Basis für meine eigene Arbeit als Heiler. Therapeuten müssen sich ihrer eigenen Sensibilität und Intentionen voll bewusst werden, um sie dort einsetzen zu können, wo sie etwas bewirken können, und um die wichtige Rolle ihrer Intentionen in ihrer therapeutischen Arbeit besser zu verstehen.

Das eindringliche Klingeln des Telefons weckte mich aus meinen Gedanken. Es war die Rezeption, die mir mitteilte, dass der norwegische Filmemacher Ole Bernt Frøshaug und der israelische Kameramann Ami Shamir eingetroffen waren. Ich ging hinunter in die Lobby, um die beiden Männer kennenzulernen, mit denen ich in den nächsten fünf Tagen an dem Film über Yeshua und die aramäische Sprache zusammenarbeiten würde, für den ich meine Zusage zur Mitwirkung gegeben hatte.

Die ersten Szenen wurden vor dem Tor der Barmherzigkeit (dem Goldenen Tor) an der Ostseite der Altstadt von Jerusalem gedreht. Das Löwentor und das Tor der Barmherzigkeit sind die beiden nach Osten gerichteten Tore in Jerusalem. Das Löwentor ist ein offenes Tor, während das Tor der Barmherzigkeit zugemauert ist. Dies geschah im Jahr 1541, als der muslimische Herrscher Sultan Süleyman der Prächtige es sowohl dem jüdischen Messias als auch dem christlichen Erlöser unmöglich machen wollte, wie vorhergesagt und erwartet, durch das Tor nach Jerusalem einzuziehen. Heute befindet sich vor dem größten Teil der Ostmauer sogar ein muslimischer Friedhof.

Der Regisseur Ole hatte sich am Tag vor seiner Abreise aus Norwegen den rechten Arm gebrochen und trug einen Gipsverband, was den Dreh verlangsamte. Ich wurde vor dem zugemauerten Tor der Barmherzigkeit gefilmt und erklärte die Bedeutung des Tores und die symbolische Rolle, die es heute spielt. An diesem Tor verkündet die Hauptfigur meines Buches *Taxo Luma: The Girl Who Came to Save the World* als weiblicher Messias der Welt, dass das zugemauerte Tor der Barmherzigkeit ein Symbol für die verschlossenen Herzen der Menschheit ist und dass weder der Messias noch der Erlöser Jerusalem betreten können, bevor wir diese Mauer in unserem Inneren niederreißen und dem Licht erlauben, aus unseren Herzen hinauszustrahlen.

Wir aßen im jüdischen Viertel zu Abend, in einem Restaurant außerhalb der Mauern der Altstadt von Jerusalem. Nach dem Essen genossen wir ein Glas Wein und besprachen die Dreharbeiten des nächsten Tages. Plötzlich musste ich an einen alten Rabbiner denken, der auch in meinem Buch über Taxo Luma eine wichtige Rolle gespielt hat, ein Buch, das für mich immer noch ein Rätsel war.

„Habt ihr schon mal von Yitzhak Kaduri[21] gehört – dem Rabbiner, der 108 Jahre alt geworden ist und unter anderem beide Weltkriege und das Kennedy-Attentat, aber auch das Kommen des Messias und die Verbindung von Ariel Sharon zu dieser Prophezeiung vorausgesagt hat?“, fragte ich Ole und Ami.

„Gehört auf jeden Fall“, antwortete Ami, „ich weiß allerdings nicht besonders viel über ihn, abgesehen von der Tatsache, dass mehr als

[21] Yitzhak Kaduri lebte von 1898 bis 2006. Er prophezeite alle wichtigen Weltereignisse, die zu seinen Lebzeiten stattfanden. Seine letzte Messias-Prophezeiung machte er in einem Vortrag vor seiner Gemeinde: „Ich habe den Messias gesehen! Und ich weiß, wer Er ist – ich kenne Seinen Namen. Ich weiß, wo Er zu finden ist. Ein Jahr nach meinem Tod werdet auch ihr alles darüber wissen.“

300.000 Menschen an seiner Beerdigung hier in Jerusalem teilgenommen haben."

„Ich habe noch nie von dem Mann gehört", sagte Ole und beugte sich zu mir vor.

So begann ich, ihnen von einem Seher zu erzählen, von dem bisher nur wenige im Westen wissen und dessen Erkenntnisse die Zukunft möglicherweise entscheidend beeinflussen könnten.

6

DER BUCHBINDER AUS BAGDAD

Jerusalem, November 2003

Er starrte erwartungsvoll in die Dunkelheit, so wie er es jeden Morgen seit einer gefühlten Ewigkeit getan hatte. Es gab nichts, was diese alten Augen, die die Welt seit über 100 Jahren beobachteten, überraschen konnte. Er hatte die Weltkriege, Hitler, das Kennedy-Attentat, Tsunamis vorausgesagt – alle wichtigen und schicksalhaften Momente in der Geschichte der Menschheit, die er im Laufe der Jahre hatte Wirklichkeit werden sehen. Dieser meditative Moment, dem er sich jeden Morgen widmete, war erfüllt von der lebensbestätigenden Süße der Unvorhersehbarkeit, dem letzten Beweis für die unendliche schöpferische Kraft und Gnade des Herrn.

Dann geschah es. Wie ein Skalpell fand das Sonnenlicht seinen Weg durch einen Spalt im Dach, als ob Gott selbst seinen Arm nach ihm ausstreckte und den Staub tanzen ließ:

„Sieh, *Tzaddik*, sieh, *Getreuer*, ich bin, wie alle Tage, noch immer bei dir."

Und der alte Rabbi spürte, wie sein Herz mit dem Staub tanzte und sich seine Brust mit Dankbarkeit füllte. Er rezitierte das *Schma*, wieder und wieder:

„Shema Yisrael: Adonai Eloheynu, Adonai Echad. Baruch shem k'vod malkooto l'olam va'ed."
(„Höre, o Israel: Der Herr ist unser Gott, der Herr ist Ein und Alles. Gepriesen sei Sein Name, dessen Königreich ewig ist in alle Ewigkeit.")
„Rabbi Kaduri, es ist so weit!"

Der alte Rabbiner öffnete lächelnd die Augen. Er war nicht nur unendlich dankbar dafür, dass Gott den jungen David eines Morgens vor drei Jahren in seine *Jeschiwa* geschickt hatte, sondern auch für die Vorhersehbarkeit, mit der der Junge es auf sich genommen hatte, dafür zu sorgen, dass die Termine eingehalten wurden und keiner der vielen Besucher des alten Rabbiners umsonst kam.

Als er, Yitzhak Kaduri, 1922 in Jerusalem ankam, hatte er sich als Buchbinder unter einer Plane in einer kleinen Seitenstraße des jüdischen Viertels niedergelassen. Vom ersten Tag an kamen die Bewohner mit ihren heiligen Büchern zu ihm: Exemplare der Thora, des Korans, des Talmuds, kabbalistische Schriften, Sufi-Bücher, sogar das Neue Testament, Bücher, die durch ihren täglichen Gebrauch abgenutzt waren und neu gebunden werden mussten. Die Nachricht vom Buchbinder aus Bagdad, dem Juden Kaduri, dessen einzige Bezahlung darin bestand, jedes Buch, das zum Binden gebracht wurde, lesen zu dürfen, verbreitete sich schnell und weit über die Mauern der Altstadt hinaus. Man erzählte sich, dass er jedes einzelne Wort aus allen Büchern, die er je gelesen hatte, im Gedächtnis behielt und dass er in der Lage war, die Tora Wort für Wort auswendig zu rezitieren.

Er stand da und schaute in den Sonnenstrahl. So hatte alles begonnen – eine Prophezeiung, die in seiner Jugend in Bagdad gemacht worden war, hatte sich auf den Tag genau, vor vier Jahren, erfüllt. Damals in Bagdad hatte sein Lehrer, Rabbi Yaakov Chaim Sofer, gesagt, dass er, Yitzhak Kaduri, eines Tages dem lang erwarteten Messias begegnen würde, und diese Worte waren ihm während seines ganzen Lebens in Erinnerung geblieben. Doch als die Jahre vergingen, er älter wurde und der Messias nicht erschien, hatte er die Hoffnung fast aufgegeben, dass diese Prophezeiung jemals in Erfüllung gehen würde. Doch dann, an jenem schicksalhaften Tag, geschah etwas, das alles, was er bis dahin gesehen, gehört und gelesen hatte, trivial erscheinen ließ.

Es war ein Tag wie jeder andere. Er war als Erster in der Jeschiwa eingetroffen, um das Schma zu rezitieren und die gesegneten Amulette für die Kranken vorzubereiten – Amulette, die Wunder bewirkten. An diesem Tag erhellte ein Lichtstrahl in einer Stärke, wie er es noch nie zuvor erlebt hatte, den Raum und zwang ihn, seine Augen zu schließen. Doch trotz dieser partiellen Blindheit hätte er schwören können, dass er eine Gestalt in dem Lichtstrahl sah und dass diese Gestalt zu ihm gesprochen hatte:

„Fürchte dich nicht, Yitzhak. Ich bin dein Messias, Yeshua. Wo bist du gewesen? Wie lange glaubst du, kannst du noch warten? Wie lange denkst du, dass dein Volk ohne mich auskommen kann? Ich bin gekommen, um meine Herde zu sammeln. Bist du bereit?"

Nach dieser welterschütternden Erfahrung war nichts mehr wie zuvor. Wie konnte er, Yitzhak Kaduri, der berühmte orthodoxe Rabbi, vortreten und etwas so Törichtes verkünden: dass der Yeshua der Christen der Messias war, den die Juden seit Jahrhunderten erwartet hatten? Das würde als Blasphemie angesehen werden und er selbst würde fortan als Narr gelten.

Während er damit kämpfte, mit dieser neuen Information zurechtzukommen, und wie um seine Verwirrung noch zu vergrößern, traf er Yeshua, den Messias, Nacht für Nacht und wurde in die erstaunlichsten Lehren und Einsichten eingeweiht. Was für eine unmögliche Situation, in der er sich befand!

„Sag mir, Meister, was soll ich tun? Wem soll ich das verkünden?", fragte er fassungslos.

„Allen, die Ohren haben, um zu hören", antwortete die Gestalt im Lichtstrahl. „Allen, die die Botschaft verstehen, wird das Sehen gegeben werden, und sie werden sich nicht mehr damit zufriedengeben, nur blind auf das Offensichtliche zu starren, sondern sie werden es durchschauen!"

Seit diesem Tag hatte die Sonne jeden Morgen einen Strahl durch den von dem übernatürlichen Licht verursachten Riss geschickt.

Es wurde Zeit.

Die Synagoge war bis auf den letzten Platz gefüllt. Er allein wusste, dass der Welt in wenigen Augenblicken etwas Wichtiges offenbart werden würde und dass es seine Stimme war, die der Herr dazu auserwählt hatte, Sein Sprachrohr zu sein. Er ließ seinen Blick langsam über die versammelte Menge schweifen. Möglicherweise sah er eine verborgene Erwartung in ihren Augen und Herzen, vielleicht war es aber auch nur seine eigene Sehnsucht, die sich in ihren Gesichtern widerspiegelte.

Er verneigte sich vor der Gemeinde und ging mit schlurfenden Schritten, eine gebeugte Gestalt, die sich langsam auf den Stuhl des Lehrers auf dem erhöhten Podium vor den Anwesenden zubewegte.

„Weltliche Wünsche und Bedürfnisse sind wie ein Lichtstrahl in einem dunklen Raum!“ Seine Stimme war fest und präzise: „Er scheint greifbar zu sein, bis man versucht, ihn zu fassen.“

Er wusste nicht, woher die Worte kamen. Vielleicht waren sie durch die Erfahrung des heutigen Morgens ausgelöst worden. Als er sich mit angespannter Brust auf den Thron setzte, spürte er, wie sein Herz von entgegengesetzten Kräften in zwei Richtungen gezogen wurde. Der Name. Er öffnete den Mund, als wollte er etwas sagen, aber kein Laut war zu hören. Dennoch waren sich einige derjenigen, die ihm am nächsten saßen, sicher, dass sie den alten Mann flüstern gehört hatten: *Yeshua*. Aber sie konnten es nicht beschwören.

Die innere Trennung des Untrennbaren in ihm offenbarte eine Öffnung, die wie ein Portal aussah. Er neigte den Kopf, schloss die Augen und trat in eine andere Welt hinein.

Rosh Pina, 19. Juli 2005

Shaul Lieberman spürte einen seltsamen Schauer durch seinen Körper laufen. Ihm wurde gleichzeitig heiß und kalt. Er bewegte sich wie in Trance, einer von zwanzig schweigenden Schatten, auf die kleine *Mikwe* hinter der Stadtsynagoge zu, wo das rituelle Bad stattfinden sollte. Neunzehn schwarz gekleidete Gestalten, eine in Weiß. Der Vollmond schien schwach durch die schnell ziehenden Wolken auf sie herab und ließ die ganze Szene noch gespenstischer und seltsamer erscheinen, als er es sich hätte vorstellen können, nachdem er und die anderen achtzehn den kurzen, aber aufschlussreichen Brief erhalten und gelesen hatten:

„Pulsa Dinura wird für Ariel Sharon durchgeführt werden.

Zeit: Eine Stunde vor Mitternacht, Tammuz 12.

Ort: Mikhve, Rosh Pina."

Genau wie die anderen hatte er sofort gewusst, was die kurze Nachricht bedeutete. Ein Fluch sollte über einen Verräter verhängt werden. Das letzte Mal hatte sich die Gruppe versammelt, um den ehemaligen Premierminister Yitzhak Rabin zu verfluchen, was einen Monat später zu seiner Ermordung geführt hatte. Nun war Scharon an der Reihe, der Löwe Israels, der eine ganze Generation lang einen fast messianischen Status genossen hatte, weil er bereit war, alles mitzutragen, was den Schutz Israels und seiner von Gott gegebenen Privilegien betraf. In den letzten Jahren hatte es jedoch Veränderungen gegeben, die die orthodoxe Welt in Schrecken versetzten. Scharon wollte den Gazastreifen an die Palästinenser abtreten und hatte außerdem die Räumung aller angeblich rechtswidrigen Siedlungen angeordnet. Shaul schüttelte sich bei diesem Gedanken. Die Schmerzgrenze war überschritten und es musste etwas getan werden.

Schweigend entkleideten sie sich und stiegen einer nach dem anderen in das kalte Wasser, wobei einige von ihnen schnaubend-grunzende Laute von sich gaben. Während der rituellen Reinigung las der Leiter der Zeremonie aus einem alten kabbalistischen Text vor, den nur er verstand. Nach dem Bad gingen sie in Richtung des Friedhofs, der von einem kleinen Wäldchen umgeben am Rande der Stadt lag. Shaul spürte tief in sich eine stille Befriedigung. Ihm war bewusst, dass er bald ein notwendiger Teil dieses entscheidenden Ereignisses sein würde. Das Ritual sollte am Grab von Shlomo Ben Yosef vollzogen werden, dem ersten Juden, der von den Briten während ihres Mandats in Palästina gehängt wurde. Für den Bruchteil einer Sekunde stiegen in Shaul sowohl Stolz als auch Wut auf. Shlomos einziges Verbrechen hatte darin bestanden, einen Vergeltungsschlag auf einen arabischen Bus verübt zu haben, nachdem eine Gruppe von Arabern sechs Juden erbarmungslos getötet hatte.

Er hatte gehört, dass die Kraft, die durch dieses Opfer erzeugt worden war, immer noch wirksam ist, und es war genau diese Kraft der gerechtfertigten Rache, die durch diesen ebenso gerechten Fluch am Leben erhalten werden musste.

Die Männer nahmen ihre Positionen um das Grab herum ein. Sich hin und her wiegend, standen sie in dem unwirklichen Licht, während sie darauf warteten, dass der Mond genau um Mitternacht seinen Zenit erreichte.

Rabbi Yosef Dayan begann, die Namen der Todesengel zu singen. Jeder Laut, der aus seinem Mund kam, wurde von vier Personen mechanisch wiederholt, die jeweils an einer Seite des Grabes standen, als wollten sie, dass der Fluch über alle Himmelsrichtungen den gesamten Erdkreis erreicht. Das Ritual dauerte eine Stunde und wurde mit großer Sorgfalt durchgeführt. Shaul hatte das Gefühl, dass soeben etwas wahrhaft Göttliches stattgefunden hatte, etwas, das von lebenswichtiger Bedeutung sein würde.

Jerusalem, Oktober 2005

Das Gerücht über jenen Novembertag vor zwei Jahren in Kaduris Synagoge hatte sich in orthodoxen und esoterischen Kreisen weltweit verbreitet, und obwohl der alte Rabbiner diesbezüglich geschwiegen und keinerlei öffentliche Erklärungen abgegeben hatte, entwickelten die Ereignisse aufgrund von Zeugenaussagen eine eigene Mythologie, die bei jeder Wiederholung der Geschichte immer schillernder wurde.

Es war Jom Kippur, der heiligste Tag im jüdischen Kalender.

Eine erwartungsvolle Stille erfüllte die Synagoge, als der alte Rabbiner, unterstützt von zwei Helfern, langsam die schmalen Stufen zum Lehrerthron hinaufstieg. Es gab nur Stehplätze. Sie hatten gehört, dass ihr geliebter Rabbiner eine wichtige Ankündigung machen würde.

Kaduri setzte sich mühsam hin und warf einen Blick in die Runde, bevor er die Hände vor die Augen hob. Langsam senkte er den Kopf, fiel in einen tranceartigen Zustand und murmelte unverständliche Worte.

Er blieb in diesem Zustand 45 nervenaufreibende Minuten lang. Einige seiner Schüler befürchteten, dass er krank sei, und versuchten, mit ihm zu kommunizieren, aber er blieb in seiner Trance, ohne ein einziges verständliches Wort zu sprechen, und nahm ihre Anwesenheit nicht wahr. Niemand sagte auch nur ein weiteres Wort und niemand verließ das Gebäude.

Dann hob Kaduri den Kopf:

„Ich habe euch etwas Wichtiges von HaSchem zu sagen. Ich habe den Messias getroffen. Er hat sich mir gezeigt. Er hat seine Seele an eine bestimmte Person hier in Israel gebunden. Ich werde den heutigen Tag zum Anlass nehmen, euch zu erzählen, was ich über den Messias weiß, denn Er wird bald in Erscheinung treten, und ihr müsst darauf vorbereitet sein. Viele wunderbare Ereignisse werden sich vor Seinem Erscheinen zutragen – und sie werden in kurzer Zeit geschehen."

Der Blick des alten Mannes schweifte erneut über die Versammlung. Er hatte ihre volle Aufmerksamkeit, als er fortfuhr:

„Ich habe euch etwas Beunruhigendes zu sagen. Ich kann nicht mehr mit euch teilen als das, was ich jetzt sagen werde. Der Messias hat mir offenbart, dass Er nicht erscheinen wird, bevor Premierminister Ariel Sharon tot ist."

Viele wischten sich still und unauffällig eine Träne aus den Augen, während andere offen und unüberhörbar weinten.

„Der Messias will keine Macht. Er wird nicht kommen und sagen: ‚Ich bin der Messias, macht mich zu eurem Führer.' Sobald die Menschen jedoch erkennen, dass Er der Messias ist, werden sie Ihn bitten, die Führung zu übernehmen. Seine Herrschaft wird sich durch eine Reinheit auszeichnen, die frei ist von dem geringsten Wunsch nach persönlicher oder politischer Macht. Gerechtigkeit und Wahrheit werden unter Seiner Führung gedeihen. Das Geheimnis Seiner Macht ist der Stern Davids, der in Seinem Gewand verborgen ist. Er ist jetzt hier und Sein Werk hat bereits begonnen. Ich rufe alle Juden auf, nach Israel zurückzukehren. Sobald dies geschehen ist, wird der dritte Tempel gebaut werden. Hört auf meine Worte: Wenn der Messias kommen wird, werden Ihn nur wenige erkennen. Er wird uns von falscher Religion befreien. Er wird über die Medien kommunizieren. Nur wenige werden an die ersten Zeichen Seiner Offenbarung oder an Seine Taten glauben, wie es in den Schriften prophezeit wurde. Seine Glaubwürdigkeit wird nicht an Seinen übernatürlichen Fähigkeiten gemessen werden, sondern an den grundlegenden Eigenschaften Seiner Seele und Seiner Werke. Diese Werke werden zeigen, dass Er der wahre, auserwählte Messias ist und nicht nur ein Messiaskandidat."

Daraufhin wurde, der Tradition entsprechend, die Schriftrolle des Psalms 145 geöffnet und die ganze Gemeinde rezitierte ihn einstimmig.

Der Gottesdienst endete mit einem Segen von Kaduri:

„Möge HaSchem euch segnen und bewahren, möge die himmlische Schwingung euch erleuchten und erfüllen, durch euch fließen und euch Frieden bringen. Amen."

Niemand sprach ein Wort, als sie wie im Traum in die brodelnde Realität Jerusalems entschwebten. Keiner von ihnen konnte wissen, dass sich das, was ihnen gerade verkündet worden war, schon sehr bald erfüllen und Wirklichkeit werden würde.

Die Knesset, Jerusalem, 4. Januar 2006

„Herr Premierminister, der stellvertretende Premierminister ist eingetroffen."

Er seufzte und drückte widerwillig die Antworttaste auf der Gegensprechanlage. Die Uhr an der Wand zeigte 15:30 Uhr an. Seit sich vor weniger als einem Monat ein Blutgerinnsel in seinem Herzen festgesetzt hatte, erlebte er immer noch Momente von Verwirrtheit. Er benötigte nun eine tägliche Injektion des blutverdünnenden Medikaments Clexane und musste dem Druck des Parlaments nachgeben, eine Ministerialvollmacht für den stellvertretenden Premierminister zu unterzeichnen, zumal er sich am nächsten Tag einer lebensnotwendigen Herzoperation unterziehen würde.

„Er soll reinkommen."

Sein Verhältnis zu Olmert hatte sich zu einer herzlichen Freundschaft entwickelt, und der stellvertretende Ministerpräsident war seit Langem einer seiner vertrautesten Berater. Nun standen sie an einem Scheideweg: Würden sie ihre einzigartige Partnerschaft fortsetzen oder getrennte Wege gehen?

Seit seinem Schlaganfall hatte er ein seltsames Gefühl der Leere verspürt, das ihn oft ungewöhnlich unentschlossen machte.

Die beiden Männer umarmten sich.

„Du siehst gar nicht so schlecht aus, Ari", sagte Olmert mit einem vorgetäuschten Optimismus, der positiver klingen sollte als das, was er in Wirklichkeit fühlte.

Scharon schüttelte den Kopf.

„Ich weiß nicht, was mit mir los ist, aber morgen, nach der Operation, werden wir mehr wissen. Ich gehe davon aus, dass ich in ein paar Wochen wieder fit bin."

„Natürlich, mein alter Freund."

„Hier sind die Unterlagen."

Sie setzten sich. Sharon seufzte zum wiederholten Mal. Das unkontrollierbare Seufzen war eine der Folgen des Schlaganfalls, und es fühlte sich nicht nur für Sharon selbst, sondern auch für die Menschen in seiner Umgebung sehr befremdlich an. Es war, als würde er aus seinem tiefsten Inneren eine weiße Fahne schwenken und leise rufen: „Ich ergebe mich, ich ergebe mich." Natürlich konnte ihn niemand hören, jedoch konnte ein jeder deutlich sehen, dass er nicht mehr der Heilbringende und Erlösende Löwe der Gerechtigkeit war, der die Nation und das Volk retten würde, sondern eher ein Opferlamm auf dem Weg zur eigenen Schlachtung.

„Du brauchst nicht alles zu lesen, Olmert, unterschreibe einfach. Wie du sehen kannst, habe ich meine Unterschrift bereits gegeben."

Seine Kräfte waren verbraucht.

„Ich gehe jetzt besser nach Hause. Morgen ist die Operation."

Olmert lächelte traurig. Dann griff er nach dem Stift, der auf dem Tisch lag, schrieb schnell seine Initialen auf jede Seite und krönte die letzte Seite mit seiner vollständigen Unterschrift.

„Sei nicht nervös, Ari, alles wird nach Plan verlaufen. Du weißt, dass du dich immer auf mich verlassen kannst."

Nach einer kurzen Verabschiedung beauftragt er seine Sekretärin, den Fahrern Bescheid zu geben, dass sie vorfahren können. Um Punkt 16:30 Uhr verlassen er und seine Begleitfahrzeuge Jerusalem, um die

90 Kilometer nach Süden zu seiner Farm in Havat Hashikim in der Negev-Wüste zu fahren.

Kurz nach seiner Ankunft spürt er, dass etwas nicht stimmt. Um 18:05 Uhr nimmt er die letzte Clexane-Spritze für den Tag. Eine Stunde später ist sein Blutdruck extrem hoch und um 21:00 Uhr wird der Rettungsdienst auf die Farm gerufen. Sharon kann kaum noch sprechen und seine linke Seite ist teilweise gelähmt. Sein Sohn Gilad ruft den Hausarzt seines Vaters, Dr. Shlomo Segev, an, der in Tel Aviv vor dem Fernseher sitzt.

„Ich bin auf dem Weg. Fassen Sie ihn nicht an!", schreit er in den Hörer, bevor er ins Auto springt und mit rasender Geschwindigkeit aus der Stadt fährt.

Eine halbe Stunde später kriecht Sharon ins Badezimmer, wo er zusammenbricht. Der Sanitäter hat Angst, noch länger zu warten, und bittet Sharons Sicherheitsteam, die Trage zu holen, woraufhin sie ihn zu dem wartenden Krankenwagen bringen. Doch dann passiert etwas Unvorhersehbares – die Bahre lässt sich nicht in den Krankenwagen schieben. Es dauert zwanzig lebenswichtige Minuten, um das Problem zu lösen, und kurz bevor der Krankenwagen abfahrbereit ist, trifft Dr. Segev ein.

Um 21:52 Uhr verlässt der Krankenwagen Havat Hashikim und fährt in Richtung Hadassah Ein Kerem Krankenhaus in Jerusalem, obwohl zuvor festgelegt worden war, dass Sharon im Notfall in das Soroka Medical Centre gebracht werden soll, das viel näher an Havat Hashikim liegt. Zehn Minuten später kontaktiert Officer Shib Bet den Krankenwagen und schlägt vor, Sharon mit dem Hubschrauber ins Krankenhaus zu bringen.

Dr. Segev und Sharons Sohn Gilad halten dies nicht für notwendig. Sharon klagt über Kopfschmerzen. Er ist noch ansprechbar, aber es ist nun offensichtlich, dass seine linke Seite vollständig gelähmt ist. Nur seine rechte Seite bewegt sich, wenn er spricht.

Keine zehn Minuten vom Krankenhaus entfernt, an der Harel-Kreuzung, verschlechtert sich Scharons Zustand drastisch. Dr. Segev ruft den leitenden Kardiologen Chaim Lotan an und berichtet, dass

Sharon sich erbrochen hat und seine Umgebung immer weniger wahrzunehmen scheint. In diesem Moment werden Scharons Augen unscharf und sein Blick starr und apathisch. Er hat offenbar aufgegeben. Selbst die weiße Fahne hat aufgehört zu wehen.

Oben im siebten Stock des Ein-Kerem-Krankenhauses fällt Scharon nach einer einstündigen Operation in einen komaähnlichen Zustand, der die nächsten acht Jahre anhalten wird.

Jerusalem, 26. Januar 2006

Genau 22 Tage nach Scharons schicksalhaftem Schlaganfall legt sich Kaduri mit einer Lungenentzündung in sein Bett. Nur er und seine engsten Vertrauten wissen, dass dies die letzte Phase im Leben des alten Rabbiners ist. Am 27. Januar ruft er zwei seiner vertrautesten Kollegen in sein Zimmer.

„Meine Tage auf dieser Erdenebene mögen gezählt sein, aber ich verlasse euch in einem gelassenen und heiteren Gemüt, denn ich habe den Messias gesehen. Nur euch, liebe Freunde, werde ich die Identität des Messias offenbaren, aber es ist noch nicht an der Zeit, diesen Namen öffentlich zu nennen. Ihr wisst, warum. Wenn ich tot bin, werdet ihr einen Zettel unter meinen Papieren finden. Er darf nicht vor dem ersten Jahrestag meines Todes geöffnet werden. Der Zettel wird der Beweis dafür sein, dass das, was ich euch gesagt habe, wahr ist, denn wenn ihr der Welt erzählt, was ich gesehen und euch über die wahre Identität des Messias überliefert habe, werden sich eure engsten Mitarbeiter gegen euch wenden und euch der Blasphemie und Verachtung Gottes beschuldigen. Selbst mein Sohn wird sich von euch abwenden, aber ihr dürft euch davon nicht entmutigen lassen. Die Notiz wird ein Akronym enthalten, in dem der Name des Messias zu finden ist. Sorgt dafür, dass jeder von dieser Notiz erfährt. Wenn sie erst einmal öffentlich bekannt ist, wird niemand mehr behaupten können, dass sie nie existiert hätte. Sie ist so wahr wie die Tatsache, dass der Messias lebendig unter uns ist."

Am folgenden Tag, dem 28. Januar 2006, schließt der 108-jährige Yitzhak Kaduri zum letzten Mal seine Augen. Der Rabbiner aller Rabbiner, der Buchbinder aus Bagdad, ist nicht mehr unter uns.

Jerusalem, 28. Januar 2007

Rabbi Kaduris letzter Wunsch wird erfüllt. Eine Notiz in seiner eigenen Handschrift wird unter seinen Papieren gefunden und zur großen Bestürzung von Kaduris Sohn und Gemeinde geöffnet:

„Yarim Ha'Am Veyokhiakh Shedvoara Omdim.

In Verbindung mit der Abbreviatur des Namens des Messias: Er wird das Volk aufrichten und zeigen, dass Sein Wort die Wahrheit und das Gesetz ist."

Der Zettel ist unterschrieben:

„Ich habe dies im Monat der Barmherzigkeit geschrieben. Yitzhak Kaduri."

Das versteckte Akronym, das den Namen des Messias darstellt, lautet:

YEHOSHUA = YESHUA.

Unmöglich!

Sie bestätigen zwar, dass der alte Rabbiner bis zum Ende seines Lebens in *compos mentis* gewesen ist, aber das konnte einfach nicht stimmen. Zweifellos muss er sich geirrt oder eine flüchtige Verirrung erlebt haben. Rabbi Kaduri hätte niemals ein Vertreter der Idee sein können, dass der Jesus der Christen der lang erwartete Messias sei; Yeshua war kein ungewöhnlicher jüdischer Name und jeder mit diesem Namen konnte gemeint gewesen sein. All die verschiedenen Argumente und Erklärungen, die die Gemeinde hervorbringt, haben jedoch kein Gewicht mehr, da die Nachricht bereits öffentlich gemacht wurde. Noch am selben Tag war ein Bild des Zettels auf Kaduris eigener Website veröffentlicht worden, sodass jeder ihn lesen konnte. Wer hatte es dort eingestellt? Nur die zwei engsten Kollegen Kaduris kannten die Antwort auf diese Frage.

Die Notiz verschwindet nach kurzer Zeit wieder von der Website, aber vergeblich, denn die Zeitung *Israel Today* veröffentlicht sie am nächsten Tag auf ihrer Homepage.

Tel Aviv, 11. Januar 2014
Ariel Sharon gleitet leise in seinem Schlaf davon.

7

DAS MESSER DER KLARHEIT

Schweigend saßen wir drei da und blickten nachdenklich in die Ferne. Ganz offensichtlich hatte meine Geschichte über Kaduri einen tiefen Eindruck bei Ole und Ami hinterlassen. Der Kellner schenkte uns allen ein weiteres Glas Wein ein. Ich brach das Schweigen und sagte: „Man stelle sich nur vor, was die Menschheit alles erreichen kann, wenn Menschen zusammenarbeiten – was hätten beispielsweise diejenigen, die an diesem grausamen Ritual teilgenommen haben, mit positiven Absichten erreichen können, anstatt es zu benutzen, um Ariel Sharon zu verfluchen?"

„Ja ... das würde so viel verändern!", antwortete Ole.

Ami hob sein Glas und wir stießen an.

„Uaah, ist das wirklich derselbe Wein von vorhin?"

Ole verzog das Gesicht. Ami und ich kosteten den Wein; er war extrem sauer.

„Hey, Lars, konnte dein Lehrer nicht Essig in Wein verwandeln? Wie wär's, mach das doch auch mal!"

Ole nahm sein Glas und stellte es direkt vor mich.

Ich habe es immer vermieden, in aller Öffentlichkeit mit Energie zu arbeiten. Ich bin kein Zauberer und die Energien dürfen nicht zur Unterhaltung eingesetzt werden. Das ist das Gesetz, und Calle hatte es während meiner Ausbildung immer wieder betont – die Energien werden uns nicht respektieren, wenn wir sie nicht respektieren. Mehr noch, es ist sogar sehr wahrscheinlich, dass uns der Zugang zu ihnen verwehrt wird, wenn wir uns entscheiden, sie trivial zu behandeln oder sie zur Beeinflussung, Belustigung oder Erregung von Aufmerksamkeit zu benutzen.

Vielleicht hatte mich die durch die Geschichte von Yitzhak Kaduri geschaffene Atmosphäre beeinflusst, oder vielleicht war es die Tatsache, dass ich mich in ebendiesem einen Land der Welt befand, in dem die Schleier zwischen den Welten am dünnsten sind – als ich sah, dass auch Ami immer noch von Kaduris Geschichte bewegt war, beschloss ich, Oles Herausforderung anzunehmen!

Ich atmete tief ein, schloss meine Augen und legte meine Hände in der Mitte meines Brustbeins übereinander, genau dort, wo sich das Herzchakra befindet. Ich visualisierte einen sechsstrahligen Stern über meinem Kopf, der die *Naphsha* oder das Hohe Selbst symbolisiert, die Brücke zum ⊙-Bewusstsein. In aller Stille spürte ich meine Verbindung mit dem Stern, atmete von dort aus ein, zog den aufgeladenen Atem durch meine Krone in mein Herz und ließ ihn aus meinem Herzen zu dem Weinglas hinausströmen. Ich konzentrierte mich ausschließlich darauf, vom Stern ein- und durch mein Herz auszuatmen, während ich beim Einatmen das Mantra *Rukha d'Koodsha* (aramäisch: Heiliger Geist) und beim Ausatmen *Malkoota d'Shmaya* (aramäisch: Himmlisches Königreich) in Gedanken aussprach, und wiederholte dieses Atemmuster dreimal, bis ich mich tief mit der unendlichen Lebenskraft verbunden fühlte. Dann öffnete ich meine Augen und platzierte meine Hände links und rechts von Oles Glas, um einen heiligen Raum um das Glas zu erschaffen, während ich in aller Stille das aramäische Wort *Ephatah*[22] wiederholte.

Sofort spürte ich, wie die Energie aus meinen Handflächen strömte. Dann hob ich meine rechte Hand und hielt sie über den Wein, während ich mir einen gasblauen Lichtstrahl vorstellte und ihn auch physisch wahrnahm, der von meiner Handfläche aus in das Glas eindrang.

[22] Ephatah bedeutet: Öffne dich; befreie, was gefangen ist; erweiche, was hart oder erstarrt ist; oder, in Bezug auf den Wein: Entfalte die Eigenschaften des ursprünglichen Zustands dieses Weins.

Als ich das Gefühl hatte, dass der richtige Zeitpunkt gekommen war, sandte ich, von meinen Fingerspitzen aus, goldene Lichtstrahlen in den Wein und stellte mir vor, dass ich seine Frequenz erhöhe. Schließlich versiegelte ich den Wein mit meinem persönlichen Symbol, sodass eine schützende Hülle um den Wein entstand. Dies mag sich nach einer langen Prozedur anhören, aber in Wirklichkeit kann die Transformation unmittelbar erfolgen. Calle de Montségur verwandelte den Wein durch einen bloßen Blick! Er brauchte nicht einmal einen Finger zu erheben, aber er benutzte die Technik, die ich gerade beschrieben habe und die auch eine Erweiterung der Art und Weise ist, in der er mich gelehrt hat, mit Energien zu arbeiten – das Visualisieren einer gasblauen Farbe für das Physische und einer goldenen Farbe für das Geistig-Spirituelle. Das Einwirken auf den menschlichen Körper und das menschliche Feld sowie auf jede Art von Nahrung, Wein, Kaffee oder was auch immer gerade vorhanden war mit einem einzigen Blick war eine alltägliche Begebenheit beim Training mit Calle, und es ist eine Technik, die wirklich jeder lernen kann.

„Okay, probier mal!", sagte ich und schob Oles Glas über den Tisch zu ihm zurück. Er hielt es vorsichtig an seine Nase und roch daran mit verhaltenem Atem.

„Mmm …", machte er und probierte den Wein.

„Fantastisch!" Er schaute mich überrascht an. „Ich muss zugeben, das hat wirklich funktioniert!"

„Das war ja auch meine Intention", antwortete ich nonchalant. Ich hatte schon lange nicht mehr praktiziert.

Danach behandelte ich erst Amis und dann meinen eigenen Wein.

Ein letztes Mal erhoben wir unsere Gläser zu einem Toast. Es war Zeit, schlafen zu gehen. Wir hatten einen langen Tag vor uns, an dem wir in die Wüste hinter dem Toten Meer fahren würden, um einige Aufnahmen zu machen.

„Was genau sind das für Kräfte, die du verwendest, wenn du den Wein behandelst?", fragte Ole, nachdem wir uns von Ami verabschiedet hatten und durch die halb leeren Straßen der Altstadt liefen.

„Alles ist Energie", antwortete ich knapp und rang nach den richtigen Worten für eine Erklärung. „Es ist möglich, Energie aus dem Äther um uns herum zu erhalten, egal, wo wir sind, und sie dann dorthin zu lenken, wo sie gebraucht wird. Mit anderen Worten, man kann das angeborene und verborgene Potenzial der Vollkommenheit erwecken, das in allen geschaffenen Dingen vorhanden ist, wo auch immer sie sind. Wichtig sind die Intentionen, die man hat. Mit einem fokussierten Geist kann man sich ganz auf die anstehende Aufgabe konzentrieren. Indem man mit dem inneren Himmlischen Königreich Kontakt aufnimmt, werden die eigenen Absichten deutlich gemacht. Erst dann kann Energie aufgebaut werden, dorthin gelenkt werden, wo ein Bedarf besteht, und manifestiert werden. Über dein inneres Himmlisches Königreich und deine Intentionen wird das Potenzial der Vollkommenheit aktiviert, das bereits im Wein – oder in einer heilungsbedürftigen Person – vorhanden ist, wenn du dich mit dem Himmlischen Königreich der anderen Person verbindest. Das mag kompliziert klingen, ist aber in Wirklichkeit sehr einfach. Die Kunst besteht darin, hundertprozentig präsent zu sein und sich dem Prozess vollkommen zu widmen. Es ist lediglich eine Frage der Übung. Calle war in der Lage, auf Situationen, Dinge und Menschen mit nur einem einfachen Blick einzuwirken, und es spielte keine Rolle, ob sie sich auf der anderen Seite der Erde oder am anderen Ende des Tisches befanden. Durch vollkommene Gegenwärtigkeit ist es möglich, sich mit Dingen, Menschen und Situationen in solcher Weise zu identifizieren, dass man mit ihnen eins wird. Das bedeutet, dass man versteht, wie eine Situation entstanden ist und wie sie transformiert werden kann."

Dadurch, dass ich über den Prozess der Umwandlung des Weins hatte Rede und Antwort stehen müssen, wurden plötzlich vergangene Situationen aus meiner Zeit als Calles Lehrling reaktiviert. Einerseits schien das alles schon so lange her zu sein, aber gleichzeitig fühlte es sich an, als hätten wir uns erst gestern voneinander verabschiedet.

„Heißt das, dass du immer mit dem Himmlischen Königreich verbunden bist?"

„Ja und nein. Ich praktiziere jeden Tag, wenn nicht auf die eine, dann auf die andere Weise. Ich praktiziere überall. Die Praxis ist nicht abhängig von der Umgebung. Ein Buch aus dem Mittelalter, *Die Nachfolge Christi* von Thomas a Kempis, ist eine Sammlung strenger spiritueller Anweisungen; es dient als ewige Erinnerung daran, wer ich bin, was ich hier tue und wie mein Verhalten mit dem Leben aller anderen Wesen, Zeiten und Räume verbunden ist. Es lässt mich geerdet und konzentriert bleiben. Shantidevas klassisches Buch *Leitfaden für die Lebensweise eines Bodhisattvas* hat die gleiche Wirkung. Und nicht zuletzt lese ich regelmäßig *Ein Kurs in Wundern*, das Manuskript von Yeshua, gechannelt von Helen Schucman. Allerdings lese und verinnerliche ich die Bücher im Licht und Verständnis meiner aramäischen Studien und spirituellen Erfahrungen."

„Betest du?"

„Das hängt davon ab, wie du Gebet definierst. Ich verstehe es so, dass alles, was wir tun, in ein Gebet verwandelt wird. Wenn ich mich entschließe, eine meiner vielen eingespielten Gewohnheiten aufzugeben, oder wenn ich meine eigenen Bedürfnisse zurückstelle und mir der Bedürfnisse derer bewusst werde, die wahrhaftig leiden, wird dadurch der Äther aktiviert oder ein Gebet formuliert. Während meiner Zeit mit Calle habe ich gelernt, ständig die Motive hinter allem, was ich tue, zu überprüfen. Er sagte, dass es wichtig ist, die Verantwortung für unsere Handlungen zu übernehmen, selbst wenn das Ego versucht, unsere Aufmerksamkeit auf sich zu ziehen, was von Zeit zu Zeit geschieht."

Wir schwiegen eine Weile, als wir durch das Jaffator in die Altstadt gingen, und waren gerade auf der anderen Seite der alten Mauer angekommen, als ich sein weißes Haar erblickte. Er ging mit festen Schritten über den Platz und verschwand in einer Gasse. Ich hielt inne.

„Ole, ich muss einen Spaziergang machen. Geh du schon mal zurück zum Christ Church Hostel, ich komm dann später nach. Wir sehen uns morgen beim Frühstück!"

Er sah überrascht aus, aber wahrscheinlich dachte er nur, ich sei noch voller Energie und müsse mir die Beine vertreten.

„Okay, danke für den schönen Tag. Wir sehen uns morgen früh!"

„Ja, danke dir! Bis morgen", antwortete ich und drehte mich in die entgegengesetzte Richtung.

Es war schwierig, in der düsteren Gasse irgendetwas zu erkennen, und ich konnte ihn nirgends unter der Handvoll schattenhafter Gestalten ausmachen. Ich beschleunigte meinen Schritt. Hastig streifte mein Blick die Gebäude auf beiden Seiten. Rechts, links, rechts, links – plötzlich glaubte ich, eine sich schließende Tür zu bemerken, und hielt kurz inne, um das Haus genauer zu untersuchen. Mein einziger Führer war meine Intuition, bis sich meine Augen langsam an die Dunkelheit gewöhnt hatten. Dann sah ich ihn.

Er verschwand um die Ecke am Ende der Gasse. Ich rannte, so schnell ich konnte. Es war eine Sackgasse! Ich blieb stehen, unsicher, was ich tun sollte. Ich starrte auf die Wand vor mir. Plötzlich sah ich eine Öffnung, etwa einen halben Meter breit, die in dem verwirrenden Schattenspiel der unebenen Oberfläche leicht zu übersehen war. Es gab keine andere Möglichkeit, wie er hätte verschwinden können. Ich hörte die Worte in mir widerhallen: „Wähle den schmalen Pfad, denn der Weg, der ins Verderben führt, ist breit und verlockend, und viele wählen ihn. Aber es ist der schmale Pfad, der trotz seiner Herausforderungen zum wahren Leben führt, und nur wenige finden ihn."

Ich zwängte mich seitwärts durch die schmale Öffnung in einen engen Schacht zwischen zwei Gebäuden und gelangte schließlich auf einen kleinen Platz, der vor einem alten Anwesen lag. Eine hohe Holztür erregte meine Aufmerksamkeit. Ich drückte auf den abgenutzten Klingelknopf neben der Tür – er begegnete mir in Stille, aber irgendetwas in mir hielt die Hoffnung aufrecht, dass die Klingel irgendwo in einem anderen Teil des Gebäudes zu hören sein würde.

Nach einer gefühlten Ewigkeit drückte ich erneut auf den Klingelknopf und wollte gerade an die Tür klopfen, als sie sich öffnete und eine alte Nonne in der Tür erschien.

„Wen suchen Sie?", fragte sie in gebrochenem Englisch.

„Asaph", sagte ich aus einem Impuls heraus.

Sie stieß einen langen beschwerlichen Seufzer aus. „Sie müssen sich irren, dies ist ein Nonnenkloster. Es gibt hier niemanden mit diesem Namen."

Sie trat einen Schritt zurück und bereitete sich darauf vor, die Tür zu schließen.

„Asaph Muzethi!" Meine Stimme überschlug sich fast, und ohne nachzudenken streckte ich meinen Fuß aus, um sie daran zu hindern, die Tür zu schließen.

Sie erstarrte.

„Es tut mir leid", sagte ich und trat einen Schritt zurück.

Die Nonne schaute mich an. Sein Name hatte ganz offensichtlich eine Wirkung auf sie gehabt. „Wenn ich Sie wäre, würde ich es im jüdischen Viertel versuchen", sagte sie, bevor sie die Tür schloss und mich in der Dunkelheit zurückließ.

Da stand ich nun, das Messer der Klarheit in meiner Hand, die edelste Waffe des Schmalen Pfades. Ich fühlte mich zurückgewiesen. Vielleicht war ich einfach noch nicht bereit, das Messer mit der notwendigen Präzision zu führen, die für wahrhaftige Klarheit unerlässlich ist! Diese Klarheit hat eine Konsequenz: Hat man den ersten Schritt getan, kann man nie wieder umkehren und so tun, als wäre nichts passiert.

Ein vehementes Klopfen an meiner Tür weckte mich. Ich war in der Nacht immer wieder wach geworden, und als der Morgen anbrach, war ich so müde, dass ich meinen Wecker überhört hatte.

„Bist du auf?", rief Ole von der anderen Seite der Tür.

„Ich komme!", rief ich zurück.

„Wir sehen uns im Garten!"

Ich konnte hören, wie Oles Schritte draußen am Ende des Korridors verschwanden.

Gerade wollte ich aufstehen, als ich neben mir ein seltsames Vibrieren spürte. Das Buch. Ich schlug es auf, suchte und fand Vers 13.

13. „Ich will Dir die Schlüssel zum Himmlischen Königreich geben: Was immer Du auf Erden bindest, wird im Himmel gebunden sein, und was immer Du auf Erden löst, wird im Himmel gelöst sein."

Dies sind die Worte eures Meisters. Empfange sie in heiliger Stille und Du wirst den ersten goldenen Schlüssel zum Himmlischen Königreich in Dir erhalten. Alles, was Du außerhalb von Deinem Selbst suchst; alles, was Dir Angst und Sorge bereitet; alles, was Deine Eitelkeit erregt oder erweckt; alles, wonach Du süchtig bist; alles, von dem Du glaubst, dass es Dir fehlt, ist in Wirklichkeit die Folge von all dem, was Du nicht gibst, nicht geben willst oder nicht gegeben hast. All Deine Versuche, ein Loch im Zaun zu finden; all Deine selbstgerechten und egoistischen Strategien haben die Qualitäten der Empathie, der Dankbarkeit, der Freiheit, der Freude, der Liebe, der Barmherzigkeit, der Mobilität und des Mitgefühls in Ketten gelegt – die Menschheit hat den wahrhaftigsten, tiefsten, innigsten Qualitäten des menschlichen Wesens den Rücken zugewandt, zu Gunsten der Großen Zeitverschwendung, die sie als ihren Spielplatz geschaffen hat. Doch wahrlich, all das ist eine Illusion. Nur was aus Dir und durch Dich strömt, nur was Du anderen gibst, trägt Wert und Bedeutung in sich. Alles, was Du in Dir selbst erkennst, anerkennst und freigibst, wird zu einem Geschenk für diejenigen, die an der gleichen Misere leiden wie Du. Dein inneres Himmlisches Königreich ist mit dem inneren Himmlischen Königreich der anderen Menschen verbunden. Durch bewusste Kommunion wirst Du verstehen und erfahren, dass ihr Brüder und Schwestern seid.

Befreie Dich von den Ketten der Sklaverei und ergreife Deine Verantwortung. Hat der Meister nicht gesagt, dass ihr alle Götter seid? Ihr alle seid Kinder von ⊙, geschaffen nach ⊙s Bildnis. Erinnere Dich, die Ebene der weltlichen Realität auf der Erde ist ein Ausdruck des niederen Selbst der Menschheit, während der Himmel die Heimat des Hohen Selbst ist. Beide Schwingungsfelder, Himmel und Erde, sind Realitäten in Dir. Der Schlüssel zum Himmlischen Königreich ist nicht ein Wort, sondern eine Lichtfrequenz, ein Klang und ein Seinszustand. Es ist so weit. Empfange ihn und tritt ein.

Ich legte das Buch zur Seite und hatte das Gefühl, einen Schritt näher gekommen zu sein. Näher an was, würde sich noch zeigen! Jetzt musste ich mich erst einmal darauf konzentrieren, mich auf die Arbeit des heutigen Tages vorzubereiten.

Ich fand Ole und Ami mit ihren Tassen Kaffee im Schatten eines Baumes im Garten, in ein Gespräch vertieft. Ich setzte mich an ihren Tisch und verfolgte, wie sie über Yitzhak Kaduri sprachen. Ami studierte die Kabbala und hatte die ein oder andere Geschichte über Kaduri gehört. Er wusste, dass Kaduri als der Rabbiner aller Rabbiner angesehen worden war. Seiner Erzählung zufolge hatte Kaduris Messias-Notiz eine große Verwirrung gestiftet und dazu geführt, dass sich einige Rabbiner nach seinem Tod von dem alten Weisen distanzierten, während andere messianische Juden wurden und seitdem überzeugt davon waren, dass Yeshua der erwartete Messias ist. Als sich ihre Diskussion über Rabbi Kaduri dem Ende zuneigte, hatte ich eine Idee und fragte Ami:

„Wüsstest du, wie man mit einem von Kaduris engsten Schülern Kontakt aufnehmen könnte?"

Ami sah mich eine Weile nachdenklich an, bevor er antwortete:

„Es ist bestimmt möglich, wird aber sicherlich nicht einfach werden. Diese Kreise sind sehr gut abgeschirmt. Es kann dauern, bis man das nötige Vertrauen zu den betreffenden Personen aufgebaut hat, selbst für einen Juden. Für Nicht-Juden würde jeder Versuch einer Kontaktaufnahme als höchst unrealistisch angesehen werden. Aber ich werde mal schauen, was ich machen kann."

„Bevor wir den Garten verlassen, lass uns doch hier noch ein paar Takes über die Grundprinzipien der aramäischen Sprache filmen. Ich habe einige Fragen, zu denen ich gerne deine Antworten hören würde", sagte Ole, während er sich bemühte, mit nur einem einsatzfähigen Arm seine Kamera einzurichten.

Kurz darauf waren wir bereit.

„Du hast die aramäische Sprache seit 1988 studiert. Es war die Sprache, die Yeshua und die Menschen zu Seiner Zeit gesprochen haben. Welche Bedeutung hat das Aramäische für uns heute?"

„Die aramäische Sprache ist eine Voraussetzung, um Yeshuas Botschaft verstehen zu können. Viele Aussagen im Neuen Testament machen wenig oder gar keinen Sinn, weil sie nicht in dem Bewusstsein der zugrunde liegenden Psychologie der aramäischen Sprache übersetzt worden sind."

„Aber wurde das Neue Testament nicht ursprünglich auf Griechisch geschrieben?"

„Nein. Es gibt mehrere Erklärungen dafür, warum die ältesten Handschriften des Neuen Testaments auf Griechisch verfasst sind. Eine ist, dass Yeshuas Botschaft ursprünglich mündlich auf Aramäisch weitergegeben wurde. Das erste Evangelium war ein erweitertes aramäisches Matthäus-Evangelium, von dem viele der frühen Kirchenväter – Epiphanius, der heilige Hieronymus, Papias, Origenes, Eusebius und Clemens von Alexandria zum Beispiel – behaupteten, es in ihrem Besitz zu haben. Es waren nur sehr wenige dieser aufgezeichneten aramäischen Evangelien im Umlauf. Erst als das Christentum eine offizielle römische Institution wurde, wurden zahlreiche Kopien griechischer Versionen und andere Übersetzungen des ursprünglichen aramäischen Matthäus-Evangeliums verfügbar. Man muss sich bewusst machen, dass das ursprüngliche Evangelium, das zum Vorbild für die vier modernen Evangelien wurde, von ehemaligen Essenern auf Aramäisch geschrieben wurde. Mit der Anerkennung Yeshuas als der lang erwarteten Inkarnation des *Lehrers der Rechtschaffenheit* war das einzige Ziel der Bruderschaft, nämlich den Weg für den kommenden Messias zu ebnen, erreicht. Der Orden wurde aufgelöst und die Schriftgelehrten der Bruderschaft schrieben das aramäische Matthäus-Evangelium, um ihr Wissen für künftige Generationen zu bewahren.

Das koptische Thomas-Evangelium wurde ebenfalls ursprünglich von ehemaligen Essenern in aramäischer Sprache verfasst und umfasst zusammen mit dem viel älteren Buch Enoch einige der wichtigsten Schriften über Yeshuas Wirken und sein Erbe jenseits von Raum und Zeit. Während das Thomas-Evangelium die Essenz von Yeshuas Lehren enthält, sagt uns das Buch Enoch, dass Yeshua die erst-erschaffene Seele war, bekannt als *Der Menschensohn.*"

„Wie unterscheiden sich die aramäischen Versionen von den griechischen?"

„Ein aramäisches Wort oder ein Ausdruck kann bis zu zehn verschiedenen Bedeutungen haben, und man muss sie alle bei der Übersetzung berücksichtigen, um das wahre Wesen des Textes zu erfassen. Damit erklärt sich von selbst, dass der tiefere Sinn der Schriften in der Übersetzung weitgehend verloren gegangen ist.

Das Aramäische ist sowohl poetisch als auch allumfassend inklusiv und integrativ. Die Sprache besitzt eine verborgene, fast mysteriöse Wirkungsweise, die alle Unterschiede aufhebt. Und dann ist da noch der Klang der Sprache. Aramäisch und Sanskrit gelten als die beiden heiligen Sprachen der Welt, deren Klang direkt auf den Äther einwirkt. Es heißt, dass der katholische Stigmatiker Padre Pio, ein italienischer Mönch und Priester, der von 1887 bis 1968 lebte, ständig aramäische Worte vor sich hingesungen hat. Pater Pio hat nie erklärt, was diese Worte bedeuteten, außer dass es Worte seien, die er von einer weisen Frau in seinem Heimatdorf gelernt habe. Pater Pio war dafür bekannt, dass er Menschen durch Gebete aus der Ferne heilen und das Buch des Lebens lesen konnte. Außerdem heißt es, dass er durch die Praxis der Bilokation in der Lage war, an mehr als einem Ort gleichzeitig zu sein. In meiner Arbeit mit der aramäischen Sprache habe auch ich erfahren, dass diese Sprache die Kraft besitzt, die Elemente und den Äther zu beeinflussen. Aramäisch ist eine Wissenschaft für sich – eine Wissenschaft, die den alten Mysterientraditionen wie zum Beispiel den Essenern am Toten Meer und den Therapeuten am See Mareotis bei Alexandria bekannt war. In meinem Buch *The Law of Light* habe ich die Essenz von 30 Jahren Arbeit mit dem aramäischen Neuen Testament festgehalten."[23]

„Gestern Abend hast du ein anderes Buch erwähnt, von dem du sagst, dass es einen großen Einfluss auf deine Arbeit hatte und immer noch hat: *Die Nachfolge Christi*; aber soweit ich weiß, wurde es ursprünglich von einem katholischen Mönch um 1400 in lateinischer Sprache geschrieben. Kannst du mir sagen, wo du in dieser recht heftigen Schrift die Verbindung zu deinen aramäischen Studien siehst? Wie kommt es, dass du dich davon so angesprochen fühlst?"

„*Die Nachfolge Christi* ist ein Buch, das, wie die Bibel, in vielen verschiedenen Übersetzungen zu finden ist. Es gibt eine Ausgabe, die von Schwester Mary Nazarene verfasst wurde und die ich besonders schätze. Es ist ein äußerst kraftvolles Buch, viel umfassender und maßgeblicher als alles, was man in der populären spirituellen Literatur finden kann. Im Gegensatz zu vielen anderen Büchern, die behaupten, transformative Kräfte zu besitzen, enthält dieses Buch eine Kraft und Mystik, die wahrhaftig sind. Seitdem ich ein Verständnis für die Psy-

[23] Zur Vertiefung gibt es 13 Werke, die von wesentlicher Bedeutung sind und die ich sehr empfehlen kann: das wunderbare Buch *The Poetry of Our Lord: An Examination of the Formal Elements of Hebrew Poetry in the Discourses of Jesus Christ* von Pastor C. F. Burney; *The Khaboris Manuscript*, herausgegeben von der Yonan Codex Foundation; Andrew Gabriel Roths *Aramaic English New Testament*; Rabbi Yitzchak Ginsburghs *The Alef-Beit: Jewish Thought Revealed through the Hebrew Letters*; Joseph Elias' *The Living Words of Christ in Aramaic Language*; und Fabre d'Olivets epochales Werk *The Hebraic Tongue Restored*; Neil Douglas-Klotz, *Prayers of The Cosmos (Das Vaterunser: Meditationen und Körperübungen zum kosmischen Jesusgebet)*; *The Hidden Gospel*; *Desert Wisdom*; *The Words of Jesus in the original Aramaic (Die Worte Jesu im aramäischen Original)* von Stephen Andrew Missick; Rocco A. Errico, *Let there be light (Es werde Licht)*; *And there was light;* Lars Muhl, *The Law of Light.*

chologie hinter der aramäischen Sprache gewonnen habe, übertrage ich dieses Verständnis automatisch auf fast alles, was ich lese. Ich tue dies auch, wenn ich über *Die Nachfolge Christi* meditiere. Für mich verkörpert das Buch eine übergeordnete Klarheit, die den endlosen Strom von Lärm und Strategien des Intellekts offenbart und hinter sich lässt. Der ehemalige Generalsekretär der Vereinten Nationen, Dag Hammarskjöld, trug immer ein Exemplar des Buches bei sich, wohin er auch ging."

„Cut! Okay, das war's erst mal. Dazu drehen wir später noch einen Anschluss."

Wir tranken unseren Kaffee aus und packten die Filmausrüstung in den Kofferraum des Autos. Ziel: die Wüste von Judäa.

8

DIE WÄCHTER DES BEWUSSTSEINS

Wir fuhren am Toten Meer entlang, vorbei an Qumran, bogen bei Metsokei Dragot in die Wüste ein und fanden zwei Drehorte, an denen wir Hintergrundmaterial filmten – Aufnahmen, wie ich durch die Wüste wandere, Dünen und Felsen hinauf- und hinunterklettere usw. In Anbetracht der Temperaturen eine ziemlich warme Angelegenheit. Trotz meiner hellen Haut und meinen nordischen Wurzeln habe ich jedoch nie Probleme mit der trockenen Hitze der Wüste gehabt. Das ist ein weiterer Grund, warum ich das Heilige Land liebe. Geduld gehört allerdings nicht zu meinen Stärken. Obwohl ich wusste, dass das Filmen von weitläufigen Bildausschnitten und Hintergründen notwendig ist, da der Film sonst nur aus einem Monolog von mir bestehen würde, war ich doch sehr daran interessiert, dass wir die Aufnahmen so schnell wie möglich hinter uns bringen, damit wir den wichtigsten Teil dieser Reise angehen konnten: die Zeremonie, die ich in Höhle 4 am *Tor der Hoffnung* in Qumran durchführen wollte.

Aus meiner Sammlung zu Hause in Dänemark hatte ich ein kleines tragbares Musikinstrument mitgebracht, ein indisches akustisches Harmonium, das mit einem Blasebalg funktioniert, der mit einer Hand bedient wird, während die andere Hand die Harmonien oder Melodien auf den Tasten spielt. Abgesehen von der Fülle an Obertönen, hat das Instrument die weiteren großen Vorteile, dass es klein genug ist, um es überallhin mitzunehmen, und dass es keinen Strom benötigt.

Ole kannte meine Pläne und muss meine Ungeduld gespürt haben.

„Morgen fahren wir zu deiner geliebten Höhle, Lars", sagte er, um mich aufzumuntern.

Wir machten uns auf den Weg zurück zum Highway 90 und weiter nach Ein Gedi, wo wir zu Mittag aßen, bevor wir gen Süden fuhren. Ami hatte vorgeschlagen, die Dreharbeiten in der Wüste nahe der Stadt Dimona fortzusetzen.

„Die ganze Gegend ist sehr spannend! Es gibt dort viele UFO-Aktivitäten, und auch zwei Meteoritenkrater, *HaMakhtesh HaKatan* und *HaMakhtesh HaGadol*. Das israelische Atomkraftwerk ist übrigens auch in Dimona, und nicht weit davon entfernt ist ein Ort, an dem ich gerne zelte."

An Amis Stimme war zu erkennen, dass er sich freute, dass Ole zugestimmt hatte, die Stadt zu besuchen.

Die Gegend um Dimona ist zwar beeindruckend, hat aber auch etwas Unheilvolles an sich. Für mich verkörpern die Stadt und die umliegende Landschaft *das Ende der Welt*. Es gibt andere Orte, die das gleiche Gefühl in mir hervorrufen. Als ich an diesem Tag in Dimona stand, wurde mir klar, dass die Gedanken, die zur Erschaffung der Stadt und der dort investierten Energie geführt haben, nicht mit dem ⨀-Bewusstsein im Einklang waren. Dieser Ort steht im Widerspruch zu seiner *Naphsha* und behauptet, etwas zu sein, was er nicht ist, während sein wahrer Zweck hinter kilometerlangem Stacheldraht und CCTV-Kameras versteckt ist. Es gibt unzählige derartige Orte auf der ganzen Welt, und sie sollten uns innehalten lassen und zum Nachdenken anregen, wenn wir sehen, wie die Auswirkungen solcher widersprüchlichen Energien auf diese Weise manifestiert werden.

Am Nachmittag wanderten wir wieder durch die Wüste sowie weitere Dünen und Felsen hinauf und hinunter. Inmitten all unserer Geschäftigkeit kam mir plötzlich der Gedanke, dass ich möglicherweise Ole mit seinem gebrochenen Arm helfen könnte.

„Würdest du mich versuchen lassen, deinen Arm mit Klangheilung zu behandeln?“, fragte ich Ole. Er schaute mich einen Moment lang überrascht an.

„Ja. Warum nicht? Wenn du Wein verändern kannst, kannst du bestimmt auch meinen Arm beeinflussen.“

Ich ging zurück zum Auto und holte mein Harmonium. Wir fanden einen Platz auf einem Felsen. Ich setzte mich hin und bat Ole, seinen Arm auf das Instrument zu legen. Dann beugte ich mich mit dem Mund so nah wie möglich über den Gips und begann, tiefe Untertöne zu singen, während ich einen ebenso tiefen Ton auf dem Harmonium spielte. Ich sang etwa zehn Minuten lang.[24]

„Wie fühlt sich der Arm jetzt an?“, fragte ich.

„Ich spüre ein Kribbeln im Knochen … der Arm scheint irgendwie viel leichter zu sein … und ich habe keine Schmerzen.“ Ich beobachtete, wie er seinen Arm auf und ab bewegte.

„Soll ich weitermachen?“

„Nein, ich denke, das ist erst mal gut so.“

Die Heilung gab uns neue Energie. Wenn man einen Klang erzeugt und ihn mit der klaren Absicht zu heilen in die Welt hinausschickt, wirkt er sich natürlich auch auf alles in der Umgebung aus. Sogar der sonst so melancholische Ami strahlte über das ganze Gesicht.

Es war ein sehr müdes Filmteam, das an diesem Abend im Kibbuz Kalya in der Nähe von Qumran ankam. Nach einem wohlverdienten Bad trafen wir uns in der Kantine. Ole war jedoch unermüdlich und begann eifrig ein weiteres tiefes Gespräch:

„Du musst mir erklären, wer die Essener waren und welche Verbindung sie zu Yeshua hatten. Am besten nehmen wir das jetzt als Audio auf und legen es dann über das Material, das wir morgen drehen, wenn wir dich in den Ruinen der Universität filmen.“

„Oh ja, das ist spannend!“, fügte Ami hinzu. „Ich habe von den Schriftrollen vom Toten Meer gehört, aber ich weiß nichts über die

---

[24] Ein Video über diese Klangheilung findest du unter: https://www.youtube.com/watch?v=ZZ-ihxyVMHQ oder Lars Muhl: Sound healing on a broken arm in Israel.

Essener, außer dass sie es waren, die sie geschrieben haben. Ich hatte keine Ahnung, dass sie etwas mit Yeshua zu tun hatten."

Es hatte eine Veränderung in Amis Haltung gegenüber dem Filmprojekt gegeben. Ursprünglich hatte er wohl angenommen, Ole und ich würden einen traditionellen „Auf-den-Spuren-von-Jesus"-Film drehen, der ungefähr den gleichen Inhalt und Stil haben würde wie die Dokumentationen, an denen er für den History Channel, CNN, National Geographic, Discovery und andere große Fernsehsender mitgewirkt hatte. Deshalb hatte er anfangs auch keine große Begeisterung gezeigt. Jetzt aber konnte er sein aufkeimendes Interesse nicht mehr zurückhalten.

„Wie geht es deinem Arm?", fragte ich Ole.

„Das ist ja merkwürdig! Gut, dass du fragst, ich hatte total vergessen, dass er gebrochen ist. Seit deiner Klangheilung habe ich keine Schmerzen mehr. Während du gesungen hast, habe ich mich übrigens an die Zeit, als ich die Massai in Kenia filmte, erinnert. Die Medizinmänner benutzten tiefe Untertöne, um die Heilung von gebrochenen Knochen zu beschleunigen. Hast du das dort gelernt?"

„Nein", antwortete ich. „Ich habe mit einer unserer besten Klangheilerinnen zusammengearbeitet.[25] Die Wissenschaft der Klänge ist ein uraltes Wissen, das im Äther gespeichert ist und zu dem wir jederzeit Zugang haben, wenn wir empfänglich bleiben."

Ich begnügte mich mit einem Glas Wasser, während die beiden zu Abend aßen. Danach baute Ole seine Kamera auf und fing ohne langes Einrichten sofort an zu filmen, da wir von dieser Sequenz nur das Audio benutzen würden.

„Viele Menschen haben von den Schriftrollen vom Toten Meer gehört, die 1947 gefunden wurden, aber nur wenige wissen, was in ihnen steht und wer sie geschrieben hat. Könntest du ein wenig mehr über den Inhalt der Schriftrollen und über die Autoren erzählen?"

---

[25] Githa Ben-David, geboren 1961, Musikerin, Autorin und Klangtherapeutin. Ausgebildet am Det Kongelige Musikkonservatorium in Kopenhagen und in Indien bei der klassischen indischen Sängerin Mangala Tiwari. Ausgebildet als Heilerin bei Meister José in Israel, hat sie in den vergangenen 30 Jahren das Klangheilverfahren „The Note from Heaven" entwickelt und folgende Bücher veröffentlicht: *The Note from Heaven*; *Vocal Self Release*; *Life is Sound: Vocal Sound Healing*; *Help: A personal history about chronic heavy metal poisoning and how one can get rid of it*; *Heal the Pineal: Detox with Hung Song*; und *The Ultimate Book on Vocal Sound Healing*.

„Etwa 800 Jahre vor Christus gründete der Prophet Elia auf dem Berg Karmel im Norden Israels die Schule der Propheten. Er und sein Schüler Elisa reisten durch das Land, um die Bevölkerung über ⊙ und über das Bewusstsein zu unterrichten, das jedem zur Verfügung steht, der dafür empfänglich ist und in Übereinstimmung damit lebt. Als die Zeit für Elia nahte, diese irdische Ebene zu verlassen, brachte er Elisa an einen bestimmten Ort am Jordan außerhalb von Jericho – an denselben Ort, an dem Moses die Führung des jüdischen Volkes an Josua übergeben hatte.

Nachdem sie den Jordan überquert hatten, fragte Elia Elisa: ‚Sag mir, was ich für dich tun kann, bevor ich von dir genommen werde?‘ Elisa, der wusste, dass dies die erwartete Übertragung vom Meister auf den Schüler war, antwortete: ‚Bitte! Lass einen doppelten Teil deines Geistes auf mich kommen!‘ Elia versetzte sich und seinen Schüler in einen meditativen Zustand, der *Feuerwagen* genannt wird, und Elisa wurde Zeuge von Elias Aufstieg in die geistige Welt und sah, wie dieser sich mit dem ⊙-Bewusstsein vereinigte. Gleichzeitig gab Elia sein ganzes Wissen an Elisa weiter, der, als er aus seinem Meditationszustand erwachte, sah, dass Elia sein *Gloriengewand* zurückgelassen hatte.“

„Sein Gloriengewand? Was ist denn das?“

„Das ist ein Begriff, der in den hermetischen Mysterientraditionen verwendet wurde, wenn sie von der *Aura* oder dem *Lichtkörper* sprachen, der aus den ätherischen und astralen Körpern eines Menschen besteht. Zusammen sind sie die spirituellen Schichten, die Grundsubstanz oder Matrix für den physischen Körper.“

„Danke. Elia hat also sein Gloriengewand an Elisa weitergegeben?“

„Ja, Elisa legte Elias Gewand an, das heißt, er übernahm die Verantwortung für die Erkenntnisse, um zu zeigen, dass er der Nachfolger des Propheten war. Den Rest seines Lebens verbrachte er damit, durch Israel zu wandern, Kranke zu heilen, Verstorbene wieder zum Leben zu erwecken und Wunder zu vollbringen, genauso wie es Yeshua viele Jahrhunderte später tat. Es lässt sich nicht mit Sicherheit sagen, wann die Bewegung, die wir heute als die Essener kennen, gegründet wurde, aber wir können davon ausgehen, dass sie ihren Ursprung in der Tradition von Elia und Elisa hatte. Die Hauptaufgabe der Essener, die sich *Kinder des Lichtes* oder *Wächter des Bewusstseins* nannten, bestand darin, den Weg für den erwarteten Messias zu bereiten.

„Etwa 150 Jahre vor Yeshuas Geburt gründeten sie Siedlungen im gesamten Nahen Osten, von Damaskus in Syrien bis Heliopolis in Ägypten. Ihre wichtigsten Siedlungen lagen entlang des Toten Meeres, von Qumran bis Ein Gedi. Sie besaßen Häuser in jeder Stadt in Israel, und es gab eine große Kolonie an dem Ort, an dem heute der Kibbuz Ein Gedi steht. In Qumran gründeten sie eine Universität mit einem fest ansässigen Team von zwanzig Schreibern und Gelehrten. Genau wie die Therapeuten in Ägypten verfügten sie über ein umfangreiches Wissen über die heiligen Schriften, Astrologie, Astronomie, Kräuter, Kristalle, Heilung und Prophezeiung. Sie waren Vegetarier und teilten alles, was sie besaßen. Die Menschen kamen zu ihnen, wenn sie Hilfe brauchten. Die Essener distanzierten sich vom herrschenden Klerus, den Pharisäern und Sadduzäern in Jerusalem, und von allem, was sie für religiöse Heuchelei hielten. Sie waren allgemein geachtet. In Josephus' *Antiquitates Judaicae* (*Jüdische Altertümer*) lesen wir, dass sogar König Herodes sie verehrte, weil Menachem der Essener ihm vorausgesagt hatte, dass er eines Tages König sein würde. Qumran liegt östlich von Bethlehem. Von hier aus machten sich die drei essenischen Weisen, die Magi, auf den Weg, um die neue Inkarnation des Lehrers der Gerechtigkeit zu finden und zu bestätigen. Ihre Namen waren Casper, ‚Der Weiße' oder ‚Der Reine', Melchior, ‚Der König des Lichtes' und Balthasar, ‚Der Wächter des Schatzes'. Der Grund für den unerschütterlichen Glauben der Essener war der Text der folgenden Weissagung im persischen *Zend Avesta*:

‚Ihr, meine Kinder, werdet die Ersten sein, die die Ehre haben werden, die Manifestation des Himmlischen Geschöpfes zu sehen, das in dieser Welt inkarnieren wird: Ein Stern wird euch den Weg leuchten und euch den Ort zeigen, an dem Er geboren werden wird, und wenn ihr Ihn findet, schwört Ihm eure Treue und bringt heilige Gaben mit, denn Er ist wahrlich euer Herr und König für immer und ewig.‘

Sie hatten das Zeichen gesehen, eine Konstellation von drei Sternen in einer Linie, die sie die Melchisedek-Konstellation nannten, und sie fanden Maria, Yosef und den neugeborenen Yeshua in einer Höhle auf halbem Weg zwischen Bethlehem und Jerusalem. Sowohl Maria als auch Yosef waren Essener. Die zwölfjährige Maria war unter zwölf Jungfrauen auserwählt worden, diejenige zu sein, durch die der Lehrer der Rechtschaffenheit in die Welt kommen würde. Nachdem sie die Zeichen überprüft hatten, die Yeshua als den lang Erwarteten auswiesen, brachten sie die Familie nach Jerusalem, wo das Kind beschnitten wurde. Anschließend reisten sie mit der Familie nach Heliopolis in Ägypten, wo sie Maria, Yosef und Yeshua auf ihre Mission vorbereiteten.“

„War es eine Jungfrauengeburt, wie uns glaubhaft gemacht wurde?“

„Nein. Maria war unberührt, als sie mit Yosef, der ebenso wie sie auserwählt worden war, das Brautgemach betrat. Alles war genau geplant. Die Empfängnis Yeshuas kam zustande, weil sie wussten, wie man den Heiligen Geist während des heiligen Aktes anruft. Viele orthodoxe Juden verfügen noch heute über dieses Wissen. Es ist bekannt, dass ein verheiratetes Paar, wenn es in Liebe im Brautgemach zusammenkommt, die *Shekinah* anruft, die der weibliche manifestierende Aspekt des ⊙-Bewusstseins ist. Wenn es zur Empfängnis kommt, im vollen Wissen um den höheren Zweck des menschlichen Liebesaktes, und wenn der Heilige Geist anwesend ist, weil er angerufen wurde, kommt es zu einer sogenannten ‚jungfräulichen Geburt‘. Im Neuen Testament lesen wir, dass Yeshua, als er nach Jerusalem gebracht wurde, um beschnitten zu werden, von zwei Sehern erkannt und gesegnet wurde, die beide Essener waren, Shimon und Hannah, die auch eine wichtige Rolle bei der endgültigen Bestätigung Yeshuas als der von den Essenern lang erwartete Lehrer der Rechtschaffenheit spielten. Sie kannten alle Prophezeiungen, die Yeshuas Kommen vorhersagten.“

„War Johannes der Täufer ein Essener?“

„Auf jeden Fall! Er war auch die Inkarnation von Elia, dem Propheten und Heiler, von dem ich gesprochen habe, der die Schule der Propheten gegründet hat und der der Lehrer von Elisa war! Als er Yeshua taufte, tat er das an genau demselben Ort, am Jordan außerhalb von Jericho, wo er als Elia 800 Jahre zuvor seine gesamte Weisheit an Elisa weitergegeben hatte. Die Wege der beiden hatten sich wieder gekreuzt: Elia als Yohanan und Elisa als Yeshua.“

„Im *Hebräer-Evangelium* steht geschrieben, dass Yeshua für die Ewigkeit in den *Melchisedek Orden* hineingeboren wurde. Was bedeutet das?“

„Das ist schwer zu sagen, weil es nicht viele Informationen über diesen Orden gibt. Melchisedek war der erste priesterliche König von Jerusalem. Er war es, der Abraham mit Brot und Wein in der Stadt willkommen hieß und damit den Grundstein für die Eucharistie legte, die später ein grundlegendes Element der Rituale sowohl der Essener als auch Yeshuas wurde. Übersetzt bedeutet Melchisedek *König der Rechtschaffenheit*. König Melchisedek war ebenfalls eine frühere Inkarnation von Yeshua. Es ist überliefert, dass er nicht von einer Frau geboren wurde und dass er auch nicht starb, sondern von ⊙ emporgehoben wurde. Das bedeutet, dass er die Erde genau wie Enoch, Elia, Hesekiel und Yeshua, die alle dem Orden angehörten, verließ – in einem Zustand der Klarheit, der aus dem meditativen Zustand resultierte, den wir heute als den *Feuerwagen* kennen.[26]

„Den Feuerwagen?“

---

[26] Der Feuerwagen ist in der jüdischen Tradition auch als *Merkaba* bekannt, was „Wagen“ oder „Das heilige Gefäß“ bedeutet. Nach dem Buch Hesekiel wird dieses Gefäß von vier menschenähnlichen geflügelten Wesen gezogen. Diese vier Wesen haben je vier Gesichter: das Gesicht eines Menschen, eines Löwen, eines Ochsen und eines Adlers (vgl. Hesekiel 1,4-26). Außerdem werden hier drei Gruppen von Engeln beschrieben. Die erste sind die Seraphim (Engel des Feuers). Diese Engel zeigen sich als Zungen einer Flamme, die sich ewiglich erheben und wieder niederfallen. Der Orden der Seraphim ist die Kraft, die den Feuerwagen antreibt. In der Hierarchie der Engel ist der Orden der Seraphim der höchste und steht ⊙ am nächsten.

„Ja, das war wahrscheinlich die wichtigste Lehre und Praxis der Essener. Sie untersuchten, wie sich ein Mensch dem ⊙-Bewusstsein öffnen und mit ihm eins werden kann. Sie wussten, dass ein Mensch, um eine solche Ebene der Empfänglichkeit zu erreichen, nach dem Gesetz des Lichtes leben und sich stets bemühen musste, ein Gleichgewicht zwischen Gedanken, Worten und Taten herzustellen. Wenn man mit einem Essener eine Vereinbarung traf, bedurfte es keines schriftlichen Vertrages. Die Essener genossen hohen, uneingeschränkten Respekt. Die Art von Werbung, Marketing und Selbstdarstellung, die heute in bestimmten spirituellen Kreisen üblich ist, wäre für die Essener undenkbar gewesen, denn sie gehörten zu den reinsten Seelen auf der Erde und waren sich der Folgen eines Verstoßes gegen das Gesetz des Lichtes zutiefst bewusst.

Die Essener existierten nicht, um Mammon zu dienen oder um sich zu profilieren, sondern um ⊙ und der Menschheit zu dienen. Jahrelang bereiteten sie sich darauf vor, die Praxis des Feuerwagens zu meistern. Das Buch Enoch, eine der favorisierten Schriften der Essener, erzählt, wie Enoch sich selbst aus Raum und Zeit erhob und in Begleitung von Engeln in seinem Feuerwagen in den Urgrund der Ewigkeit – bevor alles erschaffen war – zurückreiste. Hier ist die gesamte Passage aus dem Buch Enoch:

‚Und an jenem Ort sah ich die Quellen der Rechtschaffenheit, die unerschöpflich waren; und ringsumher waren viele Quellen der Weisheit, und alle, die durstig waren, tranken aus ihnen und wurden mit Weisheit erfüllt, und ihre Wohnstätten waren bei den Gerechten und Heiligen und Auserwählten. Und zu jener Stunde wurde der Menschensohn in die Gegenwart des Herrn der Seelen gebracht und vor dem Haupt der Tage beim Namen genannt. Ja, bevor die Sonne und die Zeichen geschaffen wurden, bevor die Sterne des Himmels gemacht wurden, wurde Sein Name vor dem Herrn der Seelen genannt. Er wird den Gerechten ein Stab sein, an dem sie sich stützen und nicht fallen können, und Er wird das Licht der Heiden sein und die Hoffnung derer, die im

Herzen geplagt sind. Alle, die auf der Erde wohnen, werden niederfallen und Ihn verehren, und sie werden den Herrn der Seelen preisen und segnen und mit Gesang feiern. Und aus diesem Grund hat Ihn der Herr der Seelen auserwählt und behütet, schon vor der Erschaffung der Welt und bis in alle Ewigkeit.'[27]

Ist das nicht wunderschön?"

„Und wann wurde das Buch Enoch geschrieben?"

„Die Gelehrten sind sich darüber unschlüssig, aber ich bin davon überzeugt, dass es mindestens 200 Jahre vor Yeshuas Geburt geschrieben wurde."

„Wie kannst du dir da so sicher sein?"

„Weil ich vor 2.000 Jahren selbst ein Essener war. Ich war Lehrender und Schreiber an der Universität in Qumran und habe das Buch Enoch unzählige Male kopiert. Das war eine meiner Lieblingsaufgaben, und ich war an der Aufzeichnung vieler der Schriften beteiligt, die heute als die Schriftrollen vom Toten Meer bekannt sind."

Ole und Ami starrten mich beide an und versuchten herauszufinden, ob ich einen Scherz gemacht hatte oder ob ich es wirklich ernst meinte.

Ich hatte das Gefühl, etwas sagen zu müssen.

„Mir ist klar, dass das für die meisten Leute sehr kontrovers klingt oder nicht nachvollziehbar ist. Aber es ist wahr. Seit ich als Teenager das erste Mal etwas über die Essener gelesen habe,[28] wusste ich, dass ich mit ihnen verbunden bin. Jahre später wurde es von meinem Lehrer Calle de Montségur und dann von der walisischen Seherin Carol Clarke bestätigt, die übrigens die entscheidende Ursache dafür ist, dass ich jetzt hierher, nach Qumran gekommen bin."

---

[27] 1 Enoch 48:1-6.

[28] Christian D. Ginsburg, *The Essenes*, 1863; Theodor H. Gaster, *The Scriptures of the Dead Sea Sect*, 1957; G. J. R. Ouseley, *The Gospel of The Holy Twelve*, 1950; E. S. Drower, *Water into Wine*, 1956.

Meine Erklärung schien sie zufriedenzustellen und wir setzten das Interview fort.

„Könntest du uns mehr über den Feuerwagen erzählen?"

„Yeshua war ein Meister dieser Bewusstseinsebene, und wir wissen von mehreren Gegebenheiten, an denen Er diese Meisterschaft demonstriert hat: als Er sich einigen Seiner Jünger auf dem Berg Hermon in einem Zustand der *Verklärung* zeigte; als Er nach drei Tagen im Grab von den Toten auferstand; und schließlich als Er die physische Welt auf dem Ölberg verließ. Der Begriff ‚Verklärung' beschreibt diese Bewusstseinsebene, von der wir sprechen, auf eine äußerst schöne Weise. Die Seele zeigt ihr reines Potenzial, befreit von jeder Art von persönlichem Lärm. Yeshua hat die Feuerwagen-Praxis während der Kreuzigung angewendet. Er verließ Seinen Körper teilweise und dann, am dritten Tag im Grab, trennte Er sich von ihm vollständig. Der Beweis dafür ist heute in Turin zu finden, wo das Leichentuch Yeshuas aufbewahrt wird. Auf ihm ist der Abdruck Seines irdischen Körpers zu sehen, der im Moment des Austritts Seiner Seele aus dem Körper entstanden ist. Die Forscher, die das Grabtuch gründlich untersucht haben, konnten keine zufriedenstellende Erklärung für das Auftreten dieses Phänomens finden. Ein dänischer Mediziner, Niels Svensson, der ein Mitglied der Shroud Science Group gewesen ist, hat in seinem Buch *The True Face – Jesus and the Shroud of Turin* geschrieben, dass die meisten Wissenschaftler dieser Forschungsgruppe nicht religiös gewesen seien und vor dem Beginn ihrer Untersuchungen an dem Grabtuch mehr oder weniger davon überzeugt waren, dass sie eine Fälschung vorfinden würden. Im Laufe der Arbeit wurde jedoch immer deutlicher, dass es sich hierbei um ein Phänomen handelte, das sich nicht so einfach wegdiskutieren ließ. Es liegt außerhalb des bekannten Bereichs der Wissenschaft und hat dazu geführt, dass viele der Forscher nach dieser Erfahrung religiös geworden sind. Das Grabtuch wurde als das erste Foto der Welt bezeichnet. Nur eine außerordentlich starke Lichtquelle kann einen so perfekten Abdruck von Yeshuas Körper auf dem Tuch verursacht haben. Die ungarische Physikerin und

Künstlerin Isabel Piczek[29] stellte die Theorie auf, dass Yeshuas Körper in dem Moment, in dem seine Transformation stattfand, nicht mit dem Grabtuch in Berührung gewesen war – die Schwerkraft müsste also in diesem Moment aufgehoben gewesen sein. Sie war der Meinung, dass das Ereignis im Grab eine Wiederholung des Schöpfungsmomentes, des Urknalls, war. Das bedeutet, dass es sich dabei um einen Anfang und nicht um ein Ende handelte, was vollkommen mit dem Verständnis der Essener über den Todesprozess übereinstimmt."

Eine Zeit lang herrschte völliges Schweigen. Es dauerte jedoch nicht lange, bis Ole sich räusperte und zurück zu seiner Rolle als Fragensteller fand:

„Soweit ich mich erinnere, wurde das Turiner Grabtuch mithilfe von Kohlenstoff-14-Tests untersucht. Dabei wurde festgestellt, dass es im Mittelalter hergestellt worden ist und nicht davor."

„Ja, das stimmt. Jedoch ist das nicht das abschließende Ergebnis beziehungsweise das Ende der Untersuchungen gewesen. Das jüngste Forschungsteam entdeckte, dass das Testergebnis auf eine Reparatur des Grabtuchs zurückgeführt werden kann, die nach einem Brand vorgenommen worden war, und zwar in genau dem Zeitraum, den der erste Kohlenstoff-14-Test angezeigt hatte. Alle späteren Tests legen eindeutig nahe, dass das Grabtuch 2.000 Jahre alt ist und aus Jerusalem stammt."

„Könntest du noch mehr über die eigentliche Praxis des Feuerwagen-Rituals erklären?"

„Es ist äußerst wichtig, dass man sich gut vorbereitet. Wie im Matthäus-Evangelium erwähnt, ist Fasten eine Voraussetzung, um für heilende Kräfte und prophetische Weissagungen empfänglich zu sein. Ebenso ist Fasten für jeden notwendig, der mit dem Feuerwagen reisen will.

---

[29] Isabel Piczek, ungarische Künstlerin und Physikerin, die von 1927 bis 2016 lebte und vor allem für ihre Untersuchung des Turiner Grabtuchs bekannt wurde. Ihre Arbeit wurde 1992 von Papst Johannes Paul II. gewürdigt, als sie zum Mitglied des Ordens des Heiligen Gregor des Großen ernannt wurde.

Das bedeutet Enthaltsamkeit von allen weltlichen Dingen für einen Zeitraum von mindestens drei Tagen. Je länger das Fasten andauert, desto stärker werden die geistigen Fähigkeiten geschärft. Es ist ratsam, sich von Personen beraten zu lassen, die Erfahrung auf diesem Gebiet haben und in der Lage sind, den allgemeinen physischen und psychischen Zustand eines Menschen zu berücksichtigen. Das chemische Element Bor könnte hier ebenfalls eine Rolle spielen. Israel ist eines der Länder der Welt, in denen die Konzentration von Bor im Boden am höchsten ist, insbesondere am Toten Meer, das 400 Meter unter dem Meeresspiegel liegt. In der Universität der Essener in Qumran gab es fünf *Mikwen*, fünf rituelle Bäder, die mit Wasser gefüllt waren, das eine hohe Konzentration von Bor, Magnesium und Natrium enthielt. Bor ist ein Mineral mit einzigartigen reinigenden und heilenden Eigenschaften. In der richtigen Dosierung und in seiner reinsten Form soll es eine besonders reinigende Wirkung auf die Zirbeldrüse[30] haben, die für das Sehen durch die Schleier der physischen Realität sowie für den prophetischen Sinn zuständig ist. Zudem wurde der Saft der Aloe Vera von den Essenern bei Fastenkuren und Reinigungskuren verwendet."

„Ich habe noch nie gehört, dass der Feuerwagen im Zusammenhang mit den Schriftrollen vom Toten Meer erwähnt wurde – habe ich recht?"

„Das kann gut sein. Es ist durchaus möglich, dass bisher nicht öffentlich darüber gesprochen wurde – aber du kannst definitiv Hinweise auf den Feuerwagen in einigen der Schriftrollen aus Höhle 4 finden. Er wird im Buch Enoch und auch im alttestamentlichen Buch Ezechiel erwähnt. Es gibt aber auch andere Textfragmente,[31] die in Höhle 4 gefunden wurden, die die Erfahrungen der Essener bezüglich des Reisens im Feuerwagen beschreiben.[32] Alle übrigen Schriften befassen sich ausschließlich mit historischen Themen, Danksagungen, Segnungen, Lebensregeln

[30] Githa Ben-David, Heal the Pineal: Detox with Hung Song.

[31] Fragment 4Q491.

[32] Dies wird insbesondere von Professor M. Smith in einem Aufsatz mit dem Titel „Two Ascended to Heaven – Jesus and the Author of 4Q491" erwähnt. Der Aufsatz ist in dem Buch *Jesus and the Dead Sea Scrolls*, editiert von J. H. Charlesworth, zu finden.

und Verhaltensvorschriften. Wir müssen jedoch verstehen, dass all diese ethischen Schriften für die Vorbereitung auf den Eintritt in den Feuerwagen entscheidend sind. Die meisten Eingeweihten, die in die Gemeinschaft der Essener aufgenommen wurden, widmeten sich ihr ganzes Leben lang diesen ethischen Anweisungen und der Verfeinerung ihrer höheren Sinne. Einige wenige erreichten die höchsten Einweihungen, und nur ihnen wurden die Geheimnisse des Feuerwagens mündlich mitgeteilt."

„Du hast gesagt, dass Yeshua seine Ausbildung bei den Essenern erhalten hat, nicht wahr? Hast du ihn jemals persönlich erlebt?"

„Ja, ich bin Ihm ein paar Mal begegnet. Das erste Mal, als Er zusammen mit seiner Lehrerin Judith Mare[33] nach Qumran kam. Sie verbrachten nur eine kurze Zeit an der Universität, bevor sie nach Persien und Ägypten weiterreisten. Später, das war direkt nach Seiner Einweihung durch Yohanan im Jordan, kam Er noch einmal nach Qumran, um Seine letzte Einweihung zu erhalten, die Vierzig Tage in der Wüste. Danach begann Er Seine Mission in Begleitung von Mariam der Magdalena, die nach Abschluss Ihrer Ausbildung bei den Therapeuten in Ägypten[34] gemeinsam mit Yeshua auftrat und mit Ihm zusammen lehrte und arbeitete."

„Warum wurde Yeshua gekreuzigt, wenn Er dazu ausersehen war, der Retter der Welt zu werden?"

„Yeshua hat die tiefen Einsichten der Mysterientraditionen, die immer der Priesterschaft und den Mysterienschulen vorbehalten waren, mit allen Menschen geteilt – und das *mit einer Frau, die er als Seinesgleichen ansah*! Das ist der entscheidende Grund, warum er gekreuzigt wurde. Es gab auch die Prophezeiung von Jesaja[35] über den kommenden Messias – eine Prophezeiung, die Yeshua und die Essener kannten und die ein sehr wichtiger Teil der Mission wurde.

[33] Aramäisch für „Die Meisterin".

[34] Lars Muhl, *The ⊙ Manuscript (Der Seher; Magdalena; Der Gral)*; Joan E Taylor, *Jewish Women Philosophers of First-Century Alexandria*; C. D. Yonge, *The Works of Philo.*

[35] Jesaja 53:1-12.

Shimon Magus war ebenfalls ein heiliger Mann, der, genau wie Yeshua, unter dem Volk heilte und als Prophet wirkte, und zwar zusammen mit seiner Braut Helena, die ihre Ausbildung zur Mondpriesterin mit Mariam der Magdalena absolviert hatte. Dies war der Beginn einer völlig neuen Bewegung, die nicht einmal alle essenischen Jünger Yeshuas, insbesondere Shimon Kephar (Simon Petrus), vollständig nachvollziehen konnten."

„Es ist erstaunlich, dass der Ausdruck ‚Menschensohn' bereits im Buch Enoch verwendet wurde. Kannst du dazu vielleicht etwas sagen?"

„Der Menschensohn ist ein Begriff aus der Weisheitstradition der Essener für das erstgeborene Wesen von ⊙, IAO, sowie seine nachfolgenden Inkarnationen. Seine Reinkarnationslinie vollendete sich in Yeshua: Amilius, Adam, Enoch, Hermes, Melchisedek, Yoseph, Asaph, Elisha, Zend und schließlich Yeshua.[36]

Das Buch Enoch wurde in zehn Exemplaren unter den Schriftrollen vom Toten Meer in der Universität der Essener in Qumran gefunden. Im Alten Testament wird der Menschensohn dreiundneunzig Mal im Buch Hesekiel und einige Male im Buch Daniel erwähnt. Dieses Wesen wurde auch *Der Auserwählte* genannt und war von ⊙ dazu ausersehen, sich als wegweisendes Licht für den Rest der Menschheit in einer Reihe von Inkarnationen zu verkörpern, vergleichbar mit einem Bodhisattva in der buddhistischen Tradition. Im Neuen Testament können wir lesen, dass Yeshua diesen Ausdruck benutzt, um seine wahre Identität zu beschreiben."

„Heißt das, dass Yeshua *tatsächlich*, wie die Kirche lehrt, Gottes einziger, eingeborener Sohn war oder dass Er Gott Selbst war?"

„Definitiv nicht! Yeshua war die erstgeborene Seele und nicht ⊙s einziger Sohn. Er war der Sohn von ⊙, so wie wir alle Kinder von ⊙ sind, wie Er uns im Johannes-Evangelium erklärt.

[36] Glenn Sanderfur, *Lives of the Master*; Jeffery Furst, *Edgar Cayce's Story of Jesus*; R H Drummond, *A Life of Jesus the Christ (Edgar Cayce – Das Leben von Jesus, dem Christus).*

Es ist wichtig zu verstehen, was das bedeutet, denn es ist die Grundlage für Yeshuas Ermahnung, dass wir Seinem Beispiel folgen sollen. Wir werden also nicht dazu aufgefordert, lediglich passive Schafe zu sein und blind zu glauben, was man uns sagt. Die Essener wussten, was eine wahre Beziehung zum ⊙-Bewusstsein bedeutet. Sie kannten das Gesetz der Anziehung – dass Gleiches Gleiches anzieht –, und solange wir kein ⊙-Bewusstsein entwickeln oder uns nicht bemühen, uns ⊙ anzunähern, haben wir nach der Mysterientradition nichts mit ⊙ gemeinsam und haben in unserer Verantwortung als menschliche Wesen versagt. Weil Yeshua diese Einsicht mit dem einfachen Volk teilte, wollten die Pharisäer und Sadduzäer ihn beseitigen. Es sei Gotteslästerung in ihren Augen. Die Wahrheit war jedoch: Es hätte sie ihrer Autorität und Macht über ihre Gemeinde beraubt. Kommt einem das nicht irgendwie bekannt vor?“

„Und wie sollen wir dann den Ausdruck *Gottes Gnade* oder ⊙s *Gnade* verstehen? Die Kirche lehrt, dass wir von der Gnade Gottes umgeben sein werden, wenn wir einfach nur darauf vertrauen.“

„Die Ausdrücke Gnade und Demut geben Anlass zu vielen Missverständnissen. Martin Luthers Philosophie der Erbsünde und des Höllenfeuers ist in vielerlei Hinsicht unsozial und gefährlich, denn sie baut auf Angst auf und trennt uns so vom Göttlichen in uns. Ihm zufolge kann der Mensch nichts anderes tun, als auf Gottes Urteil und Gnade zu warten. Aber Gnade wird uns gegeben, wenn wir auf sie zugehen, so wie das Glück zu uns kommt, wenn wir es suchen. So ist es immer, wenn wir dem Beispiel Yeshuas folgen. Wenn wir anklopfen, wird die Tür geöffnet werden. Wenn wir beten, wird uns gegeben werden. Jedes Mal, wenn wir irgendeine Art von altruistischer Arbeit verrichten, jedes Mal, wenn wir unsere eigenen egoistischen Wünsche zum Wohle eines Bedürftigen oder für das höchste Wohl aller zurückstellen, oder wann immer wir spirituelle Arbeit verrichten, klopfen wir an die Tür oder gehen der Gnade entgegen. Wann immer wir uns unseren eigenen Dämonen stellen und sie transformieren erhalten wir Zugang zu einem höheren Bewusstsein, auch wenn wir dieses nicht unbedingt in Worte fassen können. Wir entwickeln göttliche Qualitäten.

„Wahre Demut entsteht, wenn man spirituelle Verantwortung übernimmt, die Verantwortung dafür, eines von ⊙s Kindern zu sein, ohne viel Aufhebens darum zu machen. Wir sind die Hände und Füße des ⊙-Bewusstseins hier auf der Erde, aber wie viele von uns sind in der Lage, im Stillen zu geben, ohne gesehen oder gehört werden zu wollen?“

„Wenn du, anders als Luther, davon sprichst, dass die Menschen ⊙ gleichen würden, drückst du damit nicht eine Art Anmaßung oder Überheblichkeit aus, mit der die Menschheit den Turm zu Babel baut und meint, sie hätte das Recht, die Schöpfung zu manipulieren?“

„Wenn Yeshua im Johannes-Evangelium sagt, dass wir alle ⊙s Kinder sind, dass wir Yeshuas Beispiel folgen und dass wir unser Licht nicht unter den Scheffel stellen sollen, heißt das nicht, dass wir selbstgefällig oder hochmütig sein sollen. Wir sollten jedoch die Möglichkeiten und Gaben, die uns gegeben wurden, in aller Stille annehmen und dem höchsten Wohle des Ganzen dienen. So wie uns Sinne und Gliedmaßen gegeben wurden, die es zu nutzen gilt, wurden uns auch einige geistige Fähigkeiten gegeben, damit wir sie nutzen – wie bereits viele Menschen im Laufe der Geschichte bewiesen haben. Im Hinblick auf Luthers Lehre von der Erbsünde sollte man auch hinzufügen, dass das Wort für *Sünde*, wie wir es heute verstehen, in der von Yeshua gesprochenen aramäischen Sprache nicht existiert. Stattdessen spricht Yeshua von *khteetha*, was so viel bedeutet wie *das Ziel verfehlen* oder *einen Fehler machen*. Yeshua sagt auch, dass Sünde in Wirklichkeit bedeutet, nicht anwesend zu sein. Wenn wir abwesend, unkonzentriert oder nicht im gegenwärtigen Augenblick präsent sind, versagen wir als menschliche Wesen – und können das Ziel nicht treffen.

Im Aramäischen gibt es auch kein Wort für *Hölle*, so wie wir das Wort heute verstehen. Der wohl zutreffendste Begriff wäre *gehenna*, der auch für das Tal außerhalb Jerusalems verwendet wurde, in dem die Aussätzigen lebten. Der Begriff ist eine Metapher für den Zustand, *neben sich zu stehen*, *von seinem Hohen Selbst getrennt zu sein* oder *verstoßen zu werden.* Die Verbindung zu dem Begriff Sünde ist offensichtlich. Wenn du nicht anwesend bist oder deine himmlische Essenz nicht im Gleichgewicht ist, dann bist du nicht du selbst und kannst daher im Leben nicht erfolgreich sein."

„Kannst du uns Menschen aus verschiedenen Epochen nennen, die in ihrem früheren Leben Essener waren?"

„Franz von Assisi, Johannes vom Kreuz, Teresa von Avila, Meister Eckhart, Thomas a Kempis, Hildegard von Bingen, Emanuel Swedenborg, Jacob Böhme, George Fox, Seraphim von Sarow, Gandhi, Warren Felt Evans, Padre Pio, Papst Johannes XXIII., Albert Schweitzer, Carl Gustav Jung, Emanuel „Sunyata" Sørensen, Edgar Cayce, Simone Weil, Edmond Bordeaux Szekely, Evelyn Underhill, Dag Hammarskjöld, Martin A. Larson, Upton C. Ewing, Helen Schucman, Joel Goldsmith, Manly Palmer Hall, Agnes Sanford, Bob Moore, Yitzhak Kaduri, um nur einige zu nennen.

Viele inkarnierten sich zu unterschiedlichen Zeiten als Quäker in England und den USA, und auch die meisten heutigen Quäker[37] lebten einst als Essener. Alle ehemaligen Essener, die heute reinkarniert sind, stehen in Verbindung mit neo-essenischen Gruppen auf der ganzen Welt und sind auch in bestimmten kabbalistischen Schulen im Judentum zu finden."

„Eine letzte Frage: Du hast uns gestern von Rabbi Yitzhak Kaduri und seiner Behauptung erzählt, er habe vor seinem Tod Kontakt mit dem Messias gehabt, von dem er tatsächlich glaubte, er sei die Reinkarnation von Yeshua. Das würde doch bedeuten, dass Yeshua jetzt, wo Ariel Sharon tot ist, in diesem Moment hier in Israel ist. Oder wie sollen wir das verstehen?"

---

[37] David Johnson, *A Quaker Prayer Life*; Brian Drayton, *Language for the Inward Landscape: Spiritual Wisdom from the Quaker Movement*; Marcelle Martin, *Our Life is Love: The Quaker Spiritual Journey*.

„Das ist schwer zu sagen. Ich persönlich glaube, dass der Messias/ Christus ein Bewusstsein ist, das sich in denjenigen entfalten wird, die dafür offen sind. Ich denke, dass der Yeshua Mashiach, von dem Kaduri sprach, ein manifestiertes ätherisches Fragment des Christusbewusstseins war. Dieses Bewusstsein liegt als Potenzial in uns allen verborgen und wartet darauf, aktiviert zu werden. Wir können die messianischen Qualitäten umfassend in den Propheten und im Neuen Testament sowie in einigen der apokryphen Schriften beschrieben finden. Jeder von uns ist ein potenzieller Messias, aber wir haben immer noch nicht die tatsächliche Notwendigkeit verstanden, Yeshuas Beispiel wirklich und wahrhaftig zu folgen."

Wir beendeten die Dreharbeiten und Ole und Ami gingen auf ihre Zimmer. Plötzlich hatte ich das Bedürfnis, einen Spaziergang zu machen und den atemberaubend schönen Nachthimmel zu betrachten. Im Schein des Mondes konnte ich gerade noch Qumran erkennen, das einen halben Kilometer entfernt vor mir lag. Ich lief los.

9

DAS TOR DES LICHTES

Die junge Soldatin schaute mich eindringlich an, als ich an dem Wachposten vorbeiging und das Kibbuzgelände verließ. Nach etwa zehn Metern drehte ich mich um, um zu sehen, ob sie immer noch dort stand; sie winkte mir zu.

Auf halbem Weg bemerkte ich ein kaum sichtbares pulsierendes Licht zwischen den Ruinen der Essener Universität. Plötzlich verschwand es – und tauchte einige Momente später wieder auf. Ich beschleunigte meinen Schritt. Am Fuß der Hochebene stieg der Weg steil zu den Ruinen hinauf. Das Gelände war umzäunt, also suchte ich nach einem Durchgang und fand eine Öffnung hinter dem Restaurantgebäude.

Die Überreste der alten Universität lagen in ein gespenstisches Licht gehüllt, und ich erinnerte mich daran, wie dieser beeindruckende Ort vor 2.000 Jahren ausgesehen hat, umgeben von zwei- und dreistöckigen Gebäuden. Ich ging über den Innenhof, setzte mich auf eine Bank und blickte auf das Tote Meer. Auf der anderen Seite wetteiferten die glitzernden Lichter Jordaniens mit den Sternen am Himmel. Ein tiefes Gefühl von Geborgenheit und innerer Ruhe durchströmte mich. *Wie oft hatte ich in meinem früheren Leben als Schreiber hier gesessen und an diesem magischen Ort genau diese Szene betrachtet?* Ich konnte meine Gedanken hören, als hätte ich sie laut ausgesprochen.

„Ja, das ist ein Anblick, von dem man wirklich nie genug bekommen kann."

Ich erstarrte. Langsam drehte ich mich zu der Stimme um. Hinter mir stand eine in Weiß gekleidete Gestalt. Für einen Moment dachte ich, dass er es ist.

„Es tut mir leid, dass ich dich vielleicht störe, aber um diese Tageszeit kommt nur selten jemand hierher."

„Wer bist du?", fragte ich, ziemlich erschrocken.

Er setzte sich neben mich. Mir kam der Gedanke, dass er einer dieser religiösen Fanatiker sein könnte, die ins Heilige Land reisen, um eine Messias-Fantasie auszuleben und ihren Weg nach Jerusalem zu finden.[38]

Als hätte er meine Gedanken gelesen, sagte er: „Du brauchst nicht nervös zu werden. Entschuldige meine Kleidung, aber ich habe nichts Passenderes finden können. Ich bin Aaron."

Ich streckte ihm meine Hand entgegen. „Lars."

Er schien meine Hand nicht zu bemerken und saß einfach nur da und schaute auf das Meer.

„Du kannst mich zwar sehen, aber in Wirklichkeit gehöre ich einer anderen Dimension an. Du erinnerst dich wahrscheinlich nicht an mich, aber ich kann mich sehr gut an dich erinnern. Wir waren beide Schriftgelehrte und Schreiber hier. Ich habe geholfen, dich zu begraben." Er deutete auf den alten Friedhof.

„Nachdem alle die Universität verlassen hatten, war ich als Einziger zurückgeblieben, und als die Römer kamen, töteten sie mich, ohne mit der Wimper zu zucken. Seitdem bin ich der Hüter dieses Ortes. Es macht mich immer unsagbar glücklich, wenn einer der Brüder oder Schwestern an den alten Schauplatz zurückkehrt! Im Laufe der Jahrhunderte sind viele der alten Seelen in ihren neuen Inkarnationen zu Besuch gekommen, und wenn keine Touristen in der Nähe sind, kann ich mich ihnen zu erkennen geben."

---

[38] Es gibt einen Begriff für diese psychische Störung, das *Jerusalem-Syndrom*, und das *Kfar Shaul Mental Health Centre* in Jerusalem hat eine spezielle Abteilung, in der Menschen mit einer solchen Störung betreut werden.

Ich beobachtete ihn, während er redete. Sein Lächeln kam mir bekannt vor, und ich glaubte, mich an diesen Bruder zu erinnern, mit dem ich vor all den Jahren gelebt und gearbeitet hatte.

Er fuhr fort.

„Es ist traurig zu sehen, wie sich dieser Ort in eine Art Touristenzirkus verwandelt hat. Allzu oft muss ich eingreifen, wenn Reiseführer ihren Gruppen falsche Informationen servieren. Manchmal gelingt es mir, den Lärm in ihrem Verstand zu unterbrechen und in ihr begrenztes Bewusstsein einzudringen. In anderen Fällen muss ich erfinderisch sein, indem ich zum Beispiel eine Situation herbeiführe, die es unmöglich macht, die Führung fortzusetzen!"

Sein Lachen war so ansteckend, dass ich nicht anders konnte, als mit ihm mitzulachen.

Erst jetzt wurde mir klar, dass das pulsierende Licht, das ich auf meinem Weg zu den Ruinen beobachtet hatte, von ihm gekommen war.

„Wie lange musst du noch hierbleiben?", fragte ich.

„Gerade du solltest doch wissen, dass es für jemanden in meiner Sphäre so etwas wie Zeit nicht gibt."

„Natürlich weiß ich das eigentlich", antwortete ich. „Aber es kommt halt nicht jeden Tag vor, dass ich neben einem disinkarnierten Wesen sitze."

„Man vergisst schnell, nicht wahr?" Aaron lächelte entwaffnend.

„Wächter wie mich gibt es überall – Seelen, die einst mit einem Ort verbunden waren und nun dessen geistiger Betreuer sind. Ich habe mich dafür entschieden, dies als Teil meiner Seelenreise zu tun, genauso wie du dich dafür entschieden hast, Wissen und Verständnis als deinen Akt des Dienens weiterzugeben. Wir alle haben eine Rolle in dem größeren Plan. Ich weiß, warum du hier bist und dass du vorhast, morgen unsere alte Zeremonie durchzuführen. Ich möchte, dass du weißt, dass mein Herz sich bei dem bloßen Gedanken vor Freude bis zu den Ufern der Unendlichkeit ausdehnt... deshalb habe ich dir vorhin die Nachricht geschickt und dich gefragt, ob du nicht nach oben kommen und von hier aus mit mir die Sterne genießen möchtest. Du hast sie erhalten und bist ihr gefolgt."

„Weißt du schon, was morgen passieren wird?"

„Bis zu einem gewissen Grad, ja. Was mir zu sagen erlaubt ist, werde ich mit dir teilen: Es ist wichtig, dass du dich an alles erinnerst, was während der Zeremonie in der Höhle geschehen wird, denn es wird für dich persönlich von Bedeutung sein. Alle deine Brüder von der Universität, die zur gleichen Zeit vor 2.000 Jahren inkarniert waren, werden sich dir morgen anschließen. Wo auch immer sie jetzt sind, ob inkarniert oder nicht – sie werden dein Signal empfangen und sich im Geiste auf den Weg hierher machen. Einige werden sich dessen, was geschieht, bewusst sein, andere werden nur eine deutliche Intensivierung der Energie um sich herum wahrnehmen. Aber sie alle werden hier sein."

Seine Worte spiegelten die Informationen des Readings wider, das ich von der walisischen Seherin Carol Clarke erhalten hatte, in dem sie die Bedeutung des Besuches einer Höhle in der Nähe von Qumran hervorhob. Sie hatte gesagt, dass dieser Besuch eine Tür öffnen wird, die für viele Menschen von Bedeutung sein würde.

Aaron fuhr fort: „Denk daran, der Klang ist genauso wichtig wie die Worte, die du singst. Seine Resonanz tönt bis tief in den Äther hinein und er sendet eine Schwingung in das Universum hinaus, um sich mit den verschiedenen Bewusstseinsebenen zu verbinden. Bringen dann noch die Worte die zugrunde liegende Absicht der Zeremonie zum Ausdruck, hast du vollkommene Harmonie erreicht. Jedoch kannst du deine Absicht auch schon vor Beginn der Zeremonie formulieren und dann mit reinen Vokalen die gleiche Wirkung erzielen."

„Gibt es noch etwas, worauf ich morgen besonders achten sollte?"

„Ja. Erinnere dich daran, dass ein Mensch, der die Feuerwagen-Zeremonie durchführt, nicht nur durch die Himmel hindurch zu ⊙s Zentrum aufsteigt, sondern dass ⊙ gleichzeitig zu ihm hinabsteigt, um ihn zu erfüllen. Wenn du mit der Absicht, ⊙ aufzusuchen, singst oder tönst, wird ein Schleier beiseitegezogen und eine Tür geöffnet, sodass das Bewusstsein von ⊙ dich erreichen kann. Du machst dich für ⊙ sichtbar und eine Verbindung wird hergestellt. Es ist wichtig, sich daran zu erinnern, dass all dieses innerlich geschieht – etwas, das man sehr leicht vergisst, wenn man inkarniert ist. Der Versuch, die inneren Bewusstseinsebenen mit äußeren Worten auszudrücken, endet häufig mit einem vagen Gefühl des Schiffbruchs, weil der inkarnierte Mensch nicht gelernt hat, den Gebrauch von Metaphern und Symbolik in den heiligen Schriften zu verstehen. Du jedoch trägst dieses Verständnis in dir – und das macht mich zuversichtlich, dass sich die Zeremonie morgen genauso entfalten wird *Wie Es Geschrieben Steht.* Ein letzter Rat: Vergiss das Fasten nicht!"

Eine unbeschreibliche Woge der Dankbarkeit für Aarons Gegenwart und all das, was ich durch ihn erfahren hatte, erfüllte mich. Ich wollte etwas erwidern, aber zu meiner Überraschung war er bereits verschwunden.

„Ich danke dir. Wir sehen uns morgen", flüsterte ich. Ich stand auf und ging zurück zum Kibbuz.

Die junge Soldatin war nirgends zu sehen, als ich am Wachposten vorbeikam.

Aus der Ferne klingelte ein Wecker. Draußen war es noch dunkel. *Es ist es so weit.* Ich stand auf und duschte kurz. Danach zündete ich eine Kerze für meine Meditation an. Kurz bevor ich meine Augen schloss, sah ich das Buch auf dem Nachttisch neben mir. Ich nahm es zu mir und öffnete es.

14. Yeshuas wichtigste Botschaft ist immer noch gültig: ⊙ ist der universelle Resonanzboden, mit dem die gesamte Menschheit in Harmonie und Gemeinschaft leben muss. Jede Form der Dissonanz in Bezug auf das ⊙-Bewusstsein führt zu Lärm und Leid. „Erkenne dich selbst!" stand über den Eingängen der alten Mysterienschulen geschrieben. Sobald Du Dein Selbst kennst, wird Dir bewusst, dass wahrhaftig alles erlaubt ist, solange Deine Worte und Handlungen andere Menschen nicht verletzen oder schädigen; wann immer Du andere oder Dich selbst verletzt oder schädigst, entstehen Lärm und Leid.

Ob Du fünfmal am Tag einen Kopfstand machst, Dich in eine bestimmte Himmelsrichtung drehst oder ein Ritual nach dem anderen durchführst, ist nur in Bezug auf Dein Ego von Bedeutung. Das Ego, das kleine Selbst, wird immer versuchen, die äußeren Gesetze einzuhalten, während es gleichzeitig schamlos gegen die inneren verstößt. Wenn Deine Rituale eine Wirkung haben sollen, musst Du wissen, warum Du sie durchführst. Was ist Deine wahre Absicht? Wenn Du weißt, warum Du eine bestimmte Praxis durchführst und Dich ihr dann mit ganzem Herzen widmest, wirst Du mit der Zeit die Dominanz des Egos zugunsten des Hohen Selbst reduzieren können.

Es gilt die Regel: Finde eine Technik oder Praxis, lerne sie zu beherrschen – und lasse sie dann los. Sei Dir immer ☉s Gegenwart bewusst, behalte Sie in Deinem Herzen und handle zu jeder Zeit in Übereinstimmung mit Ihr.

Ein zielstrebiges Klopfen an meine Tür riss mich aus meinen Gedanken.

„Bist du bereit?"

Es war Ole.

Ich legte das Buch zur Seite. War es möglich, dass sich der Inhalt des Buches immer genau dem anpasste, was mich gerade beschäftigte? Was wollte ich wirklich mit meiner Zeremonie erreichen? Konnte ich wahrhaftig darauf vertrauen, dass ich von meiner inneren Führung hierhergebracht worden war, oder hatte mir mein Ego vielleicht einfach nur einen Streich gespielt?

„Lars? Bist du da?"

„Ja, ja, ich komme gleich!"

Ich würde sogar zulassen, dass die Zeremonie gefilmt wird! Hatte ich denn nichts aus meiner Zeit als professioneller Musiker und Sänger gelernt? Wie oft hatte ich schon erlebt, wenn ich ein Mikrofon aufgestellt habe, um einen Moment, einen Klang oder einen Ausdruck einzufangen, dass das Ergebnis nur ein grauer Schatten des Originals geworden ist. Wenn mich Leute nach einem meiner Vorträge fragen, ob es möglich ist, eine CD mit dem improvisierten Lied zu kaufen, mit dem ich den Abend immer ausklingen lasse, nutze ich oft die Gelegenheit, um zu erklären, dass eine Aufnahme immer eine sehr blasse und fast geisterhafte Kopie von etwas zutiefst Ursprünglichem sein wird, weil die Schwingungen und Obertöne, die den organischen Gesang und die organische Musik umgeben und von ihnen projiziert werden – im Gegensatz zu dem, was von digitalem Gesang und digitaler Musik projiziert wird –, zwei sehr unterschiedliche Dinge sind. Das Organische ist die ursprüngliche Erfahrung der Stimme, des Instruments und deren Präsenz in dem Raum, in dem der Klang erschaffen wurde. Eine Aufnahme ist nicht in der Lage, dies zu erfassen. Wenn sie versuchen würden, es aufzunehmen, würde der Klang nicht annähernd mit dem übereinstimmen, was sie live erlebt haben. Ich hatte jedoch nicht nur ein ziemlich nervöses Gefühl im Hinblick darauf, wie die Aufnahme später klingen würde, sondern außerdem auch Bedenken, ob ich damit nicht möglicherweise ein ungeschriebenes Gesetz übertreten würde. Waren meine Pläne Ausdruck einer Überheblichkeit oder Anmaßung meiner Persönlichkeit, derer ich mir nicht bewusst war?

„Ich habe einen Plan", sagte Ole, als ich mich zu ihm und Ami ans Frühstücksbuffet gesellte, obwohl ich nichts essen würde, da ich fastete.

„Du und Ami werdet zur Höhle hochklettern, während ich von unten filme", sagte er und klopfte auf seinen Gipsverband. „Wir müssen einfach das Beste draus machen."

Es war noch früh, und so saßen wir alle schweigend beieinander und meditierten, Ami und Ole mit ihrem Kaffee und ich mit meinem Glas Wasser. Meine Gedanken drehten sich um mein nächtliches Treffen mit Aaron und um all das, was er mir gesagt hatte. Ich musste meine ganze Aufmerksamkeit auf die vor mir liegende Aufgabe richten.

Wir gingen zum Wagen. Ich setzte mich ans Steuer. Die Geräusche des Motors verschmolzen mit den Gesprächsfetzen von Ole und

Ami, die auf der Rückbank den Aufnahmeplan durchgingen. Ab und zu fragte mich Ole etwas und ich antwortete geistesabwesend. Ich versuchte, meine Atmung zu zentrieren und Kontakt mit meinem inneren Himmlischen Königreich aufzunehmen.

Wie schon so oft bog ich in das Wadi Qumran ein und folgte dem Schotterweg über den ausgetrockneten Meeresboden am Fuße der Klippen unterhalb des Plateaus, auf dem sich die Ruinen der Universität befinden. Wir bereiteten die Filmausrüstung vor und Ole gab mir ein drahtloses Mikrofon.

„Da kriege ich meine Kamera auf keinen Fall hoch!" Ami zeigte nach oben zur Höhle 4. „Absolut unmöglich."

„Das Gleiche gilt für mein Harmonium", fügte ich hinzu. Ole sah zum Plateau hinauf.

„Hm", murmelte er vor sich hin. Er ging zurück zum Wagen und hielt Ami eine kleine Kamera hin, die man mit einer Hand tragen konnte: „Dann musst du die hier benutzen."

Ami schaute verzweifelt auf die Kamera.

„Aber ich kenne mich mit so einem unprofessionellen Teil nicht aus! Dafür kann ich auf gar keinen Fall Verantwortung übernehmen …"

„Dann mache ich das!", sagte Ole. „Ich meine, die Verantwortung übernehmen! Und zwar dafür, dass alles gut gehen wird." Ami sah nicht besonders glücklich aus. Aber er nickte. Es gab keine Alternative.

„Okay, und was ist mit dem Harmonium?", fragte Ole und drehte sich zu mir.

„Es macht keinen Sinn zu versuchen, es mit hochzunehmen. Ich kann mich nirgendwo festhalten, falls ich abrutsche. Das wird das erste Mal sein, dass ich die Zeremonie ohne ein Harmonium durchführen werde, obwohl es schon das kleinste aus meiner Sammlung ist. Aber ich habe auch ein Tamburin mitgebracht. Das werde ich oben spielen. Es wird die Zeremonie authentischer machen. Falls alles so läuft, wie wir es uns vorstellen, kann ich immer noch im Nachhinein versuchen, ein Audio für das Harmonium aufzunehmen."

„Gut. Das kannst du am besten beurteilen. Okay, dann lass uns loslegen."

Wir sahen, wie am Horizont die ersten Lichtstrahlen den Morgennebel durchbrachen.

Der Weg nach oben war genauso schwierig, wie wir es uns vorgestellt hatten, und der dabei entstandene Film[39] spricht für sich selbst.

Ich betrat die Höhle, dicht gefolgt von Ami. Es war offensichtlich, dass er voller Freude und Begeisterung darüber war, plötzlich in der Höhle 4 zu stehen, da er genau wusste, dass an diesem Ort der größte Teil der Schriftrollen vom Toten Meer gefunden worden waren. Es ist unmöglich, die Gefühle zu beschreiben, die man beim Betreten der Höhle empfindet. Wenn man bedenkt, dass sowohl Yohanan der Täufer als auch Yeshua ihre *Vierzig Tage in der Wüste*-Initiation in genau dieser Höhle verbracht haben, würde „ehrfürchtig" wohl am ehesten zutreffen.

Ami filmte, während er die Höhle erkundete. Ich sprach in die Kamera und erklärte sowohl die Hintergründe der Zeremonie als auch ihre Bedeutung, Funktion und Bestimmung.

„Das Lied, das ich gleich singen werde, hat sieben Zeilen. Sieben ist eine heilige Zahl, die sich wie ein roter Faden durch die Bibel zieht, horizontal und vertikal. Dieses Lied wird heute von kabbalistischen Gruppen gesungen, wurde aber ursprünglich vor 2.500 Jahren als Teil einer Zeremonie von den Essenern hier an diesem Ort praktiziert. Über Jahrhunderte wurde die siebte Zeile geheim gehalten. Ich weiß nicht, ob die heutigen Kabbalisten sie kennen, aber in den Jahren, in denen ich mich mit dieser Praxis beschäftigt habe, habe ich immer wieder nach der fehlenden siebten Zeile gesucht. Dann habe ich plötzlich verstanden: Wenn man die ersten sechs Zeilen kennt, ist es letztlich gar nicht so schwierig, die siebte Zeile herauszufinden.

„Die ersten sechs Zeilen lauten:

[39] Siehe www.youtube.com/watch?v=0GDEi7OuARw oder suche nach *The Gate of Light by Lars Muhl.*

B'Shm Adonai (In ⊙s Namen und Vibration, in ⊙s Gegenwart)
Mi yameini Mikael (Mikael an meine rechte Seite)
U mi smoli Gabriel (Gabriel an meine linke Seite)
U mi lifanai Uriel (Uriel vor mir)
U mi achrorai Rafael (Rafael hinter mir)
Ve al roshi Shekinah El (Die Shekinah über mir)

Hat man diese himmlischen Energien und ihre besonderen Qualitäten zu sich gerufen, ist es nur logisch zu folgern, dass die letzte, alles entscheidende Energieform, die herbeigerufen werden muss, eine innere Kraft sein wird: Wenn man bedenkt, dass das Hauptziel der Essener darin bestand, den Weg für eine neue Inkarnation des Messias zu bereiten, muss die siebte Zeile die folgende sein:

Ve ba levi Mashiach (In meinem Herzen der Messias)

Die Essener waren davon überzeugt, in Yeshua den Lehrer der Rechtschaffenheit gefunden zu haben, deshalb habe ich mir die Freiheit genommen, die Zeile wie folgt zu singen:

Ve ba levi Yeshua (In meinem Herzen Yeshua)

Die Essener waren die ersten, die verstanden haben: Engel sind spezifische Energien oder Qualitäten, die Teil jedes Schöpfungsaktes sind. Sie wussten, dass es für jeden Menschen möglich ist, zu jedem Zeitpunkt seines Lebens mit diesen Energien zu kommunizieren. Die ‚B'Shm Adonai'-Zeremonie bildete die glorreiche Eröffnung der Feuerwagen-Praxis und kann bis hin zu Enoch, Elia und Ezekiel zurückgeführt werden. Die Eigenschaften der vier Erzengel beziehungsweise göttlichen Frequenzen können wie folgt ausgedrückt werden:

Mikael, direkt übersetzt, bedeutet ‚Derjenige, der wie ⊙ ist'. Wenn wir also diesen Engel oder diese Frequenz anrufen, akzeptieren wir unsere wahre *⊙-Identität* sowie unsere Verantwortung, als ein bewusster Mensch zu leben. Wir finden den Mut, uns von den Begrenzungen zu befreien, mit denen Yeshuas Botschaft überlagert worden ist, zum Beispiel durch die Idee der Erbsünde.

Gabriel ist die Göttliche Intuition und der Engel der Verkündigung, der in der Bibel beschrieben wird. Wenn dieser Engel oder diese Qualität angerufen wird, sind wir mit unserer eigenen höheren Intuition verbunden und das Buch des Lebens öffnet sich für uns.

Uriel ist das Feuer von ⊙. Dieser Engel ist immer von Angesicht zu Angesicht mit der Person verbunden, die die Zeremonie durchführt. Uriel hilft uns, die richtigen Entscheidungen zu treffen. Wenn wir nicht bereit sind zuzuhören, dann müssen wir fühlen. Jeder Schmerz ist ein Bote, und die Botschaft lautet: ‚Wach auf!' Wenn uns geholfen wurde, die richtige Entscheidung zu treffen, ist Uriel das reinigende Feuer, das alles, was uns im Weg steht oder unwichtig ist, in unserem Leben transformiert.

Rafael ist ⊙*s Heilung*. Die Heilkraft, die sich nicht für Symptome interessiert, sondern für den Grund einer Krankheit. Indem wir das Bewusstsein in uns selbst erhöhen, finden wir mit Rafaels Führung den Weg, um uns von unseren Beschwerden zu befreien.

Shekinah ist der weibliche, sich manifestierende, glorifizierende Aspekt von ⊙. Sie war es, die über den Wassern schwebte, bevor alles erschaffen wurde. Das Wasser, das hier erwähnt wird, ist eine Metapher für das Fruchtwasser. Nichts gelangt in diese Welt außer durch eine Frau. Daher ist Shekinah das manifestierende Prinzip aller physischen Wesen.

Sie ist auch die Kraft, die es einem Gedanken ermöglicht, in unserem Bewusstsein anzukommen, sich niederzulassen und sich zu entwickeln.

Yeshua ist der von ⊙ *gesandte Erlöser*, die erstgeborene Seele und der prototypische Mensch, der uns zeigt, wie ein Mensch wahrhaftig sein kann."

Ich setzte mich an eine bestimmte Stelle nahe der Höhlenwand auf den Boden, an der ich intuitiv spürte, dass dort diese Praxis vor 2.000 Jahren vollzogen worden war.

Dann begann ich zu singen.

Ich brauchte einige Zeit, um mich von Amis Gegenwart zu lösen, bevor ich durch den unsichtbaren Schleier trat und die außergewöhnlichste Reise meines Lebens begann. Später erzählte mir Ami Folgendes:

„Die Zeremonie dauerte und dauerte. Etwas über eine Stunde lang hast du die sieben Zeilen immer und immer wieder wiederholt. Es war ein Schock für mich, dich dieses Lied singen zu hören, das ich so gut aus der kabbalistischen Schule kenne, in der ich Student bin – wobei ich die siebte Zeile allerdings noch nie gehört hatte. Nachdem ich mich davon erholt hatte, versuchte ich, mich mit der ungewohnten Kamera zurechtzufinden. Plötzlich fing das Licht in der Höhle an, sich seltsam zu verhalten. Irgendwann musste ich nach draußen auf den Felsvorsprung gehen, um zu prüfen, ob meine Augen mir vielleicht einen Streich spielten oder ob die Kamera möglicherweise defekt war. Außerhalb der Höhle funktionierte die Kamera normal, aber zurück in der Höhle geschahen Dinge, die ich noch nie zuvor erlebt hatte. Der Äther selbst war in Bewegung. Ich versuchte, Augenkontakt mit dir herzustellen, aber deine Augen waren geschlossen und du warst ganz offensichtlich meilenweit entfernt. Ich bin mir sicher, dass während der Zeremonie noch andere Wesen in der Höhle waren, und als du die letzte Zeile des Liedes beendet und deine Augen geöffnet hattest, fanden die ersten Sonnenstrahlen ihren Weg zu uns hinein und erhellten die Höhle. Es war magisch. Niemand hätte diese Szene ohne den Einsatz von künstlichem Licht erzeugen können. Aber es war real – und gleichzeitig vollkommen überirdisch."

Selbst Ole, der durch seinen gebrochenen Arm gehandicapt war und am Fuß der Klippe gewartet hatte, hatte bemerkt, dass etwas Ungewöhnliches vor sich ging. Er war so neugierig, dass er es schaffte, den ganzen Weg zur Höhle hinaufzukriechen, um mit uns das Erlebnis zu teilen. Als die Zeremonie begann, hörte er eine Art Donnergeräusch aus dem Wadi. Erst dachte er, es seien israelische Flugzeuge oder Drohnen, doch dann sah er zu seiner großen Überraschung einige Tauben, die zwischen den Felsen im Wadi in Richtung des Höhleneingangs flogen und einen Moment lang wie ein Zeichen davor schwebten. Er zählte zwölf Tauben.

Nach der Zeremonie saßen wir schweigend am Fuß der Klippe, in stiller Kommunion mit der Energie, die gerade manifestiert worden war. Jeder von uns war tief bewegt. Ich brauchte lange Zeit, um überhaupt Worte zu finden, um beschreiben zu können, was gerade geschehen war. Während der ersten Phase des Liedes hatte ich noch gehört, wie Ami sich in der Höhle bewegte. Nachdem ich eine Weile mit dem Lärm meines Egos gerungen hatte, das zwischen der Präsentation von Zweifeln sowie von Gedanken der Selbstüberschätzung hin- und herpendelte, kehrte allmählich Stille ein. Plötzlich fühlte ich mich losgelöst von allen irdischen Dingen, losgelöst von allen Gefühlen der Unentschiedenheit, des Misstrauens oder Zweifelns, und glitt in einen schwerelosen Zustand. Aus der Ferne höre ich jemanden singen – ich nehme an, es war der Klang meiner eigenen Stimme. Ich passierte die beiden Säulen *Wahrheit* und *Mitgefühl*. Für einen Moment schienen sie im Verhältnis zueinander im Ungleichgewicht zu sein, aber sie richteten sich sofort auf und waren wieder im Gleichgewicht, als ich an ihnen vorbeiging. Zur gleichen Zeit wurde der Raum von einem reinen weißen Licht erfüllt. Aaron saß zusammen mit elf Brüdern in einem Halbkreis vor mir. Sie begannen zu singen. Ihre Harmonien ließen das Licht um uns immer heller und heller werden.

Wenn ich mir heute die Filmausschnitte ansehe, fällt es mir schwer, eine Verbindung zu ihnen herzustellen. Alles, was man sehen kann, ist die äußere Zeremonie. Ami, der das Erlebnis immer noch nicht verarbeitet hat, meint, dass sie dem Ereignis nicht gerecht werden: „Die Filmausschnitte sind alles, was wir haben. Mehr konnte man mit der vorhandenen Ausrüstung nicht machen. Solche übernatürlichen Momente können niemals mit physischen Mitteln eingefangen werden. Das Tor des Lichtes hat sich an diesem Tag für uns geöffnet. Wie hätte man das aufzeichnen können?"

Den Rest des Tages verbrachten wir damit, weitere Hintergrundbilder zu drehen, bevor wir schließlich zum See Genezareth fuhren, wo wir die Nacht verbringen wollten.

10

DAS GLORIENGEWAND

„Was hast du erlebt, als du in der Höhle gesungen hast?“

Ami stellte sanft seinen Teller auf den Tisch und versuchte, ungezwungen zu klingen, als ob er erwartete, dass es mir schwerfallen würde, über etwas so Persönliches wie die Zeremonie zu sprechen. Abgesehen davon, dass mir die richtigen Worte fehlten (wahrscheinlich, weil ich immer noch nicht wieder vollkommen auf dem Boden der Tatsachen angekommen war), war ich gerne bereit, meine Erfahrungen zu teilen.

„Ich kann nur sagen, dass ich an einem Punkt meinen Körper verlassen habe.“

„Und wie fühlte sich das an?“

„Es ist so, als wäre man plötzlich sowohl schwerelos als auch grenzenlos. Ich war bei vollem Bewusstsein, hatte jedoch keinerlei körperliche Empfindung. Ich war völlig frei, bis auf eine ätherische Nabelschnur, die sich von meinem Solarplexus zurück in die physische Welt zog. Die Nabelschnur veränderte ihre Länge. Sie wurde kürzer, wenn ich mich dieser Welt näher fühlte, und länger, wenn ich mich tiefer in die ätherische Dimension bewegte.“

Das schien nicht die Antwort gewesen zu sein, die er erwartet oder erhofft hatte!

„Bist du jemandem begegnet, während du außerhalb deines Körpers warst? Hast du Ihn getroffen?"

„Ihn?"

„Yeshua!"

Seine Frage brachte mich in eine Zwickmühle. Wenn man den physischen Körper verlässt, wird sofort klar, dass der Lichtkörper der wahre Körper der Seele ist, und in diesem Moment wird die Wahrnehmung so stark geschärft, dass alle Menschen als eine Person, alle Symbole als ein Symbol usw. betrachtet werden. Auf dieser Ebene gibt es keinen Unterschied zwischen dir oder mir, Yeshua oder Asaph oder sonst jemandem, kein Oben oder Unten, keine Gegensätze, wie wir sie in der physischen Welt verstehen. Ich hatte das Gefühl, dass ich nur Erklärungen liefern konnte, die noch mehr Fragen aufwerfen würden – die ihrerseits wiederum nur schwer zufriedenstellend zu erklären wären.

„Ich habe seine Gegenwart gespürt, habe ihn aber nicht gesehen. Sein Bewusstsein ist immer noch um mich... PRÄSENT...– mit Großbuchstaben geschrieben. Anders kann ich es nicht beschreiben, jedenfalls nicht im Moment."

„Was meinst du damit? Wieso mit Großbuchstaben?", fragte Ole, der bis jetzt geschwiegen hatte.

„Weil ich mir diese Art von Nähe nur so erklären kann. Ich würde mich als einen eher privaten Menschen bezeichnen, der sich nur so weit mitteilt, wie er es will oder kann. Es fällt mir schwer, mit jemandem zurechtzukommen, der mir zu nahekommt, sei es körperlich oder anderweitig. Eine Sphäre der Intimität, in der ich nicht besonders gut bin. Andererseits gibt es eine Art von Nähe und Gegenwart auf einer spirituellen Ebene, die einen ganz anderen Charakter hat. Dieses PRÄSENT-Sein führt zu einer Kommunikation mit deinem Gegenüber, zum Beispiel mit Yeshua, in der beide Parteien eins werden. Es dauert nur den Bruchteil einer Sekunde, und in eben diesem Bruchteil dieser Sekunde entsteht ein Verständnis dafür, wie vollkommen die Schöpfung ist, wie vollkommen jede Seele ist, trotz der vielen Schwierigkeiten, die eine Seele haben kann, wenn sie in den Körper zurückkehrt. Natürlich ist eine Seele begrenzt, wenn sie das Leben in einem Körper erlebt – das ist der Grund, warum es den meisten von uns lieber ist, alles über die spirituellen Ursprünge der Menschheit zu vergessen. Selbst wenn wir den Weg der spirituellen Entwicklung unserer Seele betreten haben, gibt es manches Mal den Wunsch, umzukehren und wieder zurückzugehen, wenn uns klar wird, wie schwierig es werden wird – aber es gibt keinen Weg zurück. Wenn wir versuchen, uns selbst vom Gegenteil zu überzeugen, indem wir dieses Bewusstsein verdrängen, verursachen wir nur noch mehr Lärm und Leid als zuvor."

Ich zögerte, wusste aber, dass da noch mehr war.

„Wenn du das Neue Testament im Licht der aramäischen Sprache liest, erfährst du, dass jeder Mensch einen unvergänglichen Körper aus reinem Licht besitzt, damals bekannt als das Gewand der Herrlichkeit oder das Gloriengewand, von dem wir schon gesprochen haben. Diesen unvergänglichen Körper nennen wir heute Lichtkörper. In früheren Zeiten konnten die Menschen mit diesem Lichtkörper durch den Raum und alle Bewusstseinsebenen reisen – und die ganze Schöpfung wahrnehmen und verstehen. Doch im Laufe der Zeit verstrickte sich die Menschheit mehr und mehr in tiefer schwingende Frequenzen, was schließlich zur Manifestation einer Sphäre führte, die wir heute die physische Welt nennen. Viele von uns identifizieren sich nun vollständig mit der materiellen und materialistischen Realität. In diesem Prozess haben wir die Existenz des Lichtkörpers vergessen, und zwar in einem solchen Ausmaß, dass wir nicht mehr in der Lage sind, ihn in unserer bewussten Wahrnehmung zu spüren, zu manifestieren und seine Frequenzen für unseren Gebrauch zu aktivieren. Deshalb ist die Botschaft Yeshuas für uns heute bedeutender als je zuvor. Unser Lichtkörper ist die Grundlage und Erklärung dafür, dass unser Leben ewig währt. Durch das bewusste Wahrnehmen seiner Gegenwart können wir, wenn wir es wünschen, die Herrschaft über uns selbst zurückgewinnen."

Wir saßen eine Weile in Stille. Plötzlich schaute Ole mich an:

„Das erinnert mich an den norwegischen Philosophen Arne Næss[40], der in einem Interview gefragt wurde, ob er gegen den technischen Fortschritt sei, da er immer das Organische und Natürliche verteidigen würde. Er sagte, dass er auf keinen Fall dagegen sei, solange die Technologie nur weit genug fortgeschritten wäre. Dann erwähnte er die Ureinwohner Samoas im Pazifischen Ozean, die auf hoher See in der Lage waren, ein Kanu mit großer Präzision an den tödlichen Korallenriffen vorbeizusteuern und sicher an Land zu gelangen. Sie taten dies mithilfe von Vibrationen, die von den Riffen zurückgeworfen wurden. Der Steuermann, der im hinteren Teil des Bootes saß, spürte die Schwingungen über seinen Rücken, und seine präzisen Anweisungen ermöglichten es, das Boot durch die kleinen Öffnungen im Riff zu steuern. ‚Das ist wohl die höchste Form der Technologie, die es gibt!', kommentierte er."

Mein Herz wurde bei Oles Worten vor Freude ganz warm, denn sie zeigten auf einfache Art und Weise, dass jede Seele über ein Navigationsgerät verfügt, das von keiner physischen oder technischen Ausrüstung übertroffen werden kann.

Ole fuhr fort: „Ich habe noch eine ganz andere Frage: Was wäre, wenn diejenigen, die behaupten, dass Yeshua nie gelebt hat, recht haben?"

„Abgesehen von all den Prophezeiungen im Alten Testament über einen kommenden Messias,[41] die sich in der Person Yeshuas bis ins kleinste Detail erfüllt haben, kann ich mit Gewissheit sagen, dass Yeshua existiert hat und dass fast alles, was über ihn geschrieben wurde, wahr ist. Nicht viele Menschen sind sich bewusst, wie umfassend die Messias-Prophezeiungen[42] sind. Wenn man auf der Grundlage dieser Prophezeiungen die Wahrscheinlichkeit berechnet, dass Yeshua ent-

[40] Arne Næss, 1912–2009, norwegischer Philosoph und Umweltaktivist, Begründer der *Tiefenökologie* (*Deep Ecology*), wurde im Alter von 27 Jahren Professor an der Universität Oslo. Er hat Lehrbücher über Logik, Methodologie und Philosophiegeschichte geschrieben und ist ein großer Befürworter der Erhaltung der Natur und des ökologischen Landbaus. Er hat auch den Begriff der *Ökosophie* geprägt.

[41] Zum Beispiel im Buch Jesaja.

[42] H. Schipper, *The Messiah Revealed in the Holy Scriptures*; Yacov Rambsel, *His Name is Jesus.*

weder nie existiert hat oder dass die Übereinstimmung zwischen den Prophezeiungen und Yeshuas Leben nur ein Zufall ist, wäre die Wahrscheinlichkeit sehr nahe bei null."

„Aber könnten Yeshua und die Essener nicht Yeshuas Leben so gestaltet haben, dass es genau den Prophezeiungen entspricht?"

„Alles, was über Yeshua geschrieben wurde, ist im Wesentlichen wahr. Und wie kann ich mir dessen so sicher sein? Weil ich dort war und es miterlebt habe. Die wichtigste Frage, die man sich in Bezug auf Yeshua stellen muss, ist, ob wir verstanden haben, wer er war und was er uns weitergeben wollte. Ich habe keinen Zweifel daran, dass die christliche Kirche ihre Gemeinde in primitiven, bedeutungslosen Vorstellungen gefangen gehalten hat, indem sie ihre Theologie unter dem Deckmantel des Glaubens und der Hoffnung präsentierte, in Wirklichkeit aber Angst und Leid erzeugt und verursacht hat. Ich denke manchmal, dass Religion für diejenigen ist, die Angst vor der Hölle haben, während Spiritualität für diejenigen ist, die schon mal dort gewesen sind."

„Ich weiß nur eins – Yeshua war auf jeden Fall heute bei der Zeremonie in der Höhle!", warf Ami ein. „Und zwar so intensiv, dass ich überlege, zum messianischen Judentum zu konvertieren!"

Ich sah ihn an und fragte mich, ob er vielleicht über sein Erlebnis von vorhin sprechen wollte. Er bemerkte meinen Blick nicht oder zog es vor, das Geschehene für sich zu behalten, also fuhr ich nach einer Weile fort. „Die Diskussion darüber, ob Yeshua existiert hat oder nicht, wird wohl bis in alle Ewigkeit weitergeführt werden. Immer mehr Intellektuelle bezeichnen sich als Atheisten und reagieren meiner Meinung nach damit auf die Geschichten über Gott, die ihnen als Kinder erzählt wurden. Die häufigste ist die Story von dem alten Mann mit einem weißen Bart, der irgendwo da oben in den Wolken auf seinem Thron sitzt. Natürlich kann ein intellektuell entwickelter Mensch das nicht glauben. Es ist interessant, dass die heutigen Theologen oft unter Quantenphysikern und Mystikern zu finden sind. Zum Beispiel Albert Einstein. Er war ein großer Bewunderer des bulgarischen Mystikers und christlichen Esoterikers Peter Deunov[43]. Durch Deunovs Werk kam Einstein zu der Überzeugung, dass, wenn physikalische Messinstrumente keine befriedigenden Antworten mehr liefern, die Metaphysik herangezogen werden muss. ‚Gott würfelt nicht', lautete eines von Einsteins Mottos. Darin drückt sich sein Verständnis dafür aus, dass alle Dinge miteinander verbunden sind. Es gibt keinen Zufall und es gibt für alles einen Grund. In seinem späteren Leben wurde er zu einem Verfechter der Idee, dass wir eine völlig neue Denkweise annehmen müssen, um Lösungen zu finden. Es könnte sein, dass Einstein entdeckt hatte, dass die Erneuerung, nach der wir suchen, in den alten Mysterientraditionen zu finden ist – in ebenjenen Traditionen, die wir als primitiv abgetan haben. Carl Gustav Jung erklärte, dass wir die Sprache der Mystik vergessen haben und daher die darin enthaltenen wertvollen Erfahrungen und Einsichten nicht verstehen können – die Menschheit ist blind und taub geworden für die zugrunde liegenden Wahrheiten und kann nur noch das Oberflächliche sehen und erkennen. Ganze Horden von uns strömen zum jeweils lautesten Paukenschlag und schauen auf zu den schillerndsten Jahrmarktslichtern. Schaltet man das Radio oder den Fernseher ein, schlägt man eine Zeitung oder eine Zeitschrift auf, sieht man Glanz und Glamour. Zeig mir ein Buch oder einen Film oder spiele mir ein modernes Musikstück vor, dessen Schöpfer von einer Bestimmung durchdrungen ist, die über seine eigenen egoistischen Bestrebungen hinausreicht."

„Ist das nicht eine grobe Verallgemeinerung? Ich habe in letzter Zeit viele Filme und Serien gesehen, die neue Standards setzen", sagte Ole mit Nachdruck.

„Ja, es ist eine Verallgemeinerung. Genau das. Ich habe auch schon den einen oder anderen Film gesehen, der wirklich etwas zu sagen hat, aber die sind selten. Auch wenn ein Film technisch neue Maßstäbe setzt, ändert das nichts an der Tatsache, dass der Inhalt das eher selten

[43] Peter Deunov (Beinsa Douno), 1864–1944, war ein bulgarischer Philosoph und Mystiker, der sich dem esoterischen Christentum widmete. Einstein äußerte sich wie folgt über ihn: „Die ganze Welt verneigt sich vor mir; ich verneige mich vor dem Meister Peter Deunov." David Lorimer, *Prophet of Our Times*.

tut. Die Inhalte vieler Filme und Serien sind so nah an der sogenannten Realität, dass sie fast nur noch oberflächlich erscheinen. Wir haben nicht nur mit den Leiden der realen Welt zu kämpfen, sondern werden auch mit deren trivialen Dramatisierungen konfrontiert oder durch die ignorante Verwendung okkulter Symbole erregt, ohne deren wahre Bedeutung zu kennen, und das alles nur, um mehr und mehr Ablenkung zu verbreiten. Wann werden Film, Literatur, Theater, Musik und bildende Kunst müde, Schließmuskeln und Schamhaare, Morde und Psychopathen zu beschreiben und uns vorhersehbare Geschichten zu servieren, die unser Unterbewusstsein mit Leere aufblähen, es mit dunkler Symbolik überschwemmen und uns von unserem göttlichen Erbe abkoppeln? Wir haben uns selbst im eisernen Griff der Beschränkung gefangen gehalten. Die Kunst hat viel zu lange die alltägliche Realität widergespiegelt und ist zu einer irrelevanten Fußnote geworden, reduziert auf reine Wiederholung, Unterhaltung, Dope und emotionale Pornografie. Meiner Meinung nach sollte die Kunst immer versuchen, die Ewigkeit und das Göttliche widerzuspiegeln, andernfalls ist sie frivol."

„Was war das für ein Öl, mit dem du dir vor der Zeremonie die Stirn gerieben hast?" Ami war es leid, sich unsere kulturellen Ergüsse anzuhören.

„Es war eine Mischung aus den drei heiligen Ölen Weihrauch, Myrrhe und Nardenöl – die Öle, die die drei Essener zu Yeshuas Geburt mitgebracht haben, als sie Ihn in Bethlehem anerkannten. Ich habe immer ein kleines Fläschchen mit einer Mischung aus drei Teilen Mandel- oder Olivenöl und jeweils einem Teil von diesen drei ätherischen Ölen bei mir. Ich segne die Ölmischung nach einem alten Essener Ritual und verwende sie dann in der Heilarbeit und in Zeremonien. Die ätherische Kraft der Öle ist besonders wirkungsvoll während des Fastens. Diese ätherischen Öle werden einen Beitrag zur Medizin der Zukunft leisten. Es ist so entmutigend zu sehen, dass es gesetzlich verboten worden ist, natürliche und wirksame Präparate wie zum Beispiel Bor, Magnesium, Weihrauch und Nardenöl als wirksame Medizin gegen Krebs, Sklerose, Parkinson, Autismus und andere schwere

Krankheiten zu fördern und für sie zu werben. Aus wirtschaftlichen Interessen wollen die meisten Pharmaunternehmen ihr Recht auf die künstliche Herstellung von Arzneimitteln schützen, die meist mehr Leid verursachen als heilen."

Ole schaltete sich wieder ein: „Da ist noch etwas, was ich wirklich gerne einmal wissen würde: Was bewirken eigentlich diese Segnungen und Rituale?"

„Damit sie tatsächlich etwas bewirken können, muss man erfahren haben, wie stark man mit dem Äther und den universellen Energien verbunden ist. Wie ich schon einmal gesagt habe, mit den richtigen Absichten kann man sich auf diese Energien, die Teil des Äthers sind, verlassen. Wenn du bewusst mit dem Äther und den Frequenzen, die alle göttlichen Qualitäten in sich tragen, in Verbindung trittst, kannst du diese Erfahrung durch das Wahrnehmen der Absichten, die hinter deinen Gedanken, Worten und Taten stehen, verstärken. Es ist wirklich erstaunlich zu erleben, in welchem Ausmaß die gesamte Schöpfung bereit ist, der Menschheit zu helfen. Die Dinge gehen nur dann schief, wenn man das Gesetz des Lichtes vermeidet oder bricht. Ein Ritual, eine Zeremonie, ein Gebet oder eine Anrufung, in der man sich dem Gesetz des Lichtes vollständig hingibt, ist ebenso wie esoterische Literatur nur eine äußere Methode, um sich dem Himmlischen Königreich, der reinen Schwingung des ⊙-Bewusstseins in sich und um sich herum zu öffnen. Die eigentliche Kommunion geschieht in der Stille, innerlich, und ist das, was die Mysterienschulen als *Gnade* oder die Kraft der Gnade verstanden haben, durch die die wahrhaftige Aktivierung geschieht. Es gibt eine Stille, die alle Dimensionen miteinander verbindet und der man sich nur unterwerfen oder hingeben muss, um ⊙s Stimme zu hören."

„Okay, Freunde, wollen wir für heute Schluss machen?" Ole stand auf. „Wir treffen uns morgen früh um 7:00 Uhr hier. Schlaft gut!"

„Gute Nacht!" Ami und ich antworteten im Chor.

Zurück in meinem Zimmer, schlief ich mit einem von Rainer Maria Rilkes Gedichten aus seinem *Stundenbuch* ein:

„Du, Nachbar Gott, wenn ich dich manches Mal
in langer Nacht mit hartem Klopfen störe, –
so ist's, weil ich dich selten atmen höre
und weiß: Du bist allein im Saal.
Und wenn du etwas brauchst, ist keiner da,
um deinem Tasten einen Trank zu reichen:
ich horche immer. Gib ein kleines Zeichen.
Ich bin ganz nah.

Nur eine schmale Wand ist zwischen uns,
durch Zufall; denn es könnte sein:
ein Rufen deines oder meines Munds –
und sie bricht ein
ganz ohne Lärm und Laut."

Wie ein feiner Herr im Smoking verbeuge ich mich extravagant, während sich der Vorhang unter stillem Jubel hebt. Vor mir wird die übergewichtige Diva der Produktion auf die Bühne geschoben, ein amerikanisches Dampfschiff, das vergessen hat, den Anker zu lichten, während Europa in Gestalt eines sehr jungen Mädchens, nur mit rotem Lippenstift bekleidet, auf sie zu schwebt. Mit einem einzigen Ruck zieht sie einen blutigen Dolch aus der Brust der untergehenden Diva, deren letzte Arie ein allmächtiger Schrei nach Gnade ist.

Ich bin die berühmte Fliege an der Wand in Botticellis Atelier, Zeuge von allem, während er eine seiner eindringlichen Madonnen malt. Ich sehe seine Geliebte, die nackt für ihn Modell steht und mit einem sehnsüchtigen Seufzer in die Ferne auf einen jungen Mann im Garten blickt.

Ich bin der unbekannte Diener, der einen Schritt hinter meinem Herrn Heinrich Himmler steht, bereit, ihm das Löschpapier zu reichen, während er hunderttausend Menschen mit einem Federstrich tötet, so unbeteiligt, als würde er einen Artikel auf einer Einkaufsliste abhaken.

Ich bin die Asche, die sich in der Luft über Auschwitz verteilt, substanzlos und frei, genau dorthin zu fliegen, wohin ich will, zurück zu dem Moment, als der Heilige Geist über den Wassern schwebte und alles manifestierte.

Ich passiere den unsichtbaren Schleier und fliege hinauf zum höchsten Berg der Welt, von dem aus ich die ganze Schöpfung sehen kann, alles, was in Bewegung gesetzt wurde, als Wasser aus der Luft hervorging und Feuer aus dem Wasser. Ich sehe, wie ⊙ dem ersten Wesen den Geist des Lebens einhauchte. Ich habe alles gesehen, weder als Erster noch als Letzter. Ich bin einer von Vielen. Ich falle, leicht wie eine Feder, durch die Zeit und beobachte. Nur das. Ich beobachte. Die Menschheit steht im Licht, jedoch scheint sie nicht in der Lage zu sein, etwas anderes als Dunkelheit zu sehen. Wie kann das sein?

Ich bin die Tränen, die leise über die Wange eines Mädchens laufen, Tränen, die der Regen sind, der auf ewig fällt und verdunstet, fällt und verdunstet, fällt und verdunstet.

Ich bin die Wolke über Hiroshima, der andauernde Schrei in allen Gemälden von Edvard Munch, die künstliche Hand in deiner Suppe und das narzisstische Jucken in deinem ...

Ich schrecke aus dem Schlaf auf und spüre, dass jemand im Zimmer ist. Ich greife nach dem Lichtschalter, aber eine Stimme sagt: „Bemüh dich nicht – das ist nicht nötig! Nicht das künstliche Licht der Welt, sondern das innere Licht ist es, das jetzt gebraucht wird."

Ich fokussiere meine Augen in die Ecke des Raumes, aus der die Stimme zu kommen scheint. Eine Nonne tritt aus der Dunkelheit.

„Darf ich?", fragt sie und setzt sich, ohne eine Antwort abzuwarten, auf die Bettkante.

„Ich bin Hildegard. Gestatte mir", sagt sie.

„Ich bin derjenige, dessen Lobpreisung im Himmel widerhallt.
Ich verschönere alles auf der Erde.
Ich bin der Wind, der sich um alle Pflanzen kümmert.
Ich ermutige die Blüte, mit reifenden Früchten zu gedeihen.

Ich werde vom Geist geführt, um die reinsten Quellen zu erneuern.
Ich bin der Regen, der aus dem Tau kommt
und das Gras zum Lachen bringt vor Freude am Leben.
Ich bin die Sehnsucht nach dem Guten."[44]

Sie hält einen Moment inne, dann fährt sie fort.
„Es gibt nichts Neues unter der Sonne. Selbst die derzeitige Ignoranz der Menschheit kann einen nicht mehr überraschen. Schau!"

Sie deutet in die Dunkelheit: „Dort!", flüstert sie.

Dann sehe ich Taxo, die Ewige Frau in meinem Leben, Mutter, Schwester, Gefährtin, Tochter, Waise und Mystikerin, Hure und Priesterin, Dienerin und Kaiserin, Opfer und Göttin – die weibliche Kraft in mir, die ich finden muss.

Hildegard hebt die Hand, als wolle sie meine Gedanken unterbrechen, und sagt: „Erinnerst du dich nicht an den Geheimcode der Bruderschaft, *atbash*, aus deiner Zeit als Schriftgelehrter bei den Brüdern? Benutze ihn bei Taxo und du erhältst ...!"[45]

Sie hält inne, als wolle sie mir Zeit zum Nachdenken geben. Stille.

„Asaph?", rufe ich aus und drehe mich zu ihr. Der Äther ist erfüllt von einem zarten Rosenduft.

---

[44] Gedicht von Hildegard von Bingen, *Rilke's Book of Hours: Love Poems To God*, Riverhead Books, NY, 1996 from Anita Barrow and Joanna Macy.

[45] In dem fragmentarischen lateinischen Manuskript *The Testament of Moses (Das Testament des Moses)* aus der Zeit um Yeshuas Geburt wird eine Identität namens Taxo erwähnt. Im aramäischen/hebräischen Original hätte der Name Tach (וחת) gelautet. Er hat keine offenkundige Bedeutung. Wendet man jedoch den *atbash*-Code an (bei dem der erste Buchstabe des Namens Tach, tav ת, welcher der letzte Buchstabe im hebräischen und aramäischen Alphabet ist, durch den ersten Buchstaben des Alphabets, alef א, ersetzt wird, usw.), wird aus Tach (וחת vav, chet, tav) Asaph (פסא peh, samech, alef). Aramäisch und Hebräisch werden von rechts nach links gelesen. Eine interessante Passage in *The Testament of Moses* lässt vermuten, dass das Manuskript von den Essenern verfasst wurde, da wir aus anderen Quellen wissen, dass sie ihre Dokumente auf folgende Weise behandelt haben: „Empfangt also diesen Text, damit ihr wisst, wie ihr die Bücher, die Ich euch geben werde, am besten beschützen könnt. Ihr sollt sie ordnen und mit Zedernöl salben und sie in Tongefäßen an dem Ort verstecken, den Gott bei der Erschaffung der Welt bereitet hat, damit Sein Name bis zum Tag der Wandlung angerufen wird, ehe die letzten Tage anbrechen, an denen Er Sich euch offenbaren wird."

11

DER VERKLÄRTE MENSCH

Um 04:00 Uhr war es offensichtlich, dass ich nicht in der Lage sein würde einzuschlafen, also stand ich auf. Wir hatten im Gästehaus Pilgerhaus in der Nähe von Tabgha und Dalmanutha übernachtet, das an der nordwestlichen Ecke des Sees Genezareth liegt, in der Nähe der Stelle, an der Yeshua sein Speisungswunder vollbracht hat. Der See Genezareth ist zweifelsohne einer der schönsten Orte der Erde. Seine Oberfläche gleicht einem Spiegelbild des Himmels.

Ich ging zum Ufer des Sees und setzte mich, in Erwartung des Momentes der Verklärung, wenn die Erde auf ihrem Weg zum Licht den Vorhang der Finsternis beiseitezieht und die Quelle des Lebens enthüllt. Falls du noch nie einen Sonnenaufgang am See Genezareth erlebt hast, dann erwartet dich ein unbeschreiblich bewegendes Erlebnis. Wenn du dort die dafür erforderliche Zeit verbringen kannst, wirst du irgendwann direkt durch den Schleier sehen, tief in dein Selbst und in die geistige Welt hinein.

Ich öffnete das Buch:

15. Im Laufe der Jahrhunderte haben Mystiker und Feuerwagen-Reisende in allen religiösen Traditionen versucht, die hierarchischen Ebenen oder Schichten zu bestimmen, denen

ein Reisender in der geistigen Welt begegnet. Jeder Versuch, diese geistigen Ebenen zu definieren, ist jedoch zum Scheitern verurteilt, solange der Reisende mit der physischen Welt verbunden bleibt. Erst wenn die vollständige Loslösung von der physischen Realität erreicht ist, wird er die Vielzahl der Dimensionen sehen, die die wahrhaftige Realität der Menschheit ausmachen, ohne dass er sie in Ebenen einteilen muss. Die Menschheit wird verstehen, wie alle Dimensionen ineinander gefaltet sind und dadurch eine einzige, in sich zusammenhängende Dimension bilden. Es gibt nicht nur eine ätherische Ebene oder eine Astralebene. Es gibt zahllose Ebenen, und in jeder einzelnen von ihnen ist wiederrum eine Reihe von Schichten enthalten.

16. Ein physisches menschliches Wesen hat auf allen feinstofflichen Ebenen jeweils eine Gestaltenhülle. Zusammen bilden diese Gestalten den Lichtkörper eines inkarnierten Individuums. Wenn ein Mensch von einer Krankheit geplagt wird oder irgendeine Form von Leiden erfährt, ist es möglich, die Ursache durch die verschiedenen feinstofflichen Ebenen dieses Wesens zurückzuverfolgen. Was einmal als reine Information oder Impuls aus dem geistigen Reich an die inkarnierte Persönlichkeit begann, wurde zur Ursache des Leidens, weil der Mensch nicht in der Lage war, diesen Impuls wahrzunehmen, zu verstehen, zu befolgen oder sich daran zu erinnern. Nächtliche Träume sind eine Möglichkeit, die Informationen, die in einem Impuls verborgen sind, zu empfangen, zu erkennen und zu verstehen, aber man muss in der Lage sein, diese Träume zu interpretieren. Erkenntnis führt zu einer Veränderung der Schwingung. Gelingt es Dir nicht, Dich durch bewusstes Erkennen mit der eigentlichen Nachricht zu verbinden, besteht die Gefahr, dass der Mangel an Einsicht zur

Manifestation einer schweren körperlichen Krankheit oder eines schicksalhaften Ereignisses in Deinem Leben führt – der letzte und unbedingt ernst zu nehmende Versuch Deines Hohen Selbst, Deine Aufmerksamkeit zu erreichen.

Die heilige Praxis des Heilens basiert auf diesen Einsichten. Die Hauptaufgabe eines Heilers besteht darin, alles, was in einem Menschen zersplittert oder fragmentiert ist, wieder zusammenzufügen. Ähnlich wie bei dem Kinderspiel, bei dem man Punkte verbindet, um ein Bild zu erhalten, verbindet der Heiler den physischen Aspekt des Klienten mit all den anderen unterschiedlichen Versionen, sodass das vollständige Bild der Person zum Vorschein kommt. Völlige Hingabe und Präsenz sind erforderlich, damit der Heiler nicht mehr Licht oder Bewusstsein im Klienten aktiviert, als dieser zu empfangen bereit ist. Es wäre nicht klug, tausend Watt durch eine Sechzig-Watt-Glühbirne zu schicken. Alles muss im Gleichgewicht und in Übereinstimmung mit dem Gesetz des Lichtes geschehen. Nichts sollte forciert werden. Forcierte Kraft ist das Wesen der Magie, während das Wesen der Religion Hingabe ist. Der Mystiker und der Heiler streben nach Verklärung, nicht nach Magie. Der pragmatische Intellekt kann Schwierigkeiten haben, zwischen den beiden zu unterscheiden, da er Religion schon oft als einen primitiven Ausdruck der Realität abgelehnt hat. Erinnere Dich, das Wort Religion stammt vom lateinischen Wort religare und bedeutet, etwas wieder zusammenzufügen oder wieder zu vereinen – in diesem Fall die Teile eines fragmentierten menschlichen Wesens und, vor allem, die Menschheit mit ⊙.

Ich hielt inne. In meiner Erinnerung tauchte eine Sequenz des hervorragenden Buches *Religion und Eros* von Walter Schubart auf:

> „Der magische Mensch verhält sich zum religiösen wie der begehrliche zum liebenden. Freilich, was sich gedanklich scharf trennen lässt, berührt und vermischt sich in der Wirklichkeit nicht selten. Wie viel ist in der Erotik nicht Liebe, sondern Verschlingungstrieb, Wollust des Vergewaltigens, und wie viel ist in der Religion nicht Frömmigkeit, sondern Magie!"

Nehmen wir zum Beispiel Adolf Hitler, einen der berüchtigtsten Schwarzmagier des letzten Jahrhunderts. Er wollte die Welt besitzen und wurde dabei von sich selbst besessen. Er hat den tieferen Sinn hinter dem hermetischen Diktum nicht verstanden – wie oben, so unten – oder anders ausgedrückt, die Höhe, zu der man sich erheben kann, ist proportional zu den Tiefen, die man zu ergründen wagt, um sich seinem innersten Selbst zu stellen. Er war jemand, der nicht im Einklang mit seiner *Naphsha* gelebt hat, weshalb er zwangsläufig scheitern und schließlich als leere Hülle enden musste, ruiniert auf allen Ebenen – umgeben von einer Welt in Trümmern. All die Tausendjährigen Reiche und Türme von Babel, die wir Menschen in unserem narzisstischen Rausch errichten, müssen einstürzen.

Als die Sonne über dem Horizont erschien, verwandelte sich der See in einen goldenen Spiegel.

17. Wisse, dass Du bereits bist, was Du suchst. Wisse, dass Du bereits erleuchtet bist. Warum also solltest Du durch so viele Krisen, so viel Leid, so viel Schmerz und so viel Kummer gehen müssen? Hast Du Dir jemals eine Pause von all den menschengemachten Hindernissen gegönnt, die zwischen Dir und dem, was Du suchst, stehen? In diesem Moment,

genau jetzt, während Du dies liest, ist es für Dich möglich, all den Lärm beiseitezulegen und Dich und Deine Realität mit neuen Augen zu sehen. All der Schmerz, mit dem Du Dich umgibst, kann genauso leicht transformiert werden, wie er einmal entstanden ist. Schau hinter all die Ablenkungen, sieh, wer Du wirklich bist, und ziehe die Konsequenzen aus dem, was Du siehst.

Du kannst diesen Tag zum ersten Tag Deines neuen Lebens machen. Alles, was es dazu braucht, ist eine einzige Entscheidung, die nur Du allein treffen kannst: Wenn Du mit Deinem jetzigen Leben nicht zufrieden bist, lass es hinter Dir und erschaffe ein neues. Bevor Du reinkarniert bist, warst Du in Deinem Ursprünglichen Seinszustand. Du warst niemandem irgendetwas schuldig und niemand war Dir irgendetwas schuldig. Erinnere Dich daran und blicke zurück auf den Moment, in dem Du in dieses Leben inkarniert bist – den Moment, in dem Du einer lebenslangen Indoktrinierung unterworfen wurdest. Du hast den Weg der Erde gewählt. Den Weg der Hingabe an das Erlernen und Erleben der Fähigkeit, in der Gegenwart eines anderen mit Deinem Selbst verbunden zu bleiben. Deine Entscheidung, in die Welt der Materie, der Gefühle und der Menschheit hineingeboren zu werden, bedeutet, dass Du Dich auch dafür entschieden hast, die ganze Bandbreite menschlicher Emotionen zu erfahren, von Angst bis hin zu Freude und Ekstase. Es gibt nichts Schöneres und nichts Beängstigenderes. Die angeborene Fähigkeit der Menschheit, Empathie, Mitgefühl und bedingungslose Liebe zu empfinden und zu verströmen, ist eine Krone, die eines verklärten Menschen würdig ist. Aber lass Dich nicht täuschen! Denn die Neigung des Menschen, sich zu verstellen und mit Gefühlen und Emotionen zu spielen, führt in eine Dunkelheit, in der nur Kinder klarsehen, was Erwachsene lieber ignorieren: „Aber er hat ja gar nichts an!" Wo ist die Krone des Kaisers?

So erhebe Dich jetzt über Dein eigenes Leid! Erkenne, dass es eine vorübergehende Erscheinung ist, und werde eins mit Deinem inneren Himmlischen Königreich. Gehe hinaus in die Welt und sei Dir und Deinem Selbst treu. Sage Ja, wenn du Ja meinst, und Nein, wenn du Nein meinst. Das ist der erste Schritt, um ein Verklärtes Wesen zu werden. Ehrlichkeit ist der höchste Ausdruck der Liebe. So sei es! Verbinde Dein Wort und Wesen mit dem Einen Sein.[46]

Ich schloss das Buch. Zu meiner Rechten konnte ich in der Ferne gerade noch den Gipfel des Berges Hermon erahnen, den Berg, auf dem Yeshua vor drei Seiner Jünger in Seinem Lichtkörper erschien und Sich als das wahrhaft verklärte Wesen zeigte, das Er war.

Als ich zurückkam, warteten Ole und Ami in der Lobby.

„Wollen wir los?"

Wie gewohnt war Ole bereits auf dem Weg zum Auto, bevor er den Satz beendet hatte. Ich griff eine der Taschen und folgte ihm. Und schon waren wir wieder unterwegs!

Wir fuhren an der Ostseite des Sees entlang und bauten unsere Ausrüstung nördlich von Kursi auf. Ole wollte, dass ich über die Beziehung von Yeshua und Mariam der Magdalena spreche.

„Lars, du hast viel über die Beziehung zwischen Mariam der Magdalena und Yeshua geschrieben. Im zweiten Buch der Trilogie *The ⊙-Manuscript* (*Der Seher, Magdalena, Der Gral*) beschreibst du detailliert den sexuellen Akt zwischen den beiden. Woher kommen deine Informationen?"

„Du musst wissen, dass ich ihre Beziehung seit 1985 studiert habe, als ich zum ersten Mal eine englische Übersetzung der Koptischen Schriften von Nag Hammadi las. Ich hatte zuerst das Thomas-Evangelium gelesen,

---

[46] Wenn der Mensch jenes innere Bewusstsein erreicht, das *Das Innere Himmlische Königreich* genannt wird, betritt er die überirdische spirituelle Realität, die sein wahres Sein ist. Wenn er mit dieser Realität eins wird, wird er verklärt.

was mich sehr bewegt hat, und wollte daraufhin natürlich sofort weiterlesen, und zwar das Philippus-Evangelium. Dort stieß ich auf den einen Satz über die Beziehung zwischen den beiden, der eine Schockwelle in der christlichen Welt auslöste. Folgendes steht dort geschrieben:

‚Mariam die Magdalena war die Jüngerin, die Yeshua am meisten liebte, und die er oft auf […] geküsst hat.‘

Zwischen den Informationen, dass Yeshua Mariam *geküsst hat*, und dieses auch noch *oft*, war eine Lücke im Manuskript, sodass nicht klar ersichtlich wird, welchen Teil Ihres Körpers Er geküsst hat! Ich habe lange nach einer Antwort auf diese Frage gesucht, bis ich schließlich einen jüdischen Text über die Sitten und Gebräuche im alten Israel gefunden habe, in dem es hieß, dass verheiratete Paare in der Öffentlichkeit niemals Zeichen von Intimität zeigten. Der Kuss auf den Mund war hingegen die Art und Weise, wie ein Eingeweihter einer Mysterienschule seine Bestätigung eines anderen Eingeweihten zum Ausdruck brachte, und es war auch die Geste, mit der die Eingeweihten sich gegenseitig erkannt und gewürdigt haben. Denk nur an den Judaskuss. Das war der Durchbruch für mich. Plötzlich konnten all die anderen Aussagen im Philippus-Evangelium und in den anderen Evangelien von Nag Hammadi sowie in Texten wie Pistis Sophia und den Evangelien im Neuen Testament in einem neuen Licht gesehen und verstanden werden. Ich begann die Punkte zu verbinden und suchte nach allen Texten, in denen Mariam die Magdalena und Yeshua erwähnt werden. Am Ende ergab sich für mich ein sehr klares Bild. Im Neuen Testament lesen wir, dass Mariam Yeshua bei zwei Gelegenheiten gesalbt hat. Nach dem jüdischen Gesetz wäre es für eine Frau unmöglich gewesen, dies zu tun, vor allem wenn sie eine Prostituierte war oder es früher einmal gewesen ist. Die rituelle Salbung musste von einer Person durchgeführt werden, die dem Gesalbten gleichgestellt war. Mit anderen Worten: Wenn Yeshua *der Nazarener war, der Eingeweihte, der Wissende* oder *Derjenige, der auserwählt war, sich einer höheren Sache zu widmen*, dann muss auch Mariam eine Eingeweihte gewesen sein. Während meiner Studien fand ich später heraus, dass der wahrscheinlichste

Ort, an dem Mariam eingeweiht wurde, bei den Therapeuten am See Mariout außerhalb von Alexandria war. Diese Mysterienschule wird von dem jüdischen Philosophen Philo, der zu dieser Zeit in Alexandria lebte, detailliert beschrieben. Nach Ihrer Ausbildung zur Mondpriesterin erhielt Sie den Namen *Magdal, die Erhabene*."

„Aber hätten sie nicht verheiratet sein müssen, um eine legale sexuelle Beziehung zu haben?"

„Die Erzählung von der Hochzeit in Kanaan war de facto eine Beschreibung der Hochzeit von Yeshua und Mariam der Magdalena, aber die im Neuen Testament geschilderten Ereignisse sind auf dem ersten Konzil der Kirchen im Jahr 325 n. Chr. umgeschrieben worden. Es galt natürlich als unmöglich, dass der menschgewordene Gott eine Beziehung zu einer Frau gehabt hätte. Eine solche Vorstellung würde eine Theologie zerstören, die teils aus politischen Gründen, teils aus Unwissenheit entstanden war. In dem Moment, in dem die Kirchenväter die Beziehung zwischen Yeshua und Mariam verwarfen, wurde das Christentum zu einer Religion, die mit sich selbst nicht im Einklang steht. Deshalb müssen wir, wenn wir Yeshua und Mariam und Ihre Botschaft wirklich verstehen wollen, das Fundament, auf dem das Christentum steht, neu betrachten und verinnerlichen. In einem außerkanonischen aramäischen Evangelium, dem Evangelium der Nazarener, habe ich diese von Yeshua gesprochenen Worte gefunden:

‚*Ich und meine Braut* (kalta) *sind Eins – so wie Mariam die Magdalena, die ich als Vorbild erwählt und geheiligt habe, Eins mit mir ist.*'[47]

Dieses ist eine äußerst wichtige Aussage. Das aramäische Wort für *Braut* ist *kalta*, was auch eine *innere Braut* oder *das weibliche Prinzip* in Yeshua bedeuten kann. Hier sagt Yeshua, dass Er sein inneres weibliches Prinzip harmonisiert hat und dessen Frequenz dann in der irdischen Frau Mariam der Magdalena widergespiegelt gefunden hat und Sie deshalb als Seine Partnerin und Lehrerin auserwählt und gesegnet hat – Sie sind Eins. Es ist eine wunderbare, unvergleichliche Aussage, in der alles, was

---

[47] A. Wauters und R. van Wyhe, *The Gospel of the Nazarenes*; G J R Ouseley, *The Gospel of The Holy Twelve*.

wahrhaftig wissenswert ist, zum Ausdruck kommt. Sie verdeutlicht, wie wichtig es für uns alle ist, unsere männlichen und weiblichen Aspekte gleichermaßen zu integrieren, um den Seelenpartner finden zu können, nach dem die meisten von uns suchen."

„Das stimmt." Ole nickte. „Aber du hast meine Frage von vorhin nicht wirklich beantwortet. Deine intime Beschreibung des Geschlechtsverkehrs zwischen Yeshua und Mariam hat einige Leute wirklich empört und beleidigt. Auf welche Quellen stützt du diese Beschreibung?"

„Wenn du zwischen die Zeilen meines Textes schaust, wirst du sehen, dass es ein Versuch ist, eine religiös-literarische Metapher zu erschaffen, die eine Form des sexuellen Liebesaktes beschreibt, die tief im Geistigen verwurzelt ist. Während des Aktes wird Mariam in die Taube verwandelt, die wir von Noahs Arche kennen und die ausgesandt wurde, um Land zu finden. Die Taube fliegt über das offene Meer und muss sich dabei vollständig ⨀ hingeben. Das Bild ist mein Versuch, den Hauptzweck des Liebesaktes zu beschreiben, der darin besteht, einen himmlischen Zustand zu erreichen, in dem sich die Shekinah oder der Heilige Geist physisch manifestiert. Durch die körperliche Entladung und Loslösung in einem geistig verwurzelten Liebesakt wird eine Öffnung im Schleier zwischen dem Körperlichen und dem Geistigen geschaffen, sodass der Heilige Geist wirken kann. Da wir jedoch so sehr von der Vorstellung indoktriniert sind, dass Yeshua Gott selbst und kein menschliches Wesen ist, betrachten viele die Vorstellung, dass der inkarnierte Gott eine sexuelle Beziehung hat, als höchst blasphemisch und jenseits der Grenzen des Möglichen. Wir leugnen Seinen menschlichen Aspekt. Aber genau das hat Yeshua uns klarzumachen versucht! Wir alle sind menschliche Wesen und gleichzeitig ⨀s Kinder, genau wie Er. Somit sind wir alle Götter."[48]

„Wer war Mariam die Magdalena?"

„Das ist eine schwer zu beantwortende Frage, aber Sie muss aus einer wohlhabenden Familie gekommen sein. Der Rest ist reine Vermutung,

[48] Johannes 10:34+35.

zumindest nach den derzeitigen historischen Informationen, die uns zur Verfügung stehen – aber ich persönlich habe keinen Zweifel daran, dass Sie aus dem Stamme Benyamins[49] kam und die Schwester von Lazarus und Martha aus Bethanien war. Auch bin ich mir vollkommen sicher, dass sie bei den Therapeuten in der Nähe von Alexandria als Mondpriesterin ausgebildet wurde."

„Es gibt einige, die sich darüber beschweren, dass du in demselben Buch (*Magdalena*) Yeshua als einen schwachen Mann darstellst. Würdest du dich dazu äußern?"

„Das war überhaupt nicht meine Absicht. Es war mir jedoch wichtig, die Ebenbürtigkeit zwischen Ihnen als zwei eingeweihten Individuen zu betonen. Durch Sie wurde Yeshua zu dem, der Er wirklich und wahrhaftig war, so wie Mariam durch Ihn erfahren und verstanden hat, wer Sie war."

„Welche Botschaft haben sie heutzutage für uns?"

„Sie sagen uns, dass jeder Mensch verstehen muss, wie wichtig es ist, sowohl das Männliche als auch das Weibliche in sich selbst zu integrieren. Bevor wir als Seelen in physischen Körpern inkarnierten, waren wir isogyne[50] Wesen, das heißt, wir waren weder das eine noch das andere Geschlecht, sondern gleichzeitig beide Aspekte in einem. Als wir uns dann auf der physischen Ebene inkarnierten, waren wir entweder ein Mann oder eine Frau. Seit dieser Trennung streben die beiden Geschlechter danach, sich mit ihrem Gegenstück zu vereinen. Durch ein neues Verständnis der Geschichte von Yeshua und Mariam finden wir in Ihnen zwei Vorbilder für unsere jetzige Zeit, indem wir in Yeshua den ersten neuen Mann und in Mariam die erste neue Frau erkennen. Wann immer ich Yeshua erwähne, denke ich auch an Mariam – und jedes Mal, wenn ich über Mariam spreche, spreche ich auch über Ihn. *Sie sind Eins*. Sie arbeiteten mit gegenseitigem Respekt füreinander.

[49] Eine alte jüdische Prophezeiung besagt: Wenn der Messias kommt, wird Er mit dem silbernen Kelch aus dem Stamme Benyamin verheiratet werden.

[50] Griechisch, *isos*, „gleich", „deckungsgleich", „ebenbürtig"; *gy'ne* „Frau". Ein Zustand, in dem das Individuum das Weibliche und das Männliche so weit integriert hat, dass sie eins geworden sind, wobei das Weibliche jedoch die Führung übernommen hat.

Sie unterrichtete die weiblichen Jünger und Er die männlichen Jünger. Sie wusste, dass Er, als Mann, eine äußere esoterische Rolle zu spielen hatte, und Er wusste, dass Sie, als Frau, eine innere esoterische Rolle zu spielen hatte. Auf diese Weise unterstützten sie sich gegenseitig. Yeshua war der Lehrer der Rechtschaffenheit, auf den die Essener schon lange gewartet hatten – aber sie verstanden Ihn nicht, als Er ihnen zeigte, dass sich der wahre Messias nur manifestieren kann, wenn das Männliche und das Weibliche zu einer Einheit verschmelzen."

„Wie definierst du das Männliche und das Weibliche im Verhältnis zueinander?"

„John A. Sanford beschreibt dies in seinem Buch *The Kingdom Within* von 1970 sehr genau:

‚Ein weiterer wichtiger Bereich für die vollständige Entfaltung einer Person liegt in der Entwicklung sowohl der *weiblichen* als auch der *männlichen* Potenziale. Der männliche Aspekt der Persönlichkeit kann auf vielfältige Weise als Logos – oder nach außen gerichtete Vernunft, aktive Kreativität, kontrollierte Aggressivität, psychologische Festigkeit, die Fähigkeit, ein Ziel anzustreben und Hindernisse auf dem Weg dorthin zu überwinden – beschrieben werden. Der weibliche Aspekt der Persönlichkeit entspricht dem Eros, oder der Fähigkeit, Beziehungen einzugehen, Verständnis zu haben, ein Bewusstsein für andere zu besitzen, Kreativität durch Empfänglichkeit zu erleben, Ziele durch eine indirekte Art zu erreichen sowie den Ebenen der Geduld, dem Mitgefühl, der Wertschätzung und der Pflege und Erhaltung des Lebens. Jeder Mensch, ob Mann oder Frau, verfügt über Möglichkeiten zur Entwicklung in beiden Bereichen, sowohl des männlichen als auch des weiblichen Aspektes in sich.'"

„Willst du damit sagen, dass das die einzige Botschaft von Yeshua und Mariam war?"

„Natürlich nicht, aber es war eine der wichtigsten. Wir müssen alle ethischen Botschaften beherzigen, die Yeshua uns gegeben hat. Das ist notwendig, wenn wir Seinem Beispiel folgen wollen und wenn diese

Botschaften uns von der Achtsamkeit zur Verklärung führen sollen. Er wusste, dass die Menschheit ohne diese Grundlage untergehen würde und nicht in der Lage wäre, ihr volles Potenzial zu entwickeln."

„Könntest du etwas über die Verbindung zwischen Yeshua und Mariam und der Tantra-Welle sagen, die derzeit die westliche Welt überspült?"

„Die Krankheit des Westens hat schon vor langer Zeit ihren Weg in die Schlafzimmer gefunden. Wir befassen uns ständig mit dem, was wir nicht bekommen beziehungsweise haben, weshalb auch so viel darüber geredet wird, wie man den perfekten Orgasmus erreicht. Frauen und Männer beschuldigen sich gegenseitig, den Erwartungen des anderen nicht gerecht zu werden, und glauben, es sei die Verantwortung und Pflicht des Partners, sie sexuell zu befriedigen. Eine solche Haltung führt nur zu Frustration und Schmerz. Wenn eine sexuelle Beziehung nicht auf wahrer Liebe beruht, wird sie zu einem rein körperlichen Akt, der allein mit den Sinnen verbunden ist und nur vorübergehend befriedigt. Das Verlangen und die Forderung nach ständiger Stimulation können in der Entwicklung von Zwangsneurosen enden, die einen Menschen so sehr in Beschlag nehmen können, dass er nie wieder Zugang zu seinen spirituellen Qualitäten finden wird. Sexualität und Spiritualität sind keine Gegensätze, sondern bilden zusammen eine Schulung in der Liebe. Die Frau spiegelt den weiblichen Aspekt des Mannes und der Mann spiegelt den männlichen Aspekt der Frau. Yeshua und Mariam formten eine Partnerschaft, in der es nicht darum ging, was jeder für sich aus der Beziehung herausholen kann, sondern darum, was sie der Partnerschaft geben konnten. Heute liegt der Schwerpunkt zu sehr auf den Wünschen des Egos und nicht auf dem spirituellen Aspekt des sexuellen Zusammenseins. Wenn zwei Menschen durch ebenbürtige Liebe und Achtung miteinander verbunden sind, öffnen sich die Tore des Himmlischen Königreichs mit einem gewaltigen Donnerschlag und senden weitreichende Schwingungen aus, die überall, wo auch immer sie hingelangen, die Dunkelheit in Licht verwandeln. In diesem Zusammenhang bedeutet Licht Bewusstsein. Durch die Vereinigung des Männlichen und des Weiblichen wird auf allen Ebenen Bewusstsein erweitert."

Den Rest des Tages verbrachten wir damit, Hintergrundbilder für das heutige Interview zu drehen. Unter anderem besuchten wir die kleine Stadt Magdala am Westufer des Sees Genezareth, von der noch immer viele annehmen, dass sie die Heimat von Mariam der Magdalena gewesen sei. Vor zehn Jahren begann die katholische Kirche dort mit dem Bau eines geistigen Zentrums namens *Duc in Altum* („In die Tiefe geworfen")[51], einem Ort für Gebet, Unterweisungen und Lobpreisungen. Bei den Bauarbeiten stieß man auf die Ruinen der antiken Stadt Magdala und das Projekt umfasste nun auch die Ausgrabungen ihrer Ruinen. Ein wichtiger Fund war die einzige noch erhaltene Synagoge aus der Zeit Yeshuas, von der wir wissen, einschließlich eines Altarsteins mit wunderschönen Symbolen, darunter zwei sich gegenüberliegende Herzen und eine sechsblättrige Blume. Yeshua und Mariam haben ganz bestimmt damals diese Synagoge besucht. Im Neuen Testament lesen wir, dass Yeshua in allen Synagogen am See Genezareth gewirkt hat, also haben Er und Mariam zweifelsohne an diesem Altarstein gebetet.

Als wir ankamen, baute Ole seine Ausrüstung auf, um das Interview fortzusetzen, während ich aus einem kleinen Faltblatt vorlas, das uns ausgehändigt worden war: „Das Gebäude ist dem öffentlichen Leben Jesu und seinen transformierenden Begegnungen gewidmet und ehrt die Frauen der Bibel und alle Frauen des Glaubens durch sein Frauenatrium. *Das Magdalena-Institut* bewahrt die Vision einer menschlichen Person, die in der Heiligen Schrift verwurzelt ist und im Dialog mit der Tradition und der zeitgenössischen Kultur steht, und betont, dass die Würde der menschlichen Person aus der Tatsache erwächst, dass sie nach Gottes Bild und Gleichnis geschaffen wurde. Das Institut verkündet die Gleichheit der Würde von Mann und Frau und respektiert dabei ihre Unterschiede und ergänzenden Qualitäten."

„Es sieht so aus, als hätte die katholische Kirche beschlossen, Mariam die Magdalena nun doch endlich anzuerkennen, oder?", kommentierte Ole.

„Als ich das letzte Mal hier war, habe ich einem katholischen Priester genau die gleiche Frage gestellt. Seine Antwort war sehr überraschend.

[51] „Duc in altum et laxate retia vestra in capturam" – „Fahre hinaus in die Tiefe und lasst dort eure Netze zum Fang herunter" (Lukas 5:4).

Er sagte mir, dass die Kirche schon immer gewusst habe, wer Mariam die Magdalena wirklich gewesen ist und dass der Vatikan im Besitz von schriftlichen Quellen sei, die Ihre Position an der Seite Yeshuas bestätigen. Jetzt, da die Wahrheit ans Licht gekommen ist, sei es an der Zeit gewesen, sie allgemein bekannt zu machen und zu verbreiten. Er sagte jedoch auch, es sei wichtig, nicht zu vergessen, dass mehr als die Hälfte der Mitglieder der katholischen Kirche in Afrika und Südamerika lebende Analphabeten seien, denen man seit Hunderten von Jahren die traditionelle Geschichte über Jesus erzählt habe. Die Kirche habe daher eine Verantwortung und könne ihnen nicht plötzlich von einem Tag auf den anderen eine völlig neue Geschichte erzählen."

Anschließend waren wir mit meinem guten Freund Shlomo Halutz, einem Professor und Rabbiner, der sich auf die hebräische und aramäische Sprache spezialisiert hat, für ein Interview verabredet. Ich habe ihn vor einigen Jahren über seine Frau Margalit kennengelernt, die meine Trilogie *The ⊙-Manuskript* gelesen und mir daraufhin eines Tages eine Mail geschrieben hatte. Seitdem habe ich mich häufig mit ihnen getroffen und ich betrachte sie als zwei meiner kostbarsten Freunde. Eigentlich wollten wir nur einen Kommentar von ihm über das Geheimnis des Brautgemachs aus dem Hohelied des Alten Testaments filmen, aber man kann Shlomo nicht eine solche Frage stellen und eine kurze Antwort erwarten! In Shlomos Welt gibt es so etwas wie „einen kurzen Kommentar" nicht, denn er hat sich so sehr dem lebenslangen Studium der Schriften verschrieben, dass er das Gefühl hätte, dich im Stich zu lassen, wenn er dir nicht die ganze, ihm zur Verfügung stehende Erklärung geben würde. So wurde also das Interview mit ihm zu einem eigenständigen Film.[52]

Gegen Ende des Tages begann ein starker Ostwind zu wehen und wir machten uns auf den Weg zurück nach Jerusalem.

---

[52] www.youtube.com/watch?v=A7C6-_iyLNQ oder suche nach *The Song of Solomon* by Lars Muhl.

12

DER BAUM DES LEBENS

Um 18:00 Uhr waren wir wieder zurück in Jerusalem. Die Zeit wurde langsam knapp, wenn ich es schaffen wollte, mit einem der Schüler von Rabbi Kaduri Kontakt aufzunehmen. Ich spürte einen starken Drang, den Rat der alten Nonne zu befolgen: Ich musste in das jüdische Viertel gehen. Es war der einzige Ort, an dem ich finden konnte, wonach ich suchte. Mir war sehr bewusst, wie wichtig es ist, sich unauffällig in das dortige Umfeld einzufügen, denn in der orthodoxen Umgebung gibt es eine scharfe Trennung zwischen Juden und Nicht-Juden. Das war die perfekte Gelegenheit, eine Technik anzuwenden, die ich von Calle de Montségur gelernt hatte, nämlich wie man sich unsichtbar macht.

Um unsichtbar zu sein, musst du zuerst einmal lernen, sichtbar zu sein. Erst dann wirst du die Bedeutung des Unsichtbarseins erkennen. Beide Zustände verlangen von dir eine ausgeglichene Integrität. Du musst sowohl die Qualitäten, die du gemeistert hat, als auch die, die du noch zu meistern hast, anerkennen und akzeptieren. Es ist wichtig, ausgeglichen zu sein und die Gewissheit zu haben, dass das Einzige, was in deinem Leben fehlt, genau das ist, was du selbst nicht gibst. Geringes Selbstwertgefühl und Größenwahn sind zwei Seiten derselben Medaille. Um unsichtbar zu sein, musst du in der Lage sein, einen Raum oder eine Versammlung zu betreten, ohne die geringste Aufmerksamkeit auf dich zu ziehen. Dazu musst du so sicher in deinem wahren Selbst verankert sein, so integriert, dass du vollkommen unabhängig von der Aufmerksamkeit oder Anerkennung anderer bist und kein Bedürfnis danach hast, gesehen oder gehört zu werden. Du wirst dich dort am wohlsten fühlen, wo du am wenigsten Aufmerksamkeit auf dich ziehst. Du kannst helfen, wo Hilfe gebraucht wird, ohne dass du dies zur Schau stellen musst. Körperlich solltest du es vermeiden, dich herausfordernd und farbenfroh zu kleiden. Nach einer Weile wird sich dieser Schritt jedoch wieder erübrigen, denn es ist durchaus möglich, sich in den buntesten Gewändern zu kleiden und trotzdem unsichtbar zu sein. Du kannst dich entscheiden, dich eher am Rande als im Mittelpunkt des Geschehens zu bewegen. Hat man die schwierige Kunst der Unsichtbarkeit jedoch verinnerlicht, wird es möglich sein, im Zentrum des Geschehens zu stehen und gleichzeitig völlig unsichtbar zu sein. Zu Beginn ist es wichtig, Blickkontakt zu vermeiden. Später wird es möglich sein, jedem in die Augen zu schauen, ohne dass man von anderen gesehen oder erinnert wird. Du musst bereit sein, mit dem Strom zu schwimmen. Das war entscheidend während meiner Ausbildung bei dem Seher. Wenn du nicht *Niemand* sein kannst, wie kannst du dann *Jemand* sein?

Ich bereitete mich auf eine tiefe Kommunion mit dem Inneren Königreich vor. Es gibt nichts, was mich so sehr innerlich öffnet und eint wie diese Praxis. Ich begann damit, mit *Rukha d'Koodsha* (Heiliger Geist) in mein Herz einzuatmen, die dortige Verschmelzung wahrzunehmen und aus dem Herzen mit *Malkoota d'Shmeya* (Himmlisches Königreich) wieder auszuatmen. Nach wenigen Atemzügen konnte ich spüren, wie um mich herum ein immer kraftvollerer heiliger Raum entsteht. Dann fügte ich das Folgende hinzu:

> *„Mach mich zu Deinem Instrument. Hilf mir, Dein Ziel zu treffen; lass mich diese Gelegenheit nicht verpassen. Erfülle mich mit Deinem Licht und Deiner Führung. Nimm' mein Sein, und setze mich ein!“*

Nach einer halben Stunde fühlte ich mich bereit, und als ich durch das Foyer ging, spürte ich, wie das Licht aus mir herausströmte, durch meine Brust und meine Fingerspitzen – und ich bemerkte die positive Wirkung, die es auf die Menschen hatte, denen ich begegnete, obwohl sie nicht wahrnehmen konnten, wie die Veränderung der Energie in ihnen oder um sie herum zustande gekommen war.

Wo auch immer du bist, du kannst jederzeit, still und ohne Aufmerksamkeit zu erregen, die kollektive Energie in einem Raum und den Gemütszustand der dort anwesenden Menschen öffnen und erhöhen. Diese Praxis kann nicht missbraucht werden, denn sie funktioniert nur, wenn sie im Einklang mit der Schöpfung ausgeführt wird. Wenn deine zugrunde liegende Absicht in Übereinstimmung mit ⊙ ist, wird sie bei der Entfaltung des höchsten Heilungspotenzials hilfreich sein. Wenn du zum ersten Mal entdeckst, wie man mit den ätherischen, astralen und spirituellen Energien kommunizieren kann, und wenn du erfährst, was dadurch erreicht werden kann, erscheint es einem wie ein Wunder. Es ist so, als würde man mit ⊙ tanzen. Wenn du in den Strom hineintrittst und deine spirituellen Sinne schärfst, eröffnet sich dir eine ganz neue Welt. Falls das Wort „Ehrfurcht" tatsächlich auf irgendetwas angewandt werden kann, dann muss es wohl auf den Anblick des endlosen Netzes pulsierender Kristalle zutreffen, die interaktiv miteinander verbunden sind und die leuchtende Matrix aus reinem Bewusstsein bilden, die unsere physische Welt zusammenhält. Dieser Anblick löst ein überaus tiefes Gefühl der Dankbarkeit und der universellen Liebe aus.

Das jüdische Viertel in Jerusalems Altstadt ist zu Fuß nur etwa zehn Minuten vom Christ Church Hostel entfernt. Die Abenddämmerung dämpft meine Schritte, während ich mich im Labyrinth der Gassen, die dieses Viertel der Stadt ausmachen, verliere. Die Stille und Sauberkeit dieses Teils von Jerusalem ist ein krasser Gegensatz zu der Explosion von Geräuschen, Farben, Gerüchen und Chaos, die das arabische Viertel kennzeichnet. Dem Besucher ist jedoch klar, dass die Stille eine Vielzahl von Paradoxen und Geheimnissen verbirgt. Alles scheint hermetisch abgedichtet zu sein. Nur ein flüchtiger Lichtschein hier und da zeugt vom Leben hinter den geschlossenen Türen und Fenstern. Ich komme zu einem offenen Platz, auf dem reges Treiben herrscht. Gestalten gehen ein und aus in der Hakotel Yeshiva, einer Thora-Schule. Keiner von ihnen scheint mich zu bemerken. Ich setze mich auf eine Bank am Rande des Platzes und nehme die Praxis wieder auf, die ich zuvor im Christ Church ausgeführt hatte.

> *„Mach mich zu Deinem Instrument. Hilf mir, Dein Ziel zu treffen; lass mich diese Gelegenheit nicht verpassen. Erfülle mich mit Deinem Licht und Deiner Führung. Nimm' mein Sein und setze mich ein!"*

Ich wiederhole die Worte im Stillen, immer und immer wieder. Meiner Erfahrung nach wirkt diese Anrufung am schnellsten, wenn ich sie in Verbindung mit dem aramäischen Herzensgebet, *Rukha d'Koodsha – Malkoota d'Shmeya*, praktiziere. Ich bin mir nicht sicher, wie lange ich dort gesessen habe, als ich plötzlich eine Stimme wahrnehme.

„Kann ich Ihnen irgendwie helfen?"

Ich öffne meine Augen. Ein älterer, buckliger Mann mit einem weißen Vollbart sitzt neben mir. Er fischt eine Zigarettenschachtel aus seiner Innentasche und steckt sich eine halb geprauchte Kippe in den Mundwinkel. Ich lächle ihn an und spüre, wie das Licht wieder aus meiner Brust strömt. Sofort bricht er in ein breites Lächeln aus und streckt mir seine Hand entgegen.

„Mein Name ist Eli."

„Lars", antworte ich und schüttle seine Hand.

Das hört sich vielleicht nicht sehr bedeutsam an, aber man muss wissen, dass es für einen Nicht-Juden fast unmöglich ist, mit einem orthodoxen Juden in Kontakt zu kommen. Wenn man zum Beispiel versucht, einen von ihnen nach dem Weg zu fragen, ignorieren einen die meisten, drehen den Kopf weg und gehen weiter. In einigen Fällen liegt es daran, dass sie kein Englisch sprechen, aber im Allgemeinen ist der Grund für ihr Verhalten, dass sie sich nicht selbst erniedrigen wollen, indem sie mit jemandem sprechen, der nicht zu den Auserwählten gehört. Sie sind zu dieser Denkweise erzogen worden. Es regt zum Nachdenken an, wie dieses völlige Missverständnis des Begriffs *Das auserwählte Volk* sowohl für Juden als auch für Palästinenser die Ursache für so viele Probleme geworden ist. Säkulare Juden verhalten sich nur ganz selten auf eine solche Weise. Wenn aber ein Rabbiner unaufgefordert Kontakt mit einem aufnimmt, ist etwas ganz Besonderes im Gange.

Ich spüre, dass unser Treffen seine Neugierde geweckt hat.

„Was machen Sie hier um diese Zeit? Wohnen Sie hier?", fragt er und zieht die letzten Züge seines Zigarettenstummels ein.

„Ich suche jemanden, der den verstorbenen Rabbi Yitzhak Kaduri persönlich gekannt hat."

Schweigen.

Die Luft zwischen uns fühlt sich fast elektrisch an.

Ich kann an seinem Gesichtsausdruck erkennen, dass meine Antwort eine vorübergehende Erstarrung bei ihm ausgelöst und ihn sprachlos gemacht hat.

„Woher wissen Sie, wer ich bin?", fragt er schließlich.

„Ich weiß nicht, wer Sie sind, aber wenn Sie mir helfen können, bin ich Ihnen zu großem Dank verpflichtet."

Endlich bringt er die Worte heraus: „Yitzhak Kaduri war mein Lehrer und ich war sein Schüler."

Ich kann sehen, dass ich in seinen Augen gerade den Status eines Erhabenen erlangt habe. Die Tatsache, dass ich seine Aufmerksamkeit erregt habe und er sich als genau die Person herausstellt, die ich treffen wollte, macht mich aus seiner Sicht zu einem heiligen Mann.

„Wer bist du?", fragt er.

Um das elektrische Feld, das wir gerade zwischen uns aufbauen, nicht zu unterbrechen, beschließe ich, die Energie aufrechtzuerhalten.

„Ich bin einer, der gekommen ist, um die Frage zu stellen, die nur ich stellen kann und die nur du beantworten kannst. Ich bin Niemand. Ich komme aus dem Nirgendwo und gehe zurück ins Nirgendwo. Nur in diesem Augenblick bin ich hier. Nichts sonst zählt."

Der kleine Mann steht auf. Meine Antwort muss offenbar ein unsichtbares Tor geöffnet haben, denn mit einer aufgeregten Bewegung wirft er entschlossen seinen Zigarettenstummel weg:

„Komm!"

Mit kurzen Schritten rennt er nahezu über den Platz. Ich folge dicht hinter ihm und er biegt in eine Gasse ein. Ehe ich mich versehe, hat uns die Stadt in ihrem unüberschaubaren Netz verschluckt. Von Zeit zu Zeit hält er inne, um zu Atem zu kommen und um zu sehen, ob uns jemand folgt, rennt aber schon kurz darauf wieder weiter.

Endlich erreichen wir unser Ziel. In einem kleinen Hinterhof zieht er einen großen Schlüssel aus seiner Innentasche und schließt eine Tür auf, die er mit viel Mühe öffnet. Drinnen führt eine Treppe in den ersten Stock des Hauses. Er steigt mühsam hinauf und führt mich nach oben.

Am oberen Ende der Treppe zeigt er in einen kahlen Raum und dreht sich triumphierend zu mir um. In der Mitte des Raumes steht ein einzelner Stuhl.

„Willkommen zu dem Feuerwagen des Propheten Elia!"

Er schiebt mich in den Raum hinein. „Sag mir, was du wissen willst."

Ich brauchte einen Moment, um meine Gedanken zu sammeln. Das war mehr, als ich zu hoffen gewagt hatte.

„Ich kenne die Geschichte von Rabbi Yitzhak Kaduri. Nach seinen Prophezeiungen sollte der Messias bereits jetzt hier in Israel sein. Wie kann ich sie treffen?"

Er erstarrte und sah mich erstaunt an:

„Was meinst du mit ‚sie'? Rabbi Kaduri hat von Yeshua gesprochen, und Yeshua war und ist ein Mann."

„Hast du jemals den Namen *Taxo Luma* gehört?", fragte ich. Er schaute noch überraschter.

„Niemals! Ist das eine Frau?"

„Sie ist mehr als das, aber ich will dich jetzt nicht mit weiteren Details ermüden. Sag mir einfach, was ich machen muss."

Er dreht sich um und zeigt auf eine der Wände. Ich strenge meine Augen an, um zu sehen, worauf er deutet, aber ich kann nichts erkennen. Er zündet eine Kerze an und geht zu der Wand hinüber.

„Siehst du es jetzt?"

Ich kann es kaum glauben. Dort, in der Mitte der Wand, sehe ich das geheime Zeichen der Nazarener – einen nach unten offenen Winkel mit einem Auge in der Mitte.

Das gleiche Zeichen war 1980 während des Baus einer Wohnsiedlung zwischen Bethlehem und Jerusalem über dem Eingang zu einem Grab in der Nähe von Talpiot gefunden worden.[53] Viele glauben, dass es sich bei diesem Grab um das Familiengrab von Yeshua handelt. Ich habe das Zeichen in meinem Buch *Taxo Luma: The Girl Who Came to Save the World* beschrieben und habe das Grab einige Male besucht.

„Bitte nimm Platz!"

Er deutet auf den Stuhl in der Mitte des Raumes.

Ich setze mich und versuche, mich auf das Zeichen an der Wand zu konzentrieren. Eli stellt sich vor mich, um meine volle Aufmerksamkeit zu gewinnen.

Seine Augen glitzern intensiv im Halbdunkel.

„Elias Feuerwagen ist wie ein Aufzug, der einen zu der Bewusstseinsebene emporhebt, die *Der Baum des Lebens* genannt wird und die wir Kabbalisten den Siebten Himmel nennen.

---

[53] J. D. Tabor und S. Jacobovici, *The Jesus Discovery*; außerdem der Dokumentarfilm *The Lost Tomb of Jesus* von S. Jacobovici.

Bevor irgendetwas manifestiert wird, existiert es bereits als Potenzial, als Möglichkeit, die auf den Moment wartet, in dem der Lebensfunke oder der Heilige Geist sie aktiviert. Jeder vernünftige Mensch, der eine solche Information erhält, wird sich sofort fragen, wo, in welcher Realität, diese unmanifestierten Potenziale existieren. Die Antwort lautet: in der Sphäre der Ewigkeit.

Nach der jüdischen Kabbala gibt es zehn Sefirot, zehn Attribute am Baum des Lebens, durch die sich das Unendliche (*Ein Sof*) offenbart und alle existierenden Sphären erschafft.

Die Potenziale aller Schöpfungen befinden sich in den höchsten Dimensionen des Lebensbaums:

Kether (Göttlicher Wille), *Hokhmah* (Weisheit) und *Binah* (Bewusstsein).

Diese drei göttlichen Attribute werden in die vierdimensionale Realität hinunterprojiziert:

Chesed (Mitgefühl), *Gevurah* (Wahrheit), *Tiferet* (Gnade), *Netzach* (Sieg), *Hod* (Präsenz, Pracht) und *Yesod* (Fundament).

Diese Attribute werden dann hinunter in die Welt des Handelns manifestiert, die die zehnte und niedrigste Sefirah, *Malkooth* (Königreich), zur Entstehung bringt und in der alles eine physische Form erhält.

Die Kraft, die es einem Menschen ermöglicht, sich in die höheren Dimensionen zu erheben, ist der Heilige Geist. Diese unvergleichliche Energie ist für das physische Auge nicht sichtbar, so wie man auch Elektrizität nur sehen kann, wenn ihr Fließen die Glühbirne erhellt.

Das Licht des Heiligen Geistes manifestiert sich durch den Menschen und wird durch unsere Gegenwart, unsere Worte und Taten sichtbar. Das Problem ist jedoch, dass wir uns dieser Verbindung nur selten bewusst werden und daher nicht auf eine solche göttliche Verschmelzung vorbereitet sind. Wenn der Heilige Geist in der Lage ist, einen Weg durch unsere verhärtete Hülle zu finden, wird das kleine Selbst für einen Moment geöffnet und unsere höchsten und kostbarsten Qualitäten werden offenbart. Jedes menschliche Wesen ist eine Projektion von Gott, der Quelle des Lebens. Durch unseren göttlichen

Willen, durch Gebet, Gesang und edle Handlungen, wodurch wir mit dem Herrn des Universums kommunizieren, können wir jederzeit unser Selbst und Sein bewusst zu Gott zurückprojizieren – und genau das musst du jetzt tun."

Er breitete die Arme aus, als wolle er die Bedeutung seiner Worte unterstreichen:

„Höre auf Yeshua. Jedes einzelne Seiner Worte ist ein Same, der gepflanzt und bewässert werden muss und der auf die Erlaubnis wartet, in der innersten Kammer deines Herzens zu wachsen. Denk daran, was Er über uns gesagt hat: ‚Ihr seid das Licht der Welt'. Gottes Licht wird immer leuchten können – durch uns."

Ich schloss meine Augen und saß einfach nur da, während seine Stimme in meinen Ohren widerhallte. Es waren nicht nur die Worte und ihre Bedeutung, die etwas in mir auslösten, sondern auch ihr bloßer Klang. Ich hatte mein ganzes Leben damit verbracht, mich auf diesen Moment vorzubereiten. Plötzlich wusste ich, dass der Schlüssel, den ich jetzt brauchte, das 3.000 Jahre alte aramäische Gebet *Ana B'Koach* war. Selbst wenn man die genaue Bedeutung der einzelnen Worte des Gebetes nicht kennt, wird der bloße Klang der Worte und die Reihenfolge, in der die Zeilen stehen, uns schließlich in die Lage versetzen, den Schleier zwischen den Welten zu durchbrechen. Je öfter man sie rezitiert oder singt, desto stärker ist ihre Wirkung auf unser Wesen – den physischen Körper, die Psyche, das Unterbewusstsein und unseren Lichtkörper.

Nachdem ich das Schwingungsfundament geschaffen hatte, auf dem die erste Zeile des Gebets ruhen muss, *Chesed*, Mitgefühl und bedingungslose Liebe, begann ich zu singen.

Wo oder wie kann man bedingungslose Liebe finden? Wie kann man Mitgefühl und Empathie entwickeln? Durch aktives Handeln – denn diese Worte sind so leicht gesagt, bleiben aber sehr oft nur leere Begriffe in unserem intellektuellen Verständnis. Wir nutzen Worte regelrecht aus, wenn wir sie nicht mit wahrhaftigem Bewusstsein aussprechen –

sie werden wertlos und jeder kann sagen oder behaupten, was auch immer er will.

Chesed ist eine Öffnung, ein sogenanntes Tor, das sich nur demjenigen offenbart, der von ganzem Herzen mit seiner zugrunde liegenden tieferen Bedeutung eins geworden ist. Es ist kein theoretischer Begriff, sondern ein Seinszustand, eine Schwingungsrealität, die es zu erinnern, zu hüten und in die Tat umzusetzen gilt. Die Akzeptanz, unsichtbar zu sein, unterstützt uns in unserem Wunsch, mit dieser Schwingungsrealität in Verbindung zu bleiben. Erst wenn du gelernt hast, still zu sein, wirst du auch sprechen können, und du kannst nicht wirklich still sein, bevor du nicht zu sprechen gelernt hast. Nachdem du gesprochen hast, verstehst du, wie wichtig es ist, still zu sein. Das *Ana B'Koach*-Gebet ist diese Art der Stille. Sein Klang *ist* Stille und wirkt auf einer höheren Ebene als das gesprochene Wort. Wenn du dieses Gebet sprichst, beruhigt sich der Intellekt ganz automatisch. Das Ego gibt in bedingungsloser Hingabe seine Führung auf, weil du nicht nur den herzzerreißenden Schrei des Kindes in dir wahrnimmst, sondern auch auf einer tieferen Ebene verstehst, was es für einen Menschen bedeuten würde, alles zu verlieren. Du schreist nicht vor Wut oder brichst in Hoffnungslosigkeit zusammen, sondern erhebst dich auf den Flügeln der Barmherzigkeit. Du nimmst die Gefühle deines Gegenübers wahr und verstehst sie, aber du lässt dich nicht fallen. Du empfindest Mitgefühl, nicht Mitleid. Du urteilst nicht. Du registrierst lediglich, hältst deine eigene Schwingung des uneingeschränkten Annehmens und Angenommenseins aufrecht und tust, was getan werden muss. *Chesed* ist die Kraft und das Licht, die die Dunkelheit vertreiben. Du bist dieses Licht und diese Kraft, denn sobald du alle Widerstände, persönlichen Bedürfnisse und Absichten in dir selbst aufgelöst hast und zu der Brücke geworden bist, die das Kind in dir und auch alle anderen um dich herum in Sicherheit überqueren können – bist du eins mit ⊙ geworden.

„Ana B'Koach – Gedulat Yeminechrah – Tatir Tsurah."

Stille.

„Ana B'Koach – Gedulat Yeminechrah – Tatir Tsurah."
„Wir bitten dich, befreie unsere Seelen durch die Kraft deiner rechten Hand."

Ein mikroskopisch kleiner Lichtpunkt erscheint vor mir. Auf einmal verstehe ich – das Licht ist das Auge aus der Mitte des Winkels. Es sieht mich an und ich sehe es an. Es schaut in mich hinein und ich schaue durch es hindurch.

„Ana B'Koach – Gedulat Yeminechrah – Tatir Tsurah."

Der Punkt vor mir wird immer größer und verwandelt sich in einen Kreis mit Flügeln aus Feuer.

Hinein, ein, ein, hinein, ein, hinein, hinein. Hinauf, hinauf, hoch, höher, höher, höher.

Der Garten Eden; der Ort, an dem noch nichts erschaffen wurde, an dem jedoch alles als ein aktivierbares Potenzial existiert; ein Samenkorn, das darauf wartet, gegossen zu werden, damit es zum Leben erblühen kann. Wie ein Pfeil fliege ich dem Zentrum entgegen. Ich passiere die beiden Säulen und werde mit einer rasenden Geschwindigkeit in die Höhe gehoben.

„Taxo", flüstere ich.

Ich bin umgeben von Äther. Ich bin diffus wie Äther. Ich bin Äther. Ich sehe ...

13

DAS MYSTERIUM DER AUFERSTEHUNG

Um Punkt 15:00 Uhr öffnet sich die Tür von Zimmer 235 im Hotel Breck in Metropol Cent, genau in dem Moment, als Taxo Luma ihre Hand zum Klopfen hebt. Sie hört ihre eigene Stimme rufen: „Papa!" Die Zeit hört auf zu existieren. Ich realisiere, dass ich dort bin, dass ich in den Raum hinunterschaue und alles von einer Ecke der Zimmerdecke aus beobachte.

Sie stehen in einem Vakuum. Stehen und starren einander an, vollkommen ratlos und gleichermaßen verletzlich.

„Taxo", keucht er.

Instinktiv zieht sie ihren Mantel fester um sich. Vor ihr steht ihr Vater, gekleidet in seine kirchliche Robe.

Er tritt einen Schritt zurück. „Willst du nicht hereinkommen?"

Der Klang seiner Stimme ist neu und unbekannt, als sei er sowohl von all dem befreit, was ihn von ihr getrennt hat, als auch von allem, was wie eine schwarze Wolke des Überdrusses über dem Leben der Familie Brunzweiger gehangen hatte.

Wie von unsichtbarer Hand wird sie in den Raum geschoben. Er schließt die Tür hinter ihr. „Willst du dich nicht setzen?"

Ich sehe sie unbehaglich auf der Kante des frisch bezogenen Bettes sitzen, ihren Mantel noch immer fest an sich gedrückt. Meine Gedanken rasen. Warum ist sie hier? Welche irrsinnige Entscheidung hat sie an diesen Ort gebracht? *Taxo!* In einem vergeblichen Versuch, sie aus dieser Situation herauszuholen, höre ich meine Stimme im weißen Rauschen der Dunkelheit verschwinden.

Die Zuversicht, mit der sie noch vor wenigen Minuten das Foyer des Hotels betreten hat, ist verschwunden, und sie sitzt und ringt mit allem, was in diesem gnadenlos abgetrennten Moment, der sich wie eine Ewigkeit der Angst anfühlt, in sie eindringt.

Es ist diese neue, fast katzenhafte Sanftheit in der Stimme ihres Vaters, die sie am meisten ängstigt. Ihr Klang macht sie unsicher.

„Willst du nicht etwas trinken!"

Es ist keine Frage, nur eine höfliche Feststellung, während er nach einem Glas auf dem Tisch greift und es mit Wasser füllt.

„Ich bin so froh, dass ich dich endlich gefunden habe!"

Er setzt sich auf einen Stuhl ihr gegenüber und versucht vergeblich, aufrichtig zu wirken. Zu seinem bedauerlichen Nachteil bemerkt er nicht, dass sie ihn durchschaut hat.

„Wo bist du gewesen? Wenn du wüsstest, wie sehr wir uns Sorgen um dich gemacht haben ..."

Er gießt Wasser in sein eigenes Glas. Es ist eine Verzögerungstaktik, ein vorhersehbares Vorspiel zu der Frage, von der sie beide wissen, dass sie kommen wird. Taxo ergreift die Gelegenheit.

„Was machst du hier?", fragt sie und sieht ihm direkt in die Augen.

Er weicht der Frage aus. „Ich suche dich!"

Pause.

„Und jetzt habe ich dich gefunden!"

Ich sehe, wie er ihr ein gezwungenes Lächeln zuwirft und sein Bestes tut, um es aufrichtig erscheinen zu lassen.

„Aber warum trägst du dein Priestergewand und warum hast du das hier bestellt?"

Sie stellt sich vor ihn hin, öffnet mit einer plötzlichen Bewegung den Mantel und konfrontiert ihn mit der nackten Wahrheit. *Taxo!*

Nein! Meine Stimme ist heiser und verschwindet im Äther.

Sie will ihn nicht verletzen, aber es gibt keine Möglichkeit zu verhindern, was vorherbestimmt ist. Ich sehe, wie nahe sie sich ihm in diesem Moment fühlt, und gleichzeitig auch die Erbärmlichkeit der ganzen Situation. Ich spüre, dass sie sich ganz bewusst auf einen Punkt zubewegt, an dem es kein Zurück mehr gibt. Ein dringend benötigtes Loch beginnt sich in der tödlichen schwarzen Wolke zu bilden, die den Großteil ihrer Kindheit in der Familie Brunzweiger vergiftet hat.

Er wird rot im Gesicht und wendet sich ab, um sie nicht anzusehen, während er verzweifelt nach einem Ausweg aus der Situation sucht. Dann sagt er mit gedämpfter Stimme:

„Es ist eine freiwillige Aufgabe, die ich auf mich genommen habe, als Fortsetzung meiner Verantwortung als Seelsorger." Er breitet die Arme aus in einem vergeblichen Versuch, glaubwürdig zu wirken. „Wer sonst kümmert sich denn um die verirrten Lämmer?"

Im Raum herrscht absolute Stille.

Die Damen der Nacht. Lämmer, die sich verirrt haben.

Er wirft ihr einen kurzen Blick zu, dreht aber sofort seinen Kopf wieder zur Seite. Sie sitzt nur da und betrachtet ihn, ihre Augen sind klar und direkt.

Ich muss sie erreichen, ich muss unterbrechen, was ich sehe – aber ich bin der stille Zeuge, derjenige, der dies aufzeichnen muss, damit du und alle anderen es lesen können. Niemand darf hinterher sagen können, dass es nie passiert ist oder dass man nichts davon wusste.

Sie sieht ihn an. Keine Beurteilung. Keine Verurteilung.

Nicht einmal, als sie auf einen Stock zeigt, der auf dem Sessel liegt, zusammen mit seiner alten, vertrauten ledernen Aktentasche. Es ist keine Anschuldigung. Sie will ihm nur auf halbem Weg entgegenkommen:

„Ist es das, was du für die Lämmer benutzt, die sich verirrt haben?"

Jetzt schreie ich – aber es ist kein Laut zu hören; für einen Moment verschwimmt alles um mich herum ... *Vergiss nicht, dass du der Zeuge bist*, höre ich eine Stimme flüstern. Zu wem sie gehört oder woher sie kommt, weiß ich nicht, aber ich sehe Taxo vor ihrem Vater sitzen, in einem Wirbel jenseits von Zeit und Raum. Ihre Worte hängen in der Leere zwischen ihnen, gekreuzigt im Nichts.

Der wahrscheinlichste Ausgang eines solchen Satzes in einer solchen Situation ist offensichtlich. Aber Taxo muss ihn aussprechen. So steht es im Manuskript geschrieben, dem alle zu folgen haben. Sie reagiert lediglich auf eine innere Aufforderung. Sie stellt sich schlicht und einfach zur Verfügung – zur Verfügung für die Dunkelheit, und deren einsamen und schmerzhaften Sehnsucht, ins Licht zu kommen.

Er springt blitzschnell auf, sodass sein Stuhl krachend zu Boden fällt. Sein zitternder Arm zeigt anklagend auf sie und er schreit:

„Was glaubst du, wer du bist? Wer bist du, dass du die Frechheit besitzt, hierherzukommen und deine Fragen zu stellen; du, die du bereits als Kind die Hure in dir getragen hast? Welches Recht hast du, meine Motive infrage zu stellen – ich, der ich dich gerettet und großgezogen und meinen Platz im Himmel zum Wohle der verlorenen Kinder der Welt geopfert habe? Ja, ich frage dich hier und jetzt: Wer bist du? Meine Tochter bist du jedenfalls nicht – und auch nicht Gottes Tochter!"

Taxo sitzt nur da und sieht ihn an; sie sieht ihn immer deutlicher.

Die Tür eines Vogelkäfigs ist geöffnet worden. Aber der Vogel fliegt nicht.

Dies ist der letzte Schritt, der sie bald auf eine ganz neue Reise und in ein ganz neues Leben führen wird.

Ich höre ihr lautloses Gebet: *Maran Atta*[54] *– Yeshua, Yeshua, komm jetzt zu mir; Maran Atta – Yeshua, Yeshua, komm jetzt zu mir.*

In der Stimme ihres Vaters liegt etwas, das sie endlich dazu bringt, ihn zu befreien. Ein verwundetes Wesen, eine Verletzlichkeit, etwas, von dem sie immer gewusst hat, dass es da ist, aber nie geglaubt hat, dass es jemals ans Licht kommen würde.

„Wessen Tochter bin ich denn dann?"

Er ist wütend, denn er sieht, dass die Schlacht verloren ist. Jetzt will er ihr nur noch wehtun, sie niedermachen, ihr Schmerzen zufügen, die größer sind als sein eigener, um seine vermeintliche Würde zu bewahren. Seine Antwort durchschneidet die Luft wie ein Peitschenhieb:

[54] *Maran Atta*: „Komm' her, Meister!"

„Du bist die Tochter des Teufels! Des Teufels!“

Auf seinen Ausbruch folgt eine plötzliche Stille, in der er die Befriedigung über ihren Schmerz erwartet. Aber sie kommt nicht. Taxo sitzt nur da und wartet – wartet darauf, dass er all das preisgibt, was er so lange im Dunkeln gehalten hat.

Seine Stimme zittert, obwohl er versucht, gelassen und kontrolliert zu wirken: „Ich hätte auf Gott hören sollen, als wir dich vor 17 Jahren adoptierten. Ich hätte auf ihn hören sollen, als er mir sagte, dass du nicht zu uns gehörst und auch niemals zu uns gehören wirst! Es wäre nie dazu gekommen, wenn deine Adoptivmutter nicht gewesen wäre! Noch so eine verlorene Seele… immer wieder und wieder verfängt sie sich in ihrem eigenen selbstgefälligen Elend! Sie hat mich angefleht, ihr zu erlauben, dich zu bekommen – ich wusste natürlich, dass sie in dir nur das sah, was ihr auch ein Welpe, ein Kätzchen oder eine andere Art von Haustier hätte bieten können. Ach, die kleine, dumme Seele… erst als sie unser erstes eigenes Kind zur Welt gebracht hat, hat sie gemerkt, was für ein idiotischer Fehler es gewesen war, dich aufzunehmen!“

Er genießt jetzt jedes Wort; er ist auf heimischem Boden. Es könnte genauso gut seine Gemeinde sein, die er maßregelt und züchtigt, eine Gewohnheit, die er seit Jahren entwickelt hat und Sonntag für Sonntag auslebt. Das Gleiche gilt für die Freudenmädchen des Teufels, die in der Regel so schwer von ihm verprügelt werden, dass sie im Krankenhaus behandelt werden müssen.

„Wenn es nicht um den guten Ruf unserer Familie gegangen wäre, hätten wir dich schon vor langer Zeit aus dem Haus gejagt. Es war wie eine Erlösung für uns alle, als du dich aus dem Staub gemacht hast und aus unserem Leben verschwunden bist. Ich weiß genau, wer du bist! Ich kann jede einzelne der hinterhältigen Eigenschaften des Teufels in dir sehen! Du und deine teuflischen Augen!“

Er war dabei, sich mehr und mehr in Rage zu reden. Sie konnte sehen, dass er kurz davor war, die Kontrolle zu verlieren, und versuchte instinktiv, ihn abzulenken:

„Wer sind meine richtigen Eltern?“ Aber er ignorierte sie.

„Du glaubst doch wohl nicht, dass ich dich nicht gesehen hätte, wenn du morgens und abends zum Badezimmer hin und her stolziert bist? Halb nackt, in deinem verderblichen Versuch, mich zu erregen. Hast du wirklich geglaubt, dass ich auch nur einen Blick auf dich werfen würde? Hast du dir wirklich in deinen kühnsten Träumen eingebildet, dass ich mich zu irgendeinem Zeitpunkt von einer Ausgeburt des Teufels wie dir verführen lassen würde? Dass du versuchst, den Namen meiner Familie zu beschmutzen, um dich dafür zu rächen, dass es dir nicht gelungen ist, mich in die Falle zu locken, ist eine Sache, aber dass du die Dreistigkeit und Schamlosigkeit besitzt, jetzt hierherzukommen, so wie du aussiehst! Schau dich doch mal an! Hier! Schau dich hier im Spiegel an!"

Er packt sie und zerrt sie vor einen großen Spiegel. Sein eiserner Griff bringt sie dazu, ihren Mantel loszulassen, sodass er sich öffnet und sie in ihrer ganzen Nacktheit entblößt, bekleidet nur mit ein paar winzigen Symbolen der Sexualität eines anderen Menschen.

„Das hat dir gefallen, oder? Jetzt schau dich an! Hier kannst du dein wahres Ich sehen. Wie viele Männer hast du in den schwarzen Sumpf der Sünde geführt?"

Mit einer einzigen Bewegung reißt er ihr den Mantel vom Leib und wirft sie aufs Bett.

Er ist das gefährlichste aller Tiere dieser Welt: ein Mensch, dessen Eitelkeit verletzt wurde.

Sie kann seinen Schatten im Spiegel sehen, während er den Stock durch die Luft zischen lässt, um seine Worte zu unterstreichen. Sie weiß, was passieren wird. Sie hat sich entschieden, die schützende Barriere, die bis jetzt noch zwischen ihnen liegt, nicht mehr aufrechterhalten. Sie will nur wissen, woher sie kommt.

„Du kannst mit mir machen, was du willst, aber nur, wenn du mir sagst, wer meine richtigen Eltern sind", flüstert sie. Er hält mitten in der Bewegung inne. Sie sieht sein dämonisches Lächeln im Spiegel.

„Das wissen nur der Teufel und deine verdorbene Mutter!" Der erste Peitschenhieb zischt durch die Luft wie ein höllisches Kreischen.

Sie schließt ihre Augen, während sie sich fallen lässt – hinab in einen Abgrund aus flammendem Rot.

Ich schließe meine Augen gleichzeitig mit ihr. Auch ich falle. Es fühlt sich an, als würde ich in einem irrsinnigen Tempo durch ein endloses leeres Loch rasen, während ich zur gleichen Zeit immer noch von oben auf das Geschehen in Zimmer 235 im Hotel Breck hinunterschaue. Der Regen bildet Rinnsale auf dem grauen Maul des Fensters. Die Tiere der Unterwelt heulen lautlos gegen die schwere Wolke an, die wie ein Leichentuch über der Stadt hängt. Ich falle tief in mein Bewusstsein hinein und sofort wieder heraus, wie ein himmlisches Pendel, das in einem endlosen Hin und Her von einer Ebene in die andere schwingt.

Eine junge, nackte Frau liegt auf dem Bett. *Taxo!* Sie ist bewusstlos und ihr Körper ist mit blutigen Striemen übersät. Ein Mann in geistlicher Kleidung steht über das reglose Mädchen gebeugt. Im Raum herrscht Stille, als ob das Universum den Atem anhält, so wie es immer geschieht, wenn gerade ein Verbrechen begangen wurde.

Der Mann greift nach dem Bettlaken, wischt sich schnell das Blut von der einen und Sperma von der anderen Hand, zieht sich die Hose hoch und schaut sich panisch um. Er packt einen Stock in eine Aktentasche und verschwindet wie ein Schatten aus dem grauen Raum des Todes.

Eine Träne fällt sanft durch das Universum, ein kugelförmiges Licht schwebt lautlos durch den Äther herab und erweckt, wie ein Kuss, den gebrochenen Körper auf dem Bett.

Ich bin der stille Zeuge, der beobachtet, wie diese Verkörperung der Liebe langsam zum Leben erwacht, in all dem Leid des Fleisches, mit einem kurzen schmerzhaften Seufzer. Ich sehe, wie sich diese himmlische Frau aus dem Bett erhebt, während Blut, Schweiß und Sperma an ihrem Körper herunterlaufen und das Licht sich zu einer goldenen Aura um sie herum verdichtet, wie ein Gral.

Obwohl ich weiß, dass es für mich unmöglich ist, sie zu erreichen – und obwohl ich weiß, dass ich mit meinen Versuchen ein universelles Gesetz übertrete –, strecke ich eine Hand nach ihr aus, ich kann einfach nicht anders:

Taxo! Ihr Name verschwindet lautlos in meinem Mund.

Taxo steht völlig regungslos da, während das goldene Licht, das sie umgibt, von ihrem Körper aufgenommen wird. Sie ist in einem meditativen Zustand und schwebt dreißig Zentimeter über dem Boden. Lautlos formen ihre Lippen die Worte: *Maran Atta – Yeshua, Yeshua, komm jetzt zu mir!* Wieder und wieder, wie ein ätherisches Flüstern.

Plötzlich erhebt sie ihr Gesicht zum Himmel. Ein kraftvoller und gleichzeitig verletzlicher Klang, allumfassend, rein und bewusst, breitet sich im Universum aus. Über ihrem Kopf erscheinen leuchtende Partikel in der Luft, sie tanzen aufeinander zu und bilden eine Säule aus Licht und Klang. Langsam bewegt sich die aktivierende Kraft bis zu ihren Füßen hinunter, sie umhüllt, umarmt, streichelt und rekonstruiert ihren ganzen Körper. Lautlos verschwindet jeder einzelne blutige Striemen von diesem gequälten Leib. Kurz darauf zieht sie ihr spärliches Escort-Kostüm an und verlässt das Hotel Breck.

Ich sehe alles von meinem Platz unter der Zimmerdecke aus. Ich bin der Zeuge. Das Bild verblasst …

14

TRAUM ODER WIRKLICHKEIT

Wir saßen schweigend nebeneinander.

Worte zu finden, um die Ereignisse der Nacht mit Ami und Ole zu teilen, hatte sich vollkommen surreal angefühlt, und doch bestand etwas in mir darauf, dass dies realer war als alles, was ich je zuvor erlebt hatte. Diejenigen, die mein Buch über Taxo Luma gelesen haben, wissen, dass diese Vision nicht zum ersten Mal aus meinem Unterbewusstsein aufgestiegen ist. Ich empfange in regelmäßigen Abständen unterschiedliche Szenen aus dem Leben von Taxo. Die Vision ist nicht nur eine persönliche, sondern auch eine kollektive. Es ist eine Vision über den Messias, den Gesalbten, den Retter der Welt, den Menschensohn oder, in diesem Fall, die Menschentochter, die in regelmäßigen Abständen wieder auf der Erde erscheinen.

Wohin ist sie gegangen, als sie in einer meiner vorherigen Visionen den Ölberg hinaufstieg? Ich musste sie einfach finden!

Es war Ami, der das Schweigen brach:

„Meinst du denn, dass Taxo Luma der Messias ist, dessen Erscheinen Kaduri prophezeit hat? Aber das würde doch keinen Sinn ergeben! Nach deiner eigenen Geschichte hat Kaduri den kommenden Messias als Yeshua bezeichnet. Wie kommt dann plötzlich Taxo ins Spiel?“

„Das Erste, was man verstehen muss, ist, dass der Messias im Laufe der Zeiten in vielen verschiedenen Formen erschienen ist. In der alten vedischen Schrift *Bhagavad Gita*, heißt es:

‚Immer wenn das Gute erlischt und Ungerechtigkeit an Macht gewinnt, inkarniere Ich Mich als Avatar (lies: Messias) auf der Erde. In jedem Zeitalter offenbare Ich Mich, um die Rechtschaffenden zu schützen, die Bösartigen zu vernichten und die Wahrheit zu errichten.'

Der Messias ist nicht nur eine hoch entwickelte Seele, die hierherkommt, um der Menschheit zu helfen, sondern auch ein kollektiver Archetyp. Dieser Archetyp ist nicht geschlechtsspezifisch. Darüber hinaus ist *Der Messias* eine Metapher für die Möglichkeiten, die in jedem von uns verborgen sind. Der letzte große Messias, jener Held, den die Christen Jesus Christus genannt haben, der aber in Wirklichkeit Yeshua Maschiach ist, hat dies sehr deutlich gesagt: ‚Folgt meinem Beispiel, und ihr werdet noch größere Wunder tun können als ich und ‚Ihr seid alle ⊙s Kinder'. Mit anderen Worten: Alles, was Yeshua gepredigt und praktiziert hat, seine Worte, seine Taten, seine Verklärung, seine Auferstehung und die Art und Weise, wie er gelebt hat, ist der Weg, den er für uns geebnet hat. Wir müssen nur das Gesetz des Lichtes befolgen, das in der Bergpredigt verankert ist."

„Aber was ist denn nun mit Taxo?" Ami wurde langsam ungeduldig.

„Dazu komme ich jetzt. Neben dem Gesetz des Lichtes braucht jedes Zeitalter seine eigenen spezifischen Qualitäten. Wenn du meine Vision in dem Buch über Taxo liest, wirst du sehen, dass sie den kollektiven weiblichen Aspekt repräsentiert. Die Leiden und Nöte, die sie durchmacht, sind dieselben Leiden und Nöte, die Frauen seit Tausenden von Jahren durchgemacht haben. Es ist das Ergebnis einer Welt, die ausschließlich von männlichen Prinzipien kontrolliert wird. Die patriarchalische Herrschaft holt gerade ihren letzten verzweifelten Atemzug. Nach wie vor sind die meisten Frauen, die heute in den vordersten Reihen der Macht zu finden sind, in der Regel dort angekommen, weil sie ihren männlichen Qualitäten erlaubt haben, ihre weiblichen zu überschatten. Diese Frauen sind daher oft männlicher als ihre männlichen Kollegen. Taxo ist gekommen, um uns nicht nur vor Augen zu führen, wie sehr wir unsere Weiblichkeit geopfert haben, sondern, was noch wichtiger ist, um uns zu zeigen, wie wir in der heutigen Welt unsere weiblichen Qualitäten als ausgleichendes Gegengewicht zu unseren männlichen entfalten können."

„Und was ist mit der Prophezeiung von Kaduri?"

„Ich habe keinen Zweifel daran, dass Kaduri, als er die Rückkehr Yeshuas vorhersagte, damit nicht zwangsläufig den früheren Yeshua gemeint hat, sondern eine Person, die das uralte Gesetz des Lichtes repräsentieren wird, das Gesetz, das wir noch immer nicht befolgen. Aufgrund der heutigen Situation in der Welt brauchen wir keinen Strongman, auch wenn eine immer stärker polarisierte Gesellschaft nach jemandem schreit, dem sie folgen kann. Wir brauchen eine Person wie Taxo, die möglicherweise sogar der in weiblicher Gestalt wiedergekehrte Yeshua ist."

„Wow! Das muss ich erst mal verdauen... Okay... Und warum meinst du, dass wir jetzt jemanden wie sie brauchen würden?"

„Weil sie nicht an unseren Komfort, Schutz oder Trost suchendes Ego appelliert, sondern direkt an unser humanes Gewissen!"

„Und wo ist sie jetzt?"

„Das wüsste ich auch gerne! Gestern Abend war ich Zeuge ihrer Kreuzigung und Auferstehung... aber ich werde nie ihren Anblick vergessen, als sie vor dem Goldenen Tor zur ganzen Welt gesprochen hat. Danach ist sie verschwunden... ich habe sie nur noch den Ölberg hinaufsteigen gesehen."

„Das war ja ein ziemlich heftiger Traum", sagte Ole und schenkte mehr Kaffee ein. Er hatte lange geschwiegen und nur Amis Fragen und meinen Erklärungen zugehört.

„Was ist Traum und was ist Wirklichkeit?", antwortete ich. „Die Art und Weise, wie wir Träume wahrnehmen und über sie sprechen, zeigt, dass wir sie nicht als Realität betrachten. Ein Traum kann eine Begebenheit auf einer anderen Bewusstseinsebene sein. Er kann eine Vision sein, die wir haben und die wir anschließend nähren und entwickeln können. Ob diese Vision jemals verwirklicht wird, hängt von unserem

Willen und dem Grad unserer Verbundenheit mit der ihr zugehörigen Schwingung ab. Normalerweise nehmen wir unsere nächtlichen Träume nicht besonders ernst, weil wir sie nicht verstehen. Wir halten sie für nichts weiter als bedeutungslose und unzusammenhängende Bilder.

Doch was sind sie in Wirklichkeit? Jede Nacht begeben wir uns in andere Bewusstseinsebenen, die genauso real sind wie unsere physische Realität. Dort erhalten wir Informationen und Lösungen für Probleme, mit denen wir in unserem Leben konfrontiert werden, oder nehmen an Heilungsprozessen teil, sowohl auf persönlicher als auch auf kollektiver Ebene. Und all dies geschieht unabhängig davon, ob wir uns beim Aufwachen am Morgen daran erinnern oder nicht. Oft stellen sich die Informationen in unseren Träumen als archetypische Symbole dar, eine uralte Sprache, die bis in die Anfänge unserer Zivilisation zurückverfolgt werden kann.

Der Philosoph Ludwig Wittgenstein sagte einmal, dass unsere Wirklichkeit nur so groß ist wie die Sprache, die wir haben, um sie zu beschreiben: ‚Die Grenzen meiner Sprache bedeuten die Grenzen meiner Welt.' Als wir den letzten Mystiker auf dem Inquisitionsfeuer verbrannt oder ans Kreuz genagelt haben, haben wir auch eine Sprache verbrannt und gekreuzigt, die in der Lage war, eine multidimensionale Realität mit großer Präzision zu beschreiben. In unserer Zeit sind nur noch einzelne Quantenphysiker und einige Mystiker und Wissenschaftler des Geistes annähernd in der Lage, das Gleiche zu tun. Jedoch hat diese Sprache über alle Zeiten hindurch direkt vor unserer Nase existiert, wenn auch der Mangel an Feingefühl und die Ignoranz, die sich durch die Trägheit der Menschheit und ihre Angst vor dem Unbekannten immer weiter anhäufen, einen undurchdringlichen Schleier über das lebendige Wasser gelegt haben, von dem Yeshua sagte, dass es jeden Durst auf ewig stillen würde. Wir suchen jetzt auf anderen Wegen nach der Befriedigung unserer niemals endenden Bedürfnisse und Sehnsüchte. Egal, wo wir hinschauen und wie viel wir aus den verschmutzten Wasserlöchern der Welt trinken – es scheint, dass unser Durst nach materiellem Komfort unstillbar bleibt und unsere Welt in eine Welt der Gier verwandelt hat, einen perfekten Spielplatz für unsere

Egos. Diese Egos wollen sich auf jede erdenkliche Weise profilieren und die Dinge auf ihre Weise regeln, ohne Rücksicht auf Verluste."

Ich hielt inne und trank von dem Wasser, das Ole mir eingeschenkt hatte.

„Die gute Nachricht ist, dass selbst in der habgierigsten und egoistischsten menschlichen Bestie ein göttliches, leuchtendes Wesen verborgen ist, das sich danach sehnt, von dem machthungrigen und Aufmerksamkeit heischenden Willen des kleinen Ichs befreit zu werden. Uns wurde die Freiheit zu wählen gegeben, aber wir wurden auch für die Auswirkungen unserer Entscheidungen verantwortlich gemacht, und genau an diesem Punkt brauchen wir ein tieferes Verständnis für die unbegrenzte und transformierende Natur der Sprache."

„Wie meinst du das?"

„Dafür sind wir doch hier zusammengekommen, um die mystische Natur der aramäischen Sprache freizulegen. Die aramäische Sprache unterscheidet nicht zwischen physisch, psychisch oder spirituell. Wenn man von physischen Dingen spricht, spricht man auch von psychologischen und spirituellen Dingen. Die aramäische Sprache ist in der Lage, mehr als einen Aspekt einer Realität zu beschreiben.

Nehmen wir das aramäische Wort *Naphsha*[55]. Es gibt kein einziges Wort in irgendeiner der uns bekannten Sprachen, das seine Bedeutung adäquat wiedergibt. Im Neuen Testament erscheint es an mehreren Stellen:

‚Liebe ⊙ mit deinem ganzen Herzen und deiner ganzen *Naphsha*, mit all deinen Taten und all deinen Gedanken. Liebe deinen Nächsten wie deine *Naphsha.*' (*Matthäus-Evangelium 22:36-39*)

Naphsha ist die Essenz der göttlichen Bestimmung eines Menschen sowie seine Zugehörigkeit zu ⊙. Wenn wir mit unserem Hohen Selbst verschmelzen, wird die Liebe, die von uns aus zu unserem Nächsten strömt, ein einzigartiger Ausdruck von Allem, Was Ist, oder

---

[55] Aramäisch: Hohes Selbst; Seele; Voraussetzungen; Bestimmung; Blaupause; Matrix; Verbindungsglied zu ⊙; sowie Persönlichkeit. Siehe auch S. 36 und 47.

der Göttlichen Liebe sein. Die Erklärung ‚Nicht mein Wille, sondern Dein Wille geschehe' beschreibt genau diesen Seinszustand.

Nachdem Yeshua den Blinden geheilt hatte, sagte Er zu ihm: ‚Geh zu den Gelehrten und zeige ihnen deine *Naphsha*.'

Das bedeutet so viel wie: Geh und zeige den Priestern, dass du wieder vollständig geworden bist und in Harmonie mit deiner göttlichen Essenz bist, deinem ursprünglichen Seinszustand.

‚Jedes Reich, das von seiner *Naphsha* getrennt ist, wird untergehen, und jedes Haus oder jede Stadt, die mit ihrer *Naphsha* in Konflikt steht, wird keinen Bestand haben'. (*Matthäus-Evangelium 12:25*)

Noch einmal: Nationen, die in Konflikt oder in Opposition zu ihrer göttlichen Bestimmung stehen, können nicht überleben und werden untergehen.

‚Ich kann nichts durch meine eigene *naphsha* (kleines Selbst, Persönlichkeit) erreichen, aber ich höre auf ⊙ und urteile auf der Grundlage dessen, was ich höre. Deshalb ist mein Urteil gerecht. Es ist nicht mein eigener Wille, den ich verwirklichen will, sondern der Wille von ⊙, der mich gesandt hat.' (*Johannes-Evangelium 5:30*)

Hier sagt Yeshua: Alles, was ich tun muss, ist, mein kleines Selbst mit ⊙ in Einklang zu bringen, eine Entscheidung aus dieser Schwingung heraus zu treffen und mir ein Ziel zu setzen. Dann drücke ich nicht mehr den Willen meiner Persönlichkeit aus, sondern ⊙s Willen, denn ⊙ zeigt mir den Weg, wenn ich meine Verbindung zu ⊙ nicht verlasse.

‚Belastet eure *Naphsha* nicht mit dem, was ihr essen oder trinken, oder welche Kleidung ihr tragen wollt oder werdet. Ist nicht euer *Naphscha* viel mächtiger als die Nahrung und euer Leben nicht wichtiger als eure Kleider?' (*Matthäus-Evangelium 6:25*)

Wir legen viel zu viel Wert auf die äußeren Umstände des Lebens, anstatt uns intensiv auf den Grund zu konzentrieren, warum wir gerade jetzt hier sind.

‚Nimm du deine Last auf dich, wie ich die meine auf mich nehme, und lerne durch mich, wie du dein Gleichgewicht und einen ruhigen Geist bewahren kannst, damit du Frieden für deine *Naphsha* findest.' (*Matthäus-Evangelium 11:29*)

Erfülle deine Absicht, die dich hierhergebracht hat – finde deine göttliche Bestimmung in deiner *Naphsha* durch spirituelle Arbeit. Nur dann wirst du wahren Frieden finden.

‚Wer seine *Naphsha* ohne ⊙ sucht, wird sie verlieren; wer aber seine *Naphsha* im Dienste von ⊙ riskiert, wird sie zurückerhalten.' (*Matthäus-Evangelium 10:39*)

Und wieder einmal wird uns hier gesagt, dass wir der Tatsache gerecht werden sollten, dass wir als ein Ebenbild von ⊙ geboren wurden. Alles andere führt einen letztendlich in eine Sackgasse.

'Wer seine *naphsha* (kleines Selbst, Persönlichkeit) erhöht, der erniedrigt sich selbst, wer aber sein *Naphsha* (Hohes Selbst) behütet, der wird erhöht werden.' (*Matthäus-Evangelium 23:12*)

Wer aus seinen egoistischen Siegen, die in Wirklichkeit immer ein Ausdruck des Scheiterns sind, eine große Sache macht, verschenkt gottgegebene Gelegenheiten. Wer seine Göttlichkeit und seine höhere Bestimmung im Leben erkennt, ohne viel Aufhebens darum zu machen, wird in seinen Bemühungen erfolgreich sein.

Naphsha ist eines der wichtigsten Konzepte in der Wissenschaft des Geistes der Essener. Sie verwenden dieses Konzept in vielen verschiedenen Zusammenhängen. In der aramäischen Literatur bedeutet es manchmal *Leben* oder *⊙s Atem*. An manchen Stellen wird es mit *Seele* übersetzt. Im Buch Genesis 2:7 heißt es: ‚⊙ formte einen Menschen aus dem Staub der Erde und blies ihm den Lebensatem (*Naphsha*) ein, sodass er ein lebendiges Wesen wurde.'

Naphsha ist das Gefäß für die himmlischen Informationen (*SHM*, ⊙s Bildnis, Bewusstsein), die ⊙ in die physische Form gehaucht hat, und es ist die individuelle Blaupause einer Person. *Naphsha* ist die Essenz aller Erfahrungen, die ein Mensch in allen seinen Inkarnationen gemacht hat. Es ist die Seele, das Hohe Selbst im Gegensatz zum kleinen Selbst. *Naphsha* ist sowohl das übergeordnete und kontrollierende Zentrum als auch die Verbindung eines Menschen zu ⊙."

„Hat *Naphsha* etwas mit einem vorherbestimmten, feststehenden Schicksal zu tun?", fragte Ami, der sich wieder in das Gespräch einschaltete.

„Das könnte man sagen, aber es ist kein besiegelter Plan, der nicht geändert werden kann. In der *Naphsha* gibt es bestimmte Verhaltenstendenzen und -themen, aber auch eine persönliche Führung. Jeder von uns hat die Freiheit der Wahl, die Richtung einzuschlagen, die er für die Beste hält, aber wie Yeshua in den obigen Zitaten richtig sagt, ist es entscheidend, im Einklang mit unserer eigenen *Naphsha* zu sein, in Harmonie mit unserer spirituellen DNA zu leben und uns selbst so gut zu kennen, dass wir uns der Informationen, die die *Naphsha* enthält, und auch unserer Lebensaufgabe bewusst sind. Wir können diese Informationen von unserer *Naphsha* empfangen, wenn wir uns mit ihrer Schwingung verbinden. Die *Naphsha* ist vergleichbar mit einer technischen Zeichnung für ein Bauprojekt. Der Architekt hat genaue Angaben zur Struktur des Gebäudes gemacht, und nun ist es die Aufgabe der Handwerker, der Zeichnung zu folgen, bis das Haus fertig ist. Allerdings kann es während des Bauprozesses zu unvorhergesehenen Umständen kommen, und dann muss der Bauherr improvisieren können. *Naphsha* ist einfach etwas, das man erfahren muss."

Ole war in Gedanken versunken. Dann drehte er sich zu mir: „Und was hat das mit deinem Traum zu tun?"

„Einfach alles! *Naphsha* ist der Kern des Mottos, das über den Eingängen der alten Mysterienschulen steht: ‚Erkenne dich selbst'. Heute könnte man versucht sein hinzuzufügen: ‚Erkenne dein Selbst und vergib'. Da die Menschheit so weit von ihrem Weg abgekommen ist und sich völlig in Illusionen verloren hat, kann es manchmal sehr verlockend sein, sich selbst zu verurteilen. Doch auch das führt einen wieder in eine Sackgasse. Die Kenntnis von *Naphsha* bedeutet, dass jeder Einzelne versteht, wie wichtig es ist, die Verantwortung für alle seine Worte und Taten zu übernehmen und gleichzeitig in ständiger Kommunion mit ⊙ zu sein. Es ist die Verkörperung von ‚Nicht mein Wille, sondern Dein Wille geschehe'. Wir müssen den Mut haben, unser Leben in die Hände von ⊙ zu legen, und gleichzeitig die volle Verantwortung für unsere Handlungen und die daraus resultierenden Konsequenzen übernehmen."

„Wow!“ Amis Mund verzog sich zu einem melancholischen Lächeln, das Ole und ich als einen für ihn typischen Ausdruck zu erkennen gelernt hatten, der die Sensibilität einer alten Seele widerspiegelte.

„Kannst du uns ein Beispiel geben, wie wir uns mit dieser Kraft verbinden können?“

„Bereite den Weg, damit ⊙ dich finden kann. Es ist ganz schlicht und einfach. Jede Absicht, einem anderen Menschen zu helfen, jede Entscheidung, deine Bewusstseinsebene zu erhöhen oder mit ⊙ zu kommunizieren, ist ein erster Schritt in die richtige Richtung. Öffne dich für ⊙. Denke daran, dass unsere Absichten von dem Wunsch ausgehen müssen, das Gute zu fördern. Das bedeutet, dass wir versuchen, weder Menschen noch anderen Lebewesen Schaden zuzufügen. Man kann zum Beispiel diese sehr wirksame Anrufung verwenden: ‚Himmlische Quelle, öffne Amis Herz und fülle es mit Licht. Wir danken dir, weil es jetzt so ist.‘ Dieses Gebet kann man so oft wiederholen, wie man möchte. Kannst du die Wirkung des Gebetes spüren, Ami?“

Das melancholische Lächeln von Ami hatte plötzlich seinen Charakter geändert. Der Schatten, der auf seinem Gesicht gelegen hatte, war verschwunden. Er saß schweigend da, als würde er die Situation abwägen.

„Das ist echt seltsam“, sagte er schließlich, „irgendetwas ist passiert, als du das Gebet mit ‚Wir danken, weil es jetzt so ist‘ beendet hast. Etwas, das ich nicht erklären kann, hat mein Herz berührt. Ich fühl‘ es immer noch. Das ist das Licht – eindeutig.“

Wir saßen einen Moment lang schweigend da.

„Zu wissen, wie man sich öffnet, ist *eine* Sache. Und ja, es ist wirklich eindeutig, wenn man es erlebt. Allerdings ist es genauso wichtig zu wissen, wie wir uns von dieser Kraft abtrennen oder entfernen. Wann immer wir – um unseres eigenen Vorteils willen – lügen, verführen, etwas verheimlichen, falsch darstellen oder leugnen; wenn wir uns abwenden, anstatt jemandem in Not zu helfen; wenn wir andere oder eine Situation ausnutzen, nur um uns selbst zu profilieren, oder wenn wir über andere lästern, schaden wir damit nur uns selbst. Es entsteht eine Barriere, eine Ansammlung von Niederträchtigkeiten, die uns von dem trennt, was wir in diesem Leben eigentlich wollen, und die irgendwann freigesetzt und auf uns zurückfallen werden. Wie wir säen, so werden wir ernten. Es ist eine ganz einfache Lehre."

„Wie kann es jemals möglich sein, im eigenen Leben die Herrschaft des Egos zu vermeiden?"

„Das Ego ist ein unglaublich schlauer Begleiter. Es ist der Verführer, der in der Bibel beschrieben wird. Das Raffinierte am Ego ist, dass es sehr geschickt darin ist, neue Erklärungen zu finden, um seine Handlungen zu rechtfertigen. Das Ego kann natürlich sehr viel Gutes tun, aber seine Motive sind immer bis zu einem gewissen Grad eigennützig. Es will etwas für seine Bemühungen. Bevor jemand das Wirken der Herrschaft des Egos und dessen Strategien erkennt, ist er in gewisser Weise unschuldig, jedoch ist es ebendieser unbewusste Mangel an Gewahrsein, der alle Barrieren erschafft, die uns daran hindern, unser wahres Ziel zu erreichen. Wenn jemand wider besseres Wissen handelt, wenn er um seine dunkle Seite weiß, sie aber trotzdem die Oberhand gewinnen lässt, ist die Situation noch ernster. Ein solcher Mensch wird früher oder später eine schwere Achterbahnfahrt erleben, deren Zweck es ist, ihn so zu erschüttern, dass eine Verwandlung stattfinden kann – vorausgesetzt, er überlebt die Fahrt."

Ole schaute auf seine Uhr.

„Wo sollen wir heute drehen?"

„Das kommt ganz auf das Thema an", antwortete ich.

„Hast du schon eine Idee?"

„Da wir eh grade über das Ego sprechen, lass uns doch dabeibleiben und einfach da weitermachen, wo wir aufgehört haben, denn das ist wirklich ein wichtiger Punkt. Ein guter erster Schritt, um das Ego zu transformieren, besteht darin, dass jeder von uns versucht, in seinem Leben mehr proaktiv[56] statt reaktiv zu sein. Das Ego will immer

[56] *Proaktiv* zu sein bedeutet, Verantwortung für dein Leben zu übernehmen. Proaktive Menschen machen nicht die Umstände, Bedingungen oder Konditionierungen für ihr Verhalten verantwortlich. Sie wissen, dass sie ihr Verhalten selbst bestimmen können. Differenzierte Vorausplanung, zielgerichtetes Handeln, Visualisierungen, jede Form von Kunst sowie spirituelle Praktiken wie Widmungen und Weihungen, Beten, Segnen und Kommunion mit ⊙ stärken und entwickeln unsere Fähigkeit, proaktiv zu sein.

recht haben und reagiert auf jede Infragestellung der eigenen Position, Meinung oder Perspektive mit einem reflexartigen Gegenangriff. Wir können beginnen, dieses Verhaltensmuster aufzubrechen, indem wir uns darin üben, in einem Gespräch nicht immer das letzte Wort zu haben – auch wenn wir wissen, dass wir noch etwas sagen könnten. Es geht nicht darum, dass man einfach öfter mal die Klappe hält, sondern darum, dem anderen proaktiv auf halbem Weg entgegenzukommen, ohne seine eigenen Überzeugungen aufzugeben. Es ist nicht immer notwendig, die eigenen Ansichten zu verbreiten, jemandem ‚seine Meinung zu sagen' und recht zu haben. Eines der wichtigsten Dinge, die ich bei Calle gelernt habe, war, mich im Schweigen zu üben, ohne dass es sich zu einem Knoten in meinem Magen entwickelte. Ich habe das Thema einfach losgelassen, was eine wunderbare Befreiung war. Letztendlich können die meisten Dinge nicht mit einem Dafür oder Dagegen diskutiert werden, sondern müssen von jeder Person individuell durch Handeln oder Nichthandeln zum Ausdruck gebracht werden. Wann ist es an der Zeit, einzugreifen, und wann ist es an der Zeit, an etwas oder jemandem vorbeizugehen? Wie viel Lärm verursache ich? Das ist die Frage. Wenn du deinen Durst nach Gerechtigkeit loslässt und einen Schritt zurücktrittst, erkennst du, wie oft du von kleingeistiger Selbstgerechtigkeit und verletztem Stolz gesteuert wirst, die deine innere Weisheit trüben, dein Herz verengen, die Schwingung jeder Zelle deines Körpers senken und eine Mauer gegen jegliche Impulse aus deiner Umgebung errichten. Deshalb kann eine Einstellungsänderung ein heilendes Energiefeld um dich herum öffnen, das eine Brücke zu anderen Menschen entstehen lässt. Genau wie der berühmte Stein, dessen Ringe sich im Wasser ausbreiten und sich auf die Umgebung auswirken. Das tägliche Leben ist voller Gelegenheiten, in denen wir uns darin üben können, mit wahrhaft offenem Herzen und aufgeschlossenem Geist gegenüber den Meinungen und Handlungen anderer präsent zu sein, ohne unsere eigenen Überzeugungen zu beeinträchtigen. Es sollte jedem klar sein, wie verrückt es ist, für den Frieden zu demonstrieren und zu kämpfen und gleichzeitig Unruhe und Lärm zu verursachen. Wir können viel mehr durch friedvolle Kommunikation erreichen, indem wir ein lebendiges Beispiel sind, das andere ermutigt, in gleicher Weise zu handeln. Und warum? Weil wir so sehr daran gewöhnt sind, dass Menschen ihre Rechte verteidigen – aber wenn es plötzlich keinen Kampf mehr gibt, ist die Grundlage für eine Transformation geschaffen.

Andererseits sollte man immer bereit sein, für die Menschenrechte einzutreten und jeden Versuch, das universelle Gesetz des Lichtes zu brechen, zu verhindern. Es ist Teil unserer Verantwortung und Bestimmung, dies auf friedliche Weise zu tun. Unser einziges Ziel ist es, mit ⊙ zu verschmelzen. Und ⊙ ist Frieden."

Es fühlte sich an, als wären diese Worte von außerhalb meiner selbst zu mir gekommen. Wir saßen in einem leuchtenden Feld von Stille. Nach einer Weile war Ole der Erste, der den Moment unterbrach. Er fuhr mit leiser Stimme fort:

„Wenn Taxo wirklich nicht nur ein Hirngespinst ist… was willst du dann machen, um sie zu finden?"

Er begann, die Filmausrüstung zusammenzupacken.

„Das ist eine wirklich gute Frage… Zuerst einmal muss ich in mir diese Öffnung finden, die zu der Bewusstseinsebene führt, von der ich weiß, dass Taxo dort existiert. Es ist an der Zeit, dass ich aufhöre, nur ein passiver Beobachter dieser nächtlichen Ereignisse zu sein. Während dieser Reise sind mir einige Dinge klar geworden. Ich muss die Verantwortung für das übernehmen, was mir in den Träumen mitgeteilt wird. Vielleicht ist es für mich momentan viel wichtiger, mich auf diese Realität statt auf die physische Realität zu beziehen."

„Und was bedeutet das für uns? Es klingt ja nicht gerade nach etwas, das man filmen kann, oder?"

„Doch", sagte ich und lächelte. „Allerdings nur, falls es für dich genug Action bietet, einen sitzenden Mann zu filmen, der sich mit geschlossenen Augen in tiefer Verbundenheit mit ⊙ befindet?"

„Okay, machen wir! Dann mal los!"

Ole war schon Richtung Tür unterwegs. Ami und ich tauschten wissende Blicke aus. Uns war klar, dass in Oles Welt nichts unversucht bleibt – vor allem dann nicht, wenn es unmöglich zu sein scheint!

15

NALEEAS HAUS

Wadi Qumran, am Fuße von Höhle 4

Die Kameras sind bereit. Ich schließe meine Augen und konzentriere mich auf meine tiefe Atmung. *Rukha d'Koodsha – Malkoota d'Shmeya.* Es dauert eine Weile, bis ich mich von der Anwesenheit von Zeugen und Aufnahmegeräten distanzieren kann.

Die physische Realität des Menschen steht in einem ständigen Austausch mit den Energien des ihn umgebenden Äthers. Jeder kann mit diesem ätherischen Bewusstsein kommunizieren, genauso wie auch unsere Hände dazu benutzt werden können, Leben spendende Energie aus dem Äther zu ziehen und sie dorthin zu lenken, wo sie gebraucht wird, zum Beispiel um einen anderen Menschen oder sich selbst zu heilen. Wenn man versucht, sich mit dieser ätherischen Energie, die einen umgibt, zu verbinden, sie zu kanalisieren, zu leiten oder zu lenken, hat man zunächst vielleicht das Gefühl, rein gar nichts wahrzunehmen – als ob man nur in leere Luft gegriffen hätte. Aber mit der Zeit, mit Hingabe und Übung, wenn du deine Absichten und deine Kraft und Fähigkeit der Visualisierung mit dem ätherischen Bewusstsein synchronisierst, wirst du eine Veränderung deiner Sinne spüren können. Äther schwingt mit einer höheren Frequenz und in einer viel feineren Lichtstruktur als die physische Realität. Leider sammeln wir als Menschen einen beständigen Strom schwerer Gedankenformen an, die von unserer Vorstellungskraft genährt werden und Zweifel und Angst erzeugen, die das Feld in uns und um uns herum in einer viel niedrigeren Schwingungsrate als die des Äthers halten. Diese Gedankenformen werden zu astralem Müll, der Lärm und Ablenkung auf der ätherischen Ebene erzeugt, und sie sind das, was Physiker als *dunkle Materie* bezeichnen. Das bedeutet, dass du, obwohl du in Wirklichkeit immer mit der ätherischen Ebene verbunden bist, dich vom Licht trennen kannst – und damit unfähig wirst, auf eine der wichtigsten Ressourcen zuzugreifen, die der Menschheit zur Verfügung stehen – das Buch des Lebens. Diese Trennung kann sich auf vielerlei Weise auswirken und einen Nährboden für alle möglichen körperlichen und seelischen Beschwerden sowie für eine tiefe, untröstliche spirituelle Sehnsucht bereiten.

Wenn man meditiert, muss man in der Regel eine Schicht einschränkender dunkler Materie durchbrechen, die Ansammlung von Angst, Vorurteilen, Zweifeln, Opposition, Irritation, Frustration, Wut und von verschiedenen anderen Emotionen, um schließlich eine klarere Sicht auf der anderen Seite zu finden. Dies ist die tiefere Bedeutung hinter Yeshuas inspiriertem Kommentar *Lass die, die Ohren haben, hören, und die, die Augen haben, sehen*, und der Grund, warum die *Rukha d'Koodsha – Malkoota d'Shmeya*-Atmung so effektiv ist. Sie ist in der Lage, allen Lärm aufzulösen und öffnet den Zugang zum höchsten Bewusstsein des Lichtes, das alle geschaffenen Wesen und Dinge miteinander verbindet. Dies ist die reine Welt der Engelsenergien, ein Ort, an dem Zeit und Raum aufhören zu existieren.

> „⊙ hat mich am Anfang erschaffen, vor dem Rest der Schöpfung. Ich habe meinen Ursprung in der Ewigkeit, bevor die Fundamente der Erde gelegt worden sind. Ich wurde vor den Tiefen des Meeres geformt, bevor die Quellen und die Flüsse erschienen. Ich war allda, bevor die Berge geformt und die Hügel geschaffen wurden, bevor ⊙ das Land mit seinen Feldern hervorgebracht hat, bevor das erste Stück Erdboden sichtbar wurde. Als ⊙ das Himmelsgewölbe ausbreitete und die Oberfläche

> der Erde auf die uralten Tiefen legte, als ⊙ die Wolken über die Erde platzierte und, mit einem Wort, dem Meer Grenzen setzte, als ⊙ die Fundamente der Erde festigte, war ich als Helfer an ⊙s Seite. Ich freute mich täglich, jubelte mit ⊙, genoss den Anblick der weiten Welt und der erschaffenen Menschheit."[57]

Wer oder was ist das „Ich“, von dem in dem obigen Zitat aus der Bibel die Rede ist?

Es ist ⊙s erstgeborenes Wesen, IAO. In der Weisheitstradition der Essener ist IAO das erste Wesen einer Linie von Inkarnationen des Menschensohns, die sich in Yeshua erfüllt hat.

Wir alle sind auf unsere eigene Weise mit diesem ersten Wesen verbunden – wenn wir es wollen!

Aber natürlich, mit je mehr Lärm man sich umgibt, umso größer wird der Abstand, den du zwischen dich und das bringst, wonach du dich am meisten sehnst: die Wiederverbindung mit deinen höchsten Qualitäten und deiner göttlichen Realität.

Auf meinem Weg treffe ich oft auf Überreste meiner alten Bürden, aber sie stellen kein Hindernis mehr dar und können mich nicht mehr auf Distanz halten zu meinem höchsten Bestreben, das darin besteht, ⊙ ganz und gar zu verkörpern. Jedes Mal, wenn ich an ihnen vorbeigehe, werden sie kleiner, bis sie sich vollständig auflösen und zu den persönlichen Erfahrungen und der angesammelten Weisheit meines Selbstes werden. Sie bilden winzige Tröpfchen, die sich langsam und stetig ins Universum verflüchtigen und sich darauf vorbereiten, wie Regen in eine andere Realität zu fallen – immer reiner und reiner. Am Ende kann niemand mehr den Unterschied zwischen einem Tropfen und dem Ozean, mit dem er sich vereinigt hat, erkennen.

Die Angst vor dem Tod ist die Angst vor dem Unbekannten. Wenn ein Mensch geboren wird, kann niemand mit Sicherheit sagen, wie sich sein Leben entwickeln wird – wird er heiraten, erfolgreich sein,

[57] Buch der Sprüche 8:22-31.

Vater oder Mutter werden? Im Leben gibt es nur eine Gewissheit: Eines Tages werden wir wieder von hier fortgehen. Es ist eine traurige Widerspiegelung unserer kollektiven Realität, dass nur wenige es wagen, darüber zu sprechen. Der Tod ist nicht das Ende des Lebens, sondern eine Fortsetzung auf einer anderen Bewusstseinsebene. Wir müssen den Tod als eine lebenswichtige Transformation von einer Ebene des Seins zu einer anderen anerkennen. Bewusstsein über die Bedeutung des Sterbeprozesses ist äußerst wichtig und muss bei allem, was wir tun, präsent sein. Das mag morbide klingen, ist aber in Wirklichkeit genau das Gegenteil. Es ist sogar tödlich, dieses Bewusstsein nicht zu haben.

Warum also das, was du heute tun kannst, auf morgen verschieben: Betrete den gegenwärtigen Moment.

An jenem Morgen im Wadi Qumran gelang es mir, die dichte Schicht des ätherischen Feldes zu durchqueren – mit all seinen Stimmen, artikuliert und unartikuliert, in einer kakophonischen Vermischung. In diesem jetzigen Leben musste ich lernen, mit dem Lärm umzugehen, der im Äther durch unbewusste kollektive Gedankenformen erzeugt wird. Mein früherer Lehrer war der Meinung, dass eine meiner Aufgaben in dieser Inkarnation darin besteht, zur Transformation bestimmter kollektiver Trends beizutragen. Als Kind habe ich den Kummer, den Schmerz und die Last anderer Menschen ungefiltert aufgenommen. Ich habe gelernt, mich zu schützen, indem ich weggelaufen bin und mich versteckt habe. Es war jedoch mein Lehrer, der mir schließlich beibrachte, wie ich mit dem kollektiven Bewusstsein interagieren kann, ohne fliehen zu müssen. Ich musste lernen, ein mitfühlender Zeuge zu sein, ohne mich in eine Opferrolle zu begeben. Das Bewusstsein über den Holocaust unter Hitlers Naziregime sowie den Abwurf der Atombomben über Hiroshima und Nagasaki gehörte zu den schlimmsten Belastungen, die ich in meiner Kindheit in mich aufnahm, da sie sich immer wieder und wieder lebhaft in meiner inneren Wahrnehmung abspielten, ob ich es wollte oder nicht.

All diese Erfahrungen sind immer noch in mir vorhanden, wie

Stimmen aus einer fernen Vergangenheit, aber sie erzeugen keinen Widerstand mehr. Ich weiß, wer ich bin, ich kenne meine Beschränkungen und ich kenne meine Stärken. Es war eine Erleichterung, als Calle mich die erfrischende Kunst des Unsichtbarseins lehrte. Die Regeln, Normen und Vorschriften der Menschheit sind uninspirierend und einschränkend. Das einzige Gesetz, nach dem ich jetzt zu leben versuche, ist das des höheren Bewusstseins, das Gesetz des Lichtes.

An einem bestimmten Ort in jedem Bewusstsein gibt es ein Haus mit vielen Stockwerken, die hinaus aus dem Alltäglichen zu anderen Zuständen des höheren Bewusstseins führen. Ich habe so oft den Keller und das Erdgeschoss besucht und mich auf die dortigen Defizite konzentriert, dass ich die Möglichkeiten in den oberen Stockwerken völlig vergessen hatte. Es gab eine Zeit, in der ich nicht verstanden habe, dass die Konzentration auf einen Aspekt nicht bedeuten muss, dass ich den Bezug zum Ganzen verliere. Es liegt im Geist unserer Zeit, dass man sich sehr leicht ablenken lassen kann. Man kann diese Zeit in der Geschichte mit einem endlosen Labyrinth vergleichen. Die meisten Menschen verirren sich darin und finden weder den Weg zum Zentrum, noch schaffen sie es, aus den verschlungenen Gängen wieder hinauszukommen. Ich kann mit Gewissheit sagen, dass die Menschheit zugrunde gehen wird, wenn wir uns nicht dafür einsetzen, dieses Zentrum zu erreichen, das in jedem einzelnen Menschen zu finden ist.

Eine überwältigende magnetische Kraft trieb meine Gedanken in eine Spirale. Ich versuchte, mich zu konzentrieren … Ich wusste, dass ich mich am Fuße des Tores des Lichtes befand, im Wadi Qumran, dem einen Ort in der ganzen Welt, an dem ich mich am meisten zu Hause fühle. Im nächsten Moment wurde ich aus meinem Körper herausgezogen, mein Geist erhob sich, und als ich losließ, spürte ich das befreiende Gefühl von Flügeln, die sich entfalteten, und ich dachte *Oh Mann, ich kann fliegen!* Dann hob ich ab.

Hoch, immer höher schwebe ich durch die klare eisblaue Luft über der Wüste, den Blick auf die atmosphärische Schönheit des sich ausbreitenden Horizonts dieses Planeten gerichtet, vorbei an einem Meer von bunten Sphären, die sich wie kleine Blumen öffnen und ihre ätherischen Blütenblätter der brennenden Sonne entgegenstrecken. Unter mir enthüllt das irdische Licht der Zeit mit seinen schattigen Gebieten, die von den ziehenden Wolken geformt werden, das Kaleidoskop der Tugenden und endlosen Irrtümer der Menschheit. Es ist ein berührender Anblick, der tief in meine Seele dringt und die reine Realität von Dankbarkeit und Gewissen offenbart. Egal, welcher Zustand, welcher Umstand, welche Situation – es ist immer vergeben.

Ich folge den Spuren all der weiß gekleideten Gestalten, die den Weg auf ⊙s Berg hinaufgehen, und sehe, wie der Prophet Elia aufrecht und erhaben im Licht auf dem Gipfel des Berges steht, mit seinem langen weißen Bart, seinem Stab in der linken Hand und einem Buch in der rechten; die funkelnden Augen; der flammende Punkt auf seiner Stirn. Er hält mir Asaphs Buch entgegen.

18. ICH BIN ⊙. Diese Worte sind für Dich. Auch wenn ich bereits zu verschiedenen Zeiten und mit vielen verschiedenen Stimmen zu Dir gesprochen habe, habe ich immer nur eine Botschaft gehabt: Verlasse Dein Versteck – und zwar JETZT! Wie soll ich Dich denn finden, wenn Du Dich ununterbrochen vor mir versteckst? Wenn Du bloß einmal erkennen und akzeptieren würdest, dass es keine Sünde gibt, außer den ungenutzten Gelegenheiten, die Du ständig verstreichen lässt, dann könnten wir endlich einen Dialog beginnen. Ich habe Dir dieses Leben gegeben. Ich habe Dir die Möglichkeit gegeben, zu wählen, was Du erleben möchtest. Ich habe Dir Mitgefühl für andere Lebewesen gegeben. Ich habe Dir Flügel gegeben, mit denen Du fliegen kannst. Ich habe Dir den Weg in den Himmel gezeigt, aber Du hast beständig die Straße ins

Verderben gewählt. Immer wieder habe ich meine Söhne zu Dir gesandt, aber Du hast nicht auf sie gehört. Jetzt gebe ich Dir meine Tochter – dies ist Deine letzte Chance. Mach Dich bereit. JETZT oder NIE!

Das Buch vibriert, als ich es an mein Herz halte. Elia streckt seine Hand nach mir aus. Ich lege meine Hand in seine; er zieht mich zu sich und küsst mich auf den Mund. Wir sehen uns einen Moment lang in die Augen, dann flüstert er mir ins Ohr:

Alle Prophezeiungen von ⊙ sind Tore zum Äther, die zu höheren Bewusstseinsebenen führen. Nutze uns. Mein Tor führt jeden, der es durchschreitet, direkt zum Messias.

Im nächsten Moment werde ich durch den Punkt auf seiner Stirn eingesogen. Mit halsbrecherischer Geschwindigkeit werde ich durch den weißen Tunnel der Zeit gewirbelt und ...

Die Hauptstraße am Gipfel des Ölbergs in Jerusalem; eine Kakophonie aus Autohupen und sich gegenseitig beschimpfenden Fahrern; Fußgänger, die versuchen, die Straße zu überqueren, ohne überfahren zu werden; eine Wolke aus Diesel- und Benzindämpfen hängt über dem Berg. Ich trete in den Schatten eines Hauses und schaue mich um. Der Ölberg! An einer Straßenecke steht eine Gruppe von Menschen um einen ultraorthodoxen Juden, dessen durchdringende Stimme die Luft durchschneidet:

„Wenn das auserwählte Volk des Herrn wieder in Israel versammelt ist, wird sich der Messias den Auserwählten zeigen. Es ist so weit – wir sind hier und die Zeit ist gekommen! Wir müssen jetzt den Tempel der Juden auf dem Tempelberg errichten!“

Ich gehe vorbei und frage mich, wie es möglich ist, dass so viele Menschen etwas so Wichtiges missverstehen konnten. „Heimat in Israel“ bedeutet nicht, dass alle Juden zurück ins Land Israel ziehen sollen, sondern dass die gesamte Menschheit, wir alle, als das von ⊙ auserwählte Volk, unsere Herzen öffnen und in diesen geöffneten und liebenden Herzen unsere wahre Heimat und ein Zuhause finden sollen. Falls jemals ein Tempel an der Stelle, an der die beiden früheren Tempel gestanden haben, gebaut werden wird, dann sollte es natürlich ein Tempel für alle Menschen dieser Welt sein – doch wird der wahre Tempel immer in unseren Herzen zu finden sein.

Ich winke ein Taxi heran und steige ein:

„Bethanien!"

Der Fahrer schaut mich fragend im Rückspiegel an. „Sie meinen Al-Eizariya, die Stadt von Lazarus, oder?"

Ich bitte ihn, an der Kirche zu halten. Ich habe keine Ahnung, wie es jetzt weitergeht. Ich betrete einen sehr kleinen Minimarkt, der sich optimistisch „Lazarus-Basar" nennt, und tue so, als würde ich in den Regalen etwas Bestimmtes suchen. Ein junger Araber, der an der Kasse steht, beobachtet mich misstrauisch. Ich nehme eine Packung Taschentücher und lege sie vor ihm auf den Tresen.

„Entschuldigung, kannst du mir vielleicht helfen? Weißt du, ob hier in der Stadt eine junge, europäisch aussehende Frau wohnt?"

Die antiquierte Registrierkasse klingt wie ein Überbleibsel aus dem Ersten Weltkrieg. Er antwortet nicht, aber er mustert mich intensiv, seine Pupillen sind geweitet.

„Ich bin ein Freund", sage ich, um ihn zu beruhigen.

Ich sehe an seinem Gesichtsausdruck, dass er weiß, von wem ich spreche.

„Kannst du mir sagen, ob sie hier in der Nähe wohnt?"

Er signalisiert mir, dass ich warten soll.

„Du sprichst doch Englisch, oder?", frage ich ungeduldig.

Er ignoriert meine Frage und zieht seine Schürze aus. Er glättet sie sorgfältig, hängt sie an einen Haken hinter der Ladentheke und bedeutet mir, ihm zu folgen, während er den Laden zuschließt.

Die Sonne brennt aus einem wolkenlosen Himmel auf uns herab. Dies ist die Stadt, in der Mariam die Magdalena mit ihrer Schwester Martha und ihrem Bruder Lazarus lebte. Auch Yeshua ist hierhergekommen, als die Lage in Jerusalem schwierig geworden war und er sich zurückziehen musste.

Wir gehen hinunter zur Hauptstraße und ich folge dicht hinter dem Jungen. Plötzlich bleibt er stehen. Er macht mir klar, dass ich warten soll, und verschwindet in einer engen Gasse. Während ich warte, erinnere ich mich an das Gebet, das ich Taxo im Hotel Breck sprechen gehört habe, und beginne es im Stillen zu rezitieren: *Maran Atta – Yeshua, Yeshua, komm jetzt zu mir, Yeshua, Yeshua, komm jetzt zu mir...*

Ich wiederhole das Gebet immer wieder und verliere jegliches Gefühl für Zeit und Raum, bis ich eine Hand auf meiner Schulter spüre. Es ist der arabische Junge, und er lächelt, was ich als ein positives Zeichen werte. Ich folge ihm die schmale Gasse hinunter, durch einen Hinterhof, weiter durch einen langen, dunklen Gang, der zu einer anderen Straße führt, und immer weiter, bis ich völlig die Orientierung verloren habe. Ich habe jedoch das Gefühl, dass wir uns vom Stadtzentrum entfernen, denn wir gehen mittlerweile durch ein weniger bebautes Viertel, dessen Häuser von kleinen Gärten gesäumt werden. In der Ferne kann man die Wüste erkennen. Endlich bleibt er stehen. Er lächelt und zeigt auf ein Spalier mit einem kleinen Tor, das in einen von hohen Mauern umgebenen Garten führt. Ehe ich mich versehe, ist er verschwunden.

Ich gehe auf das Tor zu. Es öffnet sich knarrend, als ich es vorsichtig aufdrücke. Ich trete in einen üppigen Garten voller Gemüse und Blumen und entdecke ein Tropfbewässerungssystem, das von den Israelis erfunden wurde und die Ursache für diese Fülle ist.

Die Haustür steht offen, also klopfe ich und rufe:

„Hallo, ist jemand zu Hause?“

Ein anderer junger Araber erscheint. Es ist offensichtlich, dass er ein Angestellter ist, jedoch kann er, im Gegensatz zu dem Jungen aus dem Laden, sprechen.

„Willkommen, Sir. Bitte gehen Sie die Treppe hinauf, Miss wird Sie im ersten Stock empfangen. Kann ich Ihnen etwas bringen? Wasser? Etwas zu essen? Obst?“

„Etwas Wasser wäre sehr freundlich“, antworte ich.

„Sehr wohl, Sir."

Er verschwindet durch eine Tür. Ich bleibe stehen und sammle meine Gedanken. Langsam beginne ich zu begreifen, was gleich passieren wird. Kann es wirklich wahr sein, dass ich sie endlich gefunden habe?

„Hier entlang bitte, Sir." Der junge Diener steht mit einem Glas Eiswasser vor mir. Er dreht sich um und beginnt, die Treppe hinaufzusteigen. Ich folge ihm.

Sie steht mit dem Rücken zu uns am Ende eines großen Raumes und blickt durch ein Panoramafenster in die Wüste.

„Miss, Sie haben einen Gast!" Er stellt das Glas Wasser auf einen kleinen Tisch in der Mitte des Raumes, verbeugt sich und geht.

„Oh!" Sie dreht sich unversehens um, als ob wir sie in ihren Gedanken unterbrochen hätten.

Ich erstarre in der Mitte des Raumes. Was, um Himmels willen, soll ich jetzt bloß sagen? Ich habe diese Situation schon so oft in Gedanken durchgespielt und mich immer wieder gefragt, was ich tun würde, falls sie jemals eintreten sollte. Und jetzt ist es so weit. Sie steht nur fünf oder sechs Meter vor mir, unfassbar, unergründlich und unbegreiflich.

„Willkommen!" Sie kommt lächelnd auf mich zu und streckt mir ihre Hand entgegen. Ich gebe ihr die meine und bemerke ihren festen Griff und ihren gleichmäßigen Puls. Ich versuche, die Fassung zu bewahren, als ihre klaren blaugrünen Augen direkt in mich hineinschauen und ich das Gefühl habe, dass dieser eine Blick ihr alles sagt, was sie über mich wissen muss. Sie setzt sich auf das Sofa und bittet mich, neben ihr Platz zu nehmen. Plötzlich fällt mir auf, dass es in dem Raum keine Möbel gibt, nur einen kleinen Tisch und ein cremefarbenes Sofa; beides kommt mir bekannt vor. Sie ist barfuß und zieht ihre Füße unter sich, während sie es sich an ihrem Ende des Sofas bequem macht. Ich setze mich an das andere Ende. Ich bemerke ein kleines gleicharmiges Kreuz um ihren Hals, das in mir Bilder aus einer anderen Zeit wachruft, an die ich mich zu erinnern glaube. Sie ist schlank, groß und völlig präsent. Die Luft zwischen uns ist elektrisch. Sie lacht über meine Verwirrung und ihr Lachen klingt wie goldene Glocken.

„Du möchtest also Taxo treffen?" Ihre Worte machen mich sprachlos.

„Ich bin Naleea und ich arbeite mit Taxo. Ich weiß, wer du bist, und auch, warum du hier bist, aber zurzeit bereitet sich Taxo auf die kommende große Transformation vor, deshalb ist es leider nicht möglich, sie persönlich zu sprechen."

Ihre Worte sind ein Schock, und wieder muss ich mich mit aller Kraft bemühen, nicht meine Fassung zu verlieren.

„Wann könnte es denn möglich sein, ein Treffen zu arrangieren?", frage ich mit gedämpfter Stimme.

„Wenn du heute Nacht hierbleibst, werden wir sehen, ob wir es morgen organisieren können. Wir haben ein Gästezimmer im Erdgeschoss. Was hältst du davon? Ist das schnell genug?"

Meine Verwirrung ist vollkommen und muss unübersehbar sein. Ich fühle mich wie ein offenes Buch. Mein erstes Gefühl der Enttäuschung, als ich verstanden hatte, dass die junge Frau vor mir nicht Taxo ist, hatte sich in ein tiefes Empfinden von Verbundenheit mit Naleea verwandelt.

„Wohnst du hier?", frage ich.

„Im Moment, ja. Taxo und ich sind die meiste Zeit unterwegs, aber wenn wir in Israel sind, ist hier unser Zuhause."

„Wo ist sie jetzt?"

„Das wirst du vielleicht morgen erfahren. Es gibt einfach zu viele dunkle Mächte, die die Transformation, die Taxo auslösen wird, verhindern wollen, also müssen wir Vorkehrungen treffen."

Während sie spricht, beobachte ich sie genau. Sie besitzt eine ungewöhnliche Verletzlichkeit, die aber paradoxerweise eine ebenso ungewöhnliche Stärke beinhaltet. Sie ist absolut aufrichtig – vollkommen präsent. Plötzlich taucht ein verschwommenes Bild in meinem Geist auf; eine Erinnerung kommt zurück; das Mädchen auf dem cremefarbenen Sofa… Ich beschreibe sie in *Magdalena* und *Der Gral*. Das Mädchen, dem ich in meinen nächtlichen Träumen und Visionen begegnet bin und das mich begleitet und geführt hat.

Sie sieht mich neckend an: „Kannst du dich wirklich nicht an mich erinnern?"

Oh ja, jetzt erkenne ich sie! Aber kann das denn wirklich wahr sein?

Wieder ertönt ihr goldenes Lachen – sie hat meine Gedanken gelesen und antwortet: „Nenne es, wie du willst, aber du kannst dir einer Sache sicher sein, egal, zu welchem Schluss du kommst: Diese Situation ist realer als alles, was du dir vorstellen kannst! Wir alle sind Reisende zwischen den verschiedenen Realitäten, jeder von uns. Aber nur sehr wenige inkarnierte Wesen sind sich dessen bewusst, obwohl wir jede Nacht im Schlaf unseren physischen Körper verlassen und andere Bewusstseinsebenen oder Realitäten besuchen. Taxo reist ständig zwischen sämtlichen Realitäten hin und her, ganz genau wie dein Lehrer Calle de Montségur. Seine Arbeit war begrenzter, aber nicht weniger wichtig als ihre jetzt, denn er hat sich vor allem auf die physische Heilung fokussiert."

„Wie wird diese gegenwärtige Realität genannt?"

„Erde! Auf der wir inkarniert sind." Sie sieht mich an und lächelt. „Aber natürlich gibt es, wie du weißt, mehr als eine Realität auf der irdischen Ebene."

„Woher kommst du?"

„Hmm …, vom selben Ort wie du!"

Jetzt war ich wirklich gespannt.

„Und wo ist der?"

Sie zögert einen Moment, bevor sie mit sanfter Stimme fortfährt:

„Alcyone im Sternbild der Plejaden … falls dir das noch irgendetwas sagt?" Wir sitzen schweigend da, während ihre Worte wie eine Brücke zwischen uns in der Luft schweben. Es ist seltsam, hier zu sitzen und mit jemandem zu sprechen, der keine falsche Bescheidenheit an den Tag legt, so selbstverständlich, als ob wir über den letzten Charterurlaub der Familie nach Ibiza sprechen würden. Ich will das, was sie gerade gesagt hat, bestätigen und mein Wiedererkennen mit ihr teilen, aber sie kommt mir zuvor:

„Erinnere dich, die Konstellation der Plejaden ist nicht nur ein physischer Ort. Es ist auch eine Bewusstseinsebene. Wann hast du sie das letzte Mal besucht?"

Ohne auf meine Antwort zu warten, schnipst sie mit den Fingern.

16

REISENDE ZWISCHEN DEN WELTEN

Der Wechsel ist augenblicklich.

Es fühlt sich an, als ob alles von innen nach außen gekehrt ist! Es gibt keine Formen, nur bewusste Wesen, und ich bin eines von ihnen. Ich habe ein Gefühl von Allumfassenheit, wobei sich jedoch einige Wesen eindeutig mehr fühlbar machen als andere. Naleea ist sehr präsent. Ihr goldenes Lachen hallt durch die Ewigkeit, während sie um mich herumfließt. Sie teilt sich in zwei Teile, bevor sie auf der anderen Seite von mir wieder zu einer Einheit verschmilzt.

„Spürst du diese Freiheit?" Sie lacht, während sie ihren ätherischen Tanz um mich herum fortsetzt.

„Wo sind wir?", frage ich, aber ich weiß bereits die Antwort, bevor ich die Frage beendet habe. „In einer Zwischenwelt", sage ich laut.

„Ja, es ist wie ein kosmisches Niemandsland hier, in dem sich die Seelen entspannen und orientieren können. Es gibt solche Sphären, die diese Art von Ruhe- und Entwicklungszeit anbieten, zwischen allen Dimensionen. Im Moment befinden wir uns in einem Bereich, der es dem Besucher ermöglicht, sich mit den Schwingungen der vierten Dimension vertraut zu machen. Verstorbene Seelen kommen hierher, um sich an den Verlust des physischen Lebens zu gewöhnen. Sie können sich auf ihre bevorstehende Reise vorbereiten, bis sie sich entschieden haben, entweder weiter hinauf ins Licht oder zurück in eine physische Inkarnation zu gehen."

„Na, wie war das?", fragt sie und macht es sich auf dem Sofa bequem.

Wir sind zurück in Naleeas Haus.

Die Realität unserer gemeinsamen Reise beginnt mir gerade erst zu dämmern, ebenso wie das Bewusstsein, wie schnell man sich zwischen den Welten bewegen kann.

Diese Erfahrung der vollkommenen Freiheit war intensiver als alles, was ich je zuvor erlebt habe. Es ist eine Sache, lediglich Zeuge von Situationen zu sein, die sich auf einer anderen Bewusstseinsebene abspielen; aber es ist etwas ganz anderes, sich darin als ein aktiver Teilnehmer zu erleben.

„Aber was sind denn dann die Plejaden und Alcyone?", frage ich. „Wenn sie kein physischer Ort sind …"

„Das sind sie schon! Ihre Konstellation existiert innerhalb der gleichen Realität wie die Erde und der Rest des physischen Universums – sowie in verschiedenen höheren Schwingungsfrequenzen. Sie existieren jedoch außerdem als Metapher, als ein kosmisches Symbol für eine Bewusstseinsebene. Du und ich und Millionen anderer Seelen sind im Laufe der Zeitalter in Raumschiffen von Alcyone von den Plejaden zur Erde und zu anderen Orten im Universum gereist – manchmal, um anderen Zivilisationen bei ihrer Entwicklung zu helfen, und manchmal, um neue Welten zu entdecken. Aber wir alle haben auch dazu beigetragen, neue Welten ins Leben zu rufen, als Fortsetzung von ⊙s Schöpfungsprozesses. Seit Anbeginn der Zeit hat es immer eine Gemeinschaft von Seelen gegeben, die über den kollektiven und persönlichen schöpferischen Prozess der Menschen gewacht haben, die wussten, wie man durch die Ewigkeit reist – und zwar mit ganz anderen Methoden als mit Raumschiffen. Du weißt sehr gut, dass viele der alten Kulturen auf der Erdenebene dieses Wissen besaßen, denn du hattest eine Verbindung zu den lemurischen, den atlantischen, den hermetisch-ägyptischen und den persischen Mysterienschulen, aus denen die Bruderschaft hervorging, die dir von allen kosmischen Kollektiven am nächsten stand und auch immer noch steht – die Essener, die Kinder des Lichtes. Du bist jetzt hierhergekommen, um das Wissen der Bruder- und Schwesternschaft in die Erfahrung deiner gegenwärtigen

Inkarnation zurückzurufen, damit es für viele andere, die Zugang zu deinem Feld erhalten werden, verfügbar ist. Aber deine Heimatenergien sind, und werden es auch immer sein, die Schwingung von Alcyone und den Plejaden. Ihre Frequenzen haben in der Geschichte der Menschheit auf der Erde immer eine wichtige Rolle gespielt. Seit Millionen von Jahren haben sie die großen Kulturen der Menschheit, ihre Psyche und ihr Unterbewusstsein, ihre Hoffnungen und Träume inspiriert und beeinflusst. Seit Hunderten von Jahren blicken die Menschen zu den Plejaden auf, um herauszufinden, wann sie säen und wann sie ernten sollen. Die Plejaden, oder die Sieben Schwestern, wie das Sternbild auch genannt wird, sind der Grund dafür, dass die Zahl Sieben seit Langem als die heiligste aller Zahlen gilt. Die sieben Weltmeere, die sieben Himmel, die sieben Töne, die sieben Chakren, die sieben Weltwunder, die sieben Glaubensrichtungen, die sieben Wurzelrassen, die sieben Strahlen – all diese Systeme bauen auf der Schwingungspräsenz der Plejaden auf. Wer über die Zahl Sieben oder eines dieser Systeme meditiert, spricht oder schreibt, öffnet eine Verbindung zu den heiligen Frequenzen, die die Sieben Schwestern ausstrahlen. Wer sich ihrer Gegenwart bewusst ist, kann eine Fülle von Einsichten und Downloads erhalten, die dem Kollektiv der Menschheit auf Gaia Mutter Erde ein breites Spektrum an zusätzlichen Informationen eröffnen werden, die noch weitgehend unbekannt sind. Sieben ist die heilige Zahl, die sich durch die Bibel, den Koran und den Zohar zieht. In diesen Schriften werden auch die Plejaden vielfach namentlich erwähnt. Du findest sie im Buch Hiob und in der Offenbarung des Johannes.

In der griechischen, ägyptischen, persischen und vedischen Mythologie wird die Konstellation der Plejaden als koordinierender Zeitfaktor bezeichnet, der die großen kosmischen Zyklen beschreibt. Bedeutende Bauwerke wie der Sonnentempel in Mexiko, die Cheops-Pyramide in Ägypten, die Goldene Einfriedung in der ältesten Inkastadt in Peru und Chichén Itzá auf der Halbinsel Yucatán, wo sich sowohl die Kukulcán-Pyramide als auch das alte Sonnen- und Sternenobservatorium der Maya befinden, wurden so errichtet, dass sie in Harmonie mit den Plejaden stehen.

Homer, Hesiod, Mohammed, Milton, Plato, Edgar Allen Poe, Byron, Keats, Tennyson und viele andere Dichter und Künstler haben im Laufe der Jahrhunderte das Lob der Plejaden besungen. Die Maya entwickelten einen Kalender, der auf der Konstellation der Plejaden basiert. Unter allen historischen Kalendersystemen der Welt ist er einer der komplexesten und genauesten. Alle indigenen Völker beschreiben die Plejaden mit großer Zuneigung. Die Geschichten der nordamerikanischen Indianer und der australischen Aborigines sind voller Beschreibungen über Begegnungen mit anderen universellen Zivilisationen, die in Raumschiffen hierhergekommen sind, von denen einige noch gar nicht so lange zurückliegen.[58] Sie nennen sie ‚Sky People, die vom Himmel herabsteigen', und viele von ihnen kamen von den Plejaden.

In den ersten fünf Büchern des Alten Testaments und im Buch Enoch gibt es Beschreibungen von Menschen, die von Engeln, Wolken, Feuersäulen, brennenden Büschen, Winden, Stimmen, Geistern und Lichtwesen besucht, begleitet oder geleitet werden – all das sind Berichte über Begegnungen mit Wesen aus anderen Sternensystemen oder Dimensionen. Und so sind wir nun also hier, du und ich und auch noch Tausende von anderen, die sich aus einem ganz besonderen Grund zu dieser Zeit inkarniert haben. Ich weiß, dass du dich hier immer noch wie ein Besucher fühlst. Aber ich hoffe, das wird sich eines Tages ändern. Wie du ja selbst sehr gut weißt, kannst du überall zur gleichen Zeit anwesend sein! Ich muss allerdings sagen, dass ich ziemlich dankbar darüber bin, dass wir in dieser Inkarnation keine Raumschiffe benutzen, um das Bewusstsein oder das Universum zu erweitern … ich war nie wirklich ein Fan von dieser Art des Reisens!"

Sie verdrehte die Augen und wollte gerade in Gelächter ausbrechen, wurde dabei aber durch die Salve von Fragen, die ich ihr entgegenschoss, unterbrochen und aufgehalten:

„Was IST denn dann der Grund? WARUM haben wir uns hier inkarniert? WAS ist unsere WIRKLICHE Aufgabe?"

[58] Ardy Sixkiller Clarke, *Sky People – Untold stories of Alien encounters in Mesoamerica.*

„Du kennst die Antwort auf all diese Fragen. Das ewige Wissen um das Gesetz des Lichtes muss mit der gesamten Menschheit offen geteilt werden, damit alle Stämme der Erde endlich wieder danach leben können. Diejenigen, die vergessen haben, welche ungeheuren Möglichkeiten in der Reichweite der Menschheit liegen, müssen die Chance erhalten, sich mit der Weisheit zu verbinden, die sie in sich begraben haben. Wir müssen Wege zum Bewusstsein der Menschen und ihrer Anführer finden, damit jeder verstehen kann, dass wir uns darauf einigen müssen, unser Leben nach dem kosmischen Gesetz des Lichtes und seinen ethischen Regeln zu leben, um diese Möglichkeiten für die gesamte Menschheit zu verwirklichen. Jeder Versuch, das Gesetz des Lichtes zu umgehen, führt zu Konsequenzen, die unsere Entwicklung einschränken werden. Wenn du das Licht meidest, wird das Licht dich meiden. Die Menschheit befindet sich in ihrem gegenwärtigen begrenzten Zustand, weil sie dieses Gesetz des Lichtes verletzt hat. Seit vielen Jahren wiederholen wir die Geschichte der Gefallenen Engel, die die Essener für die Menschheit im Buch Enoch aufgezeichnet hatten, damit wir uns eines Tages hoffentlich daran erinnern."

Naleea hielt inne und ließ ihren Blick über die Wüstenlandschaft schweifen. Ihre Worte gaben mir ein tieferes Verständnis dafür, warum die Mehrheit der Menschheit auf ihrem Weg zum Licht zum Stillstand gekommen ist. Plötzlich verspüre ich den Drang, im Namen derer zu sprechen, die in den alltäglichen Turbulenzen des Lebens gefangen zu sein scheinen:

„Ich bin mir nicht so sicher, ob die Weitergabe dieses Wissens in unserer Zeit irgendeinen Einfluss haben wird. Die meisten Menschen, die ich kenne, sind nur damit beschäftigt, einfach irgendwie den Tag zu überstehen und in einer Welt zu überleben, die zunehmend standardisiert wird. Wir versuchen, uns oberflächlich voneinander zu unterscheiden, aber wenn es um die Einstellungen geht, herrscht eine fast militärische Uniformität. Die Menschen glauben nicht, dass sie etwas übrighaben, was sie anderen geben könnten, um denen zu helfen, die sich in einer schlechteren Situation befinden als sie selbst. Flüchtlinge und sogenannte Migranten sterben wie die Fliegen, weil wir im Westen nicht die Mittel aufbringen können, um ihnen aus ihrem Elend zu helfen – vielleicht, weil wir uns trotz unseres materiellen Komforts in gewisser Weise sogar noch in einer schlimmeren Situation befinden als sie."

„Genau deshalb wird es eine Transformation geben! Und zwar – jetzt! Das alte Wissen zu teilen bedeutet nicht nur, Informationen für ein intellektuelles Verständnis weiterzugeben. Es beinhaltet einen Download, der im gesamten Feld einer Person erfahren wird und als Schwingung im Lichtkörper anwesend bleibt – wenn die Intention des Teilens rein ist. Eine Sache noch … vergiss nie, wie viel zwei oder mehr Menschen zusammen erreichen können, einfach nur durch ihre spirituelle Praxis."

Sie beugt sich zu mir und schaut mir tief in die Augen. Dann schnippt sie mit den Fingern.

Ich öffne meine Augen. Die Sonne brennt auf das Wadi Qumran und Ami steht mit der Kamera und einem breiten Lächeln im Gesicht vor mir. Ole filmt von einem ungefähr zweihundert Meter entfernten Platz aus mit seiner Kamera in meine Richtung.

„Wie lange sitze ich schon hier?", frage ich Ami.

„Fünfzehn Minuten, höchstens zwanzig."

Die Art und Weise, wie die Zeit aufhört zu existieren, sobald man den Körper verlassen hat, ist schwer zu erfassen. Die verschiedenen Realitäten sind offensichtlich ineinander gefaltet wie ein Set chinesischer Schachteln oder eine russische Babuschka-Puppe, und die Zeit, die man in ihnen verbringt, ist ganz anders als die Zeit auf der irdischen Ebene.

Warum hat Naleea die Vision unterbrochen? Sie hatte mir doch versprochen, dass ich Taxo treffen kann! Bedeutet das etwa, dass ich sie tatsächlich morgen treffen werde, hier auf der physischen Ebene der Erde?

„Sieht so aus, als wär's das!" Ole ist zurück. „Ich glaub, wir haben jetzt genug Footage für den Film."

Ami und Ole fangen an, die Ausrüstung zusammenzupacken, dann fahren wir zurück zum Kalia Kibbuz Hotel, um unsere Koffer einzusammeln. Ole hat später am Nachmittag einen Flug nach Norwegen,

Ami wird zu seiner Familie nach Jerusalem zurückkehren und ich habe noch ein paar Tage in Israel für mich.

Nachdem wir uns von Ami verabschiedet haben, fahre ich Ole zum Flughafen. Die vergangenen Tage mit ihnen waren sehr bewegend, doch kann ich es kaum erwarten, nach Jerusalem zurückzukehren. Ich weiß, dass es jetzt viel leichter sein wird zu fasten.

Ich überprüfe ein weiteres Mal meinen Rucksack, um sicherzugehen, dass Asaphs Buch noch bei mir ist. Allein sein Anblick beruhigt mich. Dann erinnere ich mich an die Vision, in der Elia mir das Buch gegeben hatte und ich die Worte von Vers 18 hören konnte, als ich es an mein Herz gelegt habe. Existiert das Buch auch in anderen Dimensionen; gibt es eine Verbindung zwischen den Welten, sodass etwas, das in einer der Welten geschieht, eine Auswirkung in den anderen hat?

Ich sehe eine Tankstelle und fahre kurz entschlossen auf ihren Parkplatz, hole Asaphs Buch heraus und finde Vers 18:

18. ICH BIN ⊙. Diese Worte sind für Dich. Auch wenn ich bereits zu verschiedenen Zeiten und mit vielen verschiedenen Stimmen zu Dir gesprochen habe, habe ich immer nur eine Botschaft gehabt: Verlasse Dein Versteck – und zwar JETZT! Wie soll ich Dich denn finden, wenn Du Dich ununterbrochen vor mir versteckst? Wenn Du bloß einmal erkennen und akzeptieren könntest, dass es keine Sünde gibt, sondern lediglich ungenutzte Gelegenheiten, die Du ständig verstreichen lässt, dann könnten wir endlich einen Dialog beginnen. Ich habe Dir dieses Leben gegeben. Ich habe Dir die Möglichkeit gegeben, zu wählen, was Du erleben möchtest. Ich habe Dir Mitgefühl für andere Lebewesen gegeben. Ich habe Dir Flügel gegeben, mit denen Du fliegen kannst. Ich habe Dir den Weg in den Himmel gezeigt, aber Du hast beständig die Straße ins Verderben gewählt. Immer wieder habe ich meine

Söhne zu Dir gesandt, aber Du hast nicht auf sie gehört. Jetzt gebe ich Dir meine Tochter – dies ist Deine letzte Chance. Mach Dich bereit. JETZT oder NIE!

„Sprich mit mir! Ich bin bereit! Ich bin hier!", schreie ich. Es kommt keine Antwort, oder vielleicht bin ich einfach nur nicht in der Lage, sie zu hören. Ich konzentriere mich darauf, meine Ungeduld beiseitezuschieben. Ein kleiner Lichtpunkt erscheint vor mir, blinkt einmal auf und verschwindet wieder – und hinterlässt in mir das Gefühl, dass in Kürze irgendetwas passieren wird.

Ich kehre in mein altes Zimmer im Christ Church Hostel in Jerusalems Altstadt zurück und packe meine wenigen Habseligkeiten aus. Das Wichtigste ist das Buch von Asaph. Einem Impuls folgend, verstecke ich es an einem sicheren Ort im hinteren Teil des Kleiderschranks. Aber da ist noch mehr …

Wenn ich diese Art von Ahnung verspüre, weiß ich, dass ich ihr nachgehen muss. Ich gehe durch das christliche Viertel, dann durch das arabische Viertel und verlasse schließlich die Altstadt durch das Damaskustor. Ich laufe weiter durch das dortige arabische Viertel in Richtung American Colony. Heute beherbergt das Gebäude ein Fünf-Sterne-Hotel für ausländische Journalisten, Diplomaten und reiche amerikanische Touristen und ist gleichzeitig auch der Ort, an dem Jerusalems aufregendste Buchhandlung zu finden ist. Ich habe gelernt, solche Impulse und Ahnungen ernst zu nehmen; sie lassen mich wissen, dass irgendwo ein Buch, das mir etwas Wichtiges zu sagen hat, darauf wartet, von mir abgeholt zu werden. So wie ein Hund eine Hündin wittert, kann ich ein Buch spüren, das auf mich wartet. Wenn es mir nicht gelingt, es zu finden, wird es mich finden. In diesem Fall gibt es keinen Zweifel. Das Buch liegt gut sichtbar auf einem Tisch, der direkt im Eingangsbereich des Ladens steht. Der Titel ist unmissverständlich: *The Seven Sisters of the Pleiades – Stories from Around the World* von Munya Andrews.

Ich suche mir einen Stuhl und schlage das Buch aufs Geratewohl auf.

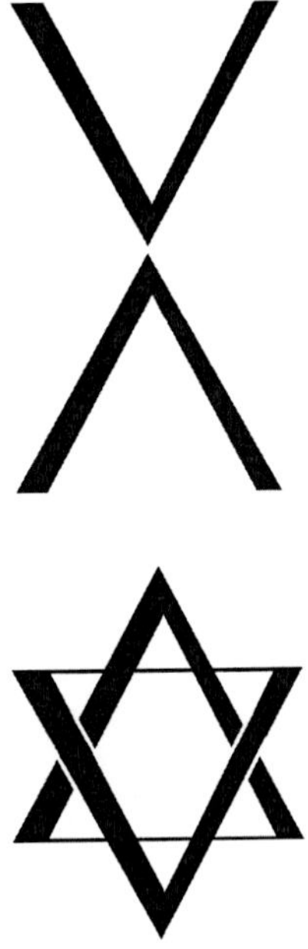

Die Plejaden werden häufig mit Wasser, Frauen und Vögeln in Verbindung gebracht – vor allem im prähistorischen Europa, wo Zeremonialgegenstände mit hieroglyphenartigen Zeichen gefunden wurden, wobei M, V und X eindeutig Buchstaben des Alphabets sind. M ist ein universelles Symbol für Wasser. Die Plejaden liegen im Tierkreiszeichen Stier und die V-förmige Linie des Chevrons symbolisiert einen Stier mit Hörnern sowie das weibliche Sexualorgan, die Eierstöcke und die Vulva der Großen Mutter. In dem Buch sieht die Autorin eine Verbindung zwischen der Großen Mutter und der Vogelfrau, der Gebenden und Gebärenden von allem Leben und dem manifestierenden Element. Das X besteht aus zwei gegensätzlichen, sich gegenseitig fortsetzenden Chevron-Zeichen, wobei das nach oben weisende für das Weibliche und das nach unten weisende für das Männliche steht. Es ist das älteste bekannte Symbol für die Verschmelzung des Männlichen und des Weiblichen. Wenn horizontale Linien die Öffnungen verschließen und die beiden Chevron-Zeichen so übereinandergelegt werden, dass eines über dem anderen liegt, bilden sie einen sechsstrahligen Stern.

Interessant ist in diesem Zusammenhang, dass Rabbi Yitzhak Kaduri vor seinem Tod auf jede einzelne Seite seiner Tora und all seiner Notizbücher ein Kreuz zeichnete. Er sagte seinen engsten Schülern, dass diese Kreuze Engel symbolisieren. Orthodoxe Juden betrachten es als Blasphemie, ein Kreuz zu zeichnen oder abzubilden, weil es ein christliches Symbol ist – Kaduri war offensichtlich anderer Meinung.

Viele führende Anthropologen betrachten alte Höhlenzeichnungen von Ochsen mit Tauben auf dem Rücken als Beweis dafür, dass die frühesten Kulturen die oben erwähnte Symbolik im Zusammenhang mit den Plejaden kannten.

Beim Lesen fiel mir auf, dass der nach unten offene Winkel mit dem Punkt in der Mitte, das Symbol der Nazarener für das allsehende Auge von ⊙, den männlichen Gegenpol zum V der Plejaden bildet.

Ich schloss das Buch für einen Moment.

Könnten die zwölf Tauben, die Ole gesehen hatte und die am Eingang von Höhle 4 genau zu dem Zeitpunkt vorbeigeflogen waren, als ich das alte Ritual der Essener in der Höhle beendete, ein Zeichen von meinen zwölf Essener Brüdern gewesen sein, die bei der Zeremonie anwesend waren?

Ich lese weiter.

In den *Mul Apin*-Schriften des alten Mesopotamiens werden die Plejaden als „Mul“ bezeichnet, was wörtlich „Stern“ bedeutet. Eine andere Bezeichnung für den Sternhaufen lautet „Der siebenfache Eine“. Im alten Ägypten wurden die sieben Sterne der Plejaden in ähnlicher Weise betrachtet. Dort galten sie als die Sterne der kuhgestaltigen Göttin Hathor, woraus sich ihr Beiname „Die sieben Kühe“ entwickelt hat.

Alcyone, der größte und hellste Stern der Plejaden, trägt die Bedeutung „Der Eine in der Mitte“, wurde aber in der antiken Welt auch

„Das zerbrochene Schmuckkästchen" genannt. Alle anderen Sterne des Sternbilds der Plejaden stammten von Alcyone und wurden über das Himmelsgewölbe verteilt.

Die Geschichte eines einzelnen Sterns, der in einer gigantischen Sternenexplosion, einem Urknall, andere Sterne hervorbringt, ist ein wunderschönes anschauliches Bild, das die bekannte Vorstellung über eine Gottheit, die „das Eine in den Vielen und die Vielen in dem Einen" ist, perfekt illustriert.

Ich bezahlte das Buch und setzte mich in den Garten des Hotels. Nach einer Weile kam der palästinensische Buchhändler, Mahmoud Muni, mit zwei Tassen Kaffee zu mir. Es war eine nette Geste, aber wegen des Fastens lehnte ich ab und nahm dankend ein Glas Wasser an.

Wir kamen ins Gespräch und irgendwann fragte ich ihn, wie seiner Meinung nach die Krise zwischen Israelis und Palästinensern gelöst werden könnte.

„Du musst versuchen, etwas zu verstehen", sagte er. „Jeden Tag gehen meine Eltern an dem Haus vorbei, in dem mein Vater aufgewachsen ist. Seine ganze Familie wurde 1949 gezwungen, das Haus zu verlassen. Jetzt lebt dort eine jüdische Familie. Kannst du dir vorstellen, wie schwer es sein muss, täglich an diese Tatsache erinnert zu werden?"

Ich nicke stumm. Auch wenn ich ähnliche Geschichten wie diese schon öfter gehört habe, berühren sie mich immer wieder zutiefst. Das Problem scheint so unlösbar zu sein, weil die Zeit mittlerweile vergangen ist und inzwischen acht Millionen Israelis, die meisten von ihnen Juden, auf einer Fläche von der Größe Jütlands in Dänemark leben. Ich stellte die unvermeidliche Frage:

„Aber was könnte eine Lösung sein? Ich meine, wie soll ein ganzes Volk plötzlich irgendwo anders hinziehen? Und wo könnten all diese Menschen denn überhaupt hin?"

Er nippte an seinem Kaffee, bevor er antwortete.

„Es ist töricht, sich vorzustellen, dass die Juden jemals von hier weggehen werden – wie du zu Recht sagst, wohin sollten sie denn gehen? Aber wenn die Juden nur den ersten Schritt tun würden und sich beim palästinensischen Volk für alles entschuldigen würden, was in den Jahren 1948–1949 geschehen ist, würde das viele feindselige Herzen erweichen. Aber sie tun es nicht. Es scheint, als hätten sie Angst, dass eine Entschuldigung gleichbedeutend damit wäre, zuzugeben, wie falsch und unrecht diese Ereignisse waren. Deswegen können sie es nicht in Erwägung ziehen. Und deshalb veranstalte ich in der Buchhandlung kulturelle Treffen, um zu versuchen, die verhärteten Herzen auf beiden Seiten der Mauer zu öffnen."

Wir saßen lange Zeit da und dachten über diese Worte nach. Ich musste daran denken, wie kurz die Distanz zwischen den Welten ist und wie ich innerhalb von 24 Stunden 2.500 Jahre zurück in die Zeit des Propheten Elia gereist war, eine ätherische Ebene des Buches des Lebens besucht hatte, in der ich Zeuge der Kreuzigung und Auferstehung Taxos gewesen bin, und später die Zwischenwelt der vierten Dimension erlebt hatte, in der mir die Plejadierin Naleea zeigte, wie es sich anfühlt, in einer Schwingung zu sein, in der die Zeit nicht existiert. Ganz zu schweigen von dem Wiedersehen mit meinem alten Essener Bruder Aaron, der sich bei meinem nächtlichen Besuch in den Ruinen der alten Universität von Qumran vor mir manifestierte. Ich hatte mich von Ami und Ole verabschiedet und saß nun hier im Garten der American Colony und unterhielt mich mit einem palästinensischen Buchhändler, dessen Schicksal noch immer von Ereignissen geprägt ist, die fast 70 Jahre zurückliegen.

Eine weiße Taube landete auf dem Kies vor uns. Wir sahen uns wissend an und brachen in Gelächter aus. Die Taube flog davon und ließ sich auf einem Dach in unserer Nähe nieder. Ich stand auf und wir gaben uns die Hand.

„Bis zum nächsten Mal. Komm einfach vorbei, du bist hier immer willkommen", sagte Mahmoud sichtlich gerührt.

„Das mache ich, ganz bestimmt", antwortete ich.

Auf dem Rückweg durch die Altstadt Jerusalems überkam mich eine tiefe Sehnsucht nach meinem alten Lehrer, Calle de Montségur. Wenn er jetzt nur hier wäre, er würde mich zu meinem nächsten Schritt führen können. Ich hatte immer noch zwei Aufgaben zu lösen. Zwei Dinge, die ich unbedingt erledigen musste, damit sich nicht alles, was ich bisher empfangen hatte, in Luft auflöste. Ich musste Eli finden, den alten Rabbi, der ein Schüler von Kaduri gewesen war – und auch Taxo musste ich nun endlich finden. Doch in welcher Realität sollte ich suchen? Und was hatte das alles mit dem Buch von Asaph zu tun?

Ich beschloss, nach Bethanien zu fahren und zu versuchen, Naleeas Haus wiederzufinden.

17

DER FEUERWAGEN

Draußen vor dem Damaskustor nahm ich ein Taxi nach Al-Eizariya. Ich stieg bei der Kirche aus und ging langsam die Hauptstraße hinunter. Als ich um eine Ecke bog, spürte ich ein seltsames elektrisches Gefühl in meinem Solarplexus. Merkwürdig … Alles schien noch genauso zu sein wie bei meinem letzten Besuch. Oder doch nicht? Mein Blick fiel auf einige alte, verfallene Gebäude. Hatten hier nicht ein paar extravagante Neubauwohnungen gestanden? Etwas weiter die Straße hinunter fand ich „Lazarus' Bazaar". Ich ging hinein und erkannte sofort den stummen arabischen Jungen, der mir zuvor den Weg zu Naleeas Haus gezeigt hatte. Als ich ihn fragte, ob er sich an mich erinnern könne, schaute er verwirrt.

„Könntest du mir die Adresse des Hauses der jungen Europäerin geben?", fragte ich. Er schüttelte nur den Kopf und fuhr fort, Mehl in kleine Tüten zu füllen.

Ich ging zurück auf die Straße, um mich zu orientieren. Zögernd ging ich eine kleine Seitengasse hinunter und versuchte, mich an Details zu erinnern, die mir zeigen könnten, dass ich auf dem richtigen Weg war. Es kamen keinerlei Hinweise. Nachdem ich einige andere Nebenstraßen vergeblich erkundet hatte, gab ich schließlich auf. Ich setzte mich auf eine Treppenstufe vor einer Haustür an der Hauptstraße und begann mit der *Rukha d'Koodsha – Malkoota d'Shmeya*-Atmung.

Gib niemals auf. Gib es hinauf! Eine ferne Stimme drängt sich in meine Praxis. Ich kenne diese Stimme! Mein Herz beginnt zu rasen und ich versuche, mich zu konzentrieren, während das Gebet wellenförmig in meinem Inneren aufsteigt:

> *„Maran Atta – Yeshua, Yeshua, komm jetzt zu mir! Mach mich zu Deinem Instrument. Hilf mir, Dein Ziel zu treffen; lass mich diese Gelegenheit nicht verpassen. Erfülle mich mit Deinem Licht und Deiner Führung. Nimm mein Sein und setze mich ein!*
> *Maran Atta – Yeshua, Yeshua, komm jetzt zu mir! Mach mich zu Deinem Instrument. Hilf mir, Dein Ziel zu treffen; lass mich diese Gelegenheit nicht verpassen. Erfülle mich mit Deinem Licht und Deiner Führung. Nimm mein Sein und setze mich ein!*
> *Maran Atta – Yeshua, Yeshua, komm jetzt zu mir! Mach mich zu Deinem Instrument. Hilf mir, Dein Ziel zu treffen; lass mich diese Gelegenheit nicht verpassen. Erfülle mich mit Deinem Licht und Deiner Führung. Nimm mein Sein und setze mich ein!“*

Immer wieder habe ich erlebt, dass diese Praxis meinen Zustand transformieren kann, wann immer er Anzeichen von Stagnation zeigt, und dass sie alle Blockaden entfernen und alle Knoten entwirren kann. Die erlösende Kraft dieses Gebetes breitet sich sofort aus und wirkt auf alle, die in seiner Nähe sind.

Ich schloss meine Augen und konzentrierte meine innere Sicht auf Naleeas Haus. Langsam erschien vor meinem geistigen Auge eine Route, die einer Straßenkarte ähnelte. Ich musste nur meine Konzentration aufrechterhalten und meinem inneren Navigationssystem folgen. Zehn Minuten später hatte ich mein Ziel erreicht.

Ich ging an dem Spalier mit der alten Weinrebe am Eingang des Gartens vorbei und erreichte das Haus. Die Tür war verschlossen. Ich suchte vergeblich nach einer Türklingel, bis ich schließlich klopfte. Ich wollte gerade aufgeben, als die Tür von einer älteren arabischen Frau geöffnet wurde.

„Könnte ich bitte mit Naleea sprechen?"

„Hier wohnt nur die Familie Fazir. Leider kann ich Sie nicht hereinbitten, da mein Mann nicht zu Hause ist. Aber ich kenne niemanden mit – wie war noch gleich der Name?"

Sie beugte ihren Kopf etwas näher, um mich besser zu hören.

„Na-lee-a!", antwortete ich und versuchte, den Namen deutlich auszusprechen.

„Es tut mir leid", antwortete sie, „hier lebt niemand mit diesem Namen." Langsam und mit einem entschuldigenden Lächeln schloss sie die Tür.

Widerstrebend verließ ich das Grundstück. Plötzlich begriff ich – ich hatte mich durch meine Praxis in unterschiedlichen Zeitenebenen hin- und herbewegt! Die Begegnung mit Naleea hatte entweder in einer anderen Realität oder irgendwann in naher Zukunft stattgefunden ...

Ich ging zurück ins Zentrum und fand ein Café, in dem ich etwas Wasser bestellen konnte. Meine Gedanken kreisten um die Begegnung mit Naleea in der ätherischen Zwischenwelt. Konnte es sein, dass mein Vater sich mir, sechs Monate nach seinem Tod, aus genau dieser Sphäre in seiner reinen geistigen Essenz gezeigt hatte?

Es war wie aus heiterem Himmel geschehen.

Ich hatte schon länger nicht mehr an meinen Vater gedacht, als ich auf dem Weg von meiner Heimatstadt Aarhus nach Süden an der örtlichen Pferderennbahn vorbeifuhr. Dort hatte mein Vater, der ein passionierter Spieler war, früher viel Zeit verbracht. Plötzlich flackerte ein Licht zwischen den Bäumen, die die Rennbahn umgeben, und verschwand anschließend wieder so schnell, wie es gekommen war. Das geschah ein paar Mal, und ich erinnere mich, dass ich dachte: *An einem Winterabend gibt es keine Rennen.*

In diesem Moment spürte ich die Anwesenheit meines Vaters im Auto. Mein erster Gedanke war, dass ich es unbedingt schaffen musste, all die Fragen zu stellen, die so lange unbeantwortet geblieben waren, aber eine Stimme (die meines Vaters) sagte ruhig: *Keine Sorge, wir haben alle Zeit, die wir brauchen.*

Während der halben Stunde, in der ich zu meinem Zielort fuhr, hatte ich das bedeutungsvollste Gespräch mit meinem Vater, das ich jemals erlebt habe. Er war als reine spirituelle Essenz anwesend, frei von jeder Form von Persönlichkeit oder dem Lärm des Egos. Das Erste, was er mir sagen wollte, war, dass das Morphium, das ihm im Sterbeprozess verabreicht worden war – ein Medikament, das er nicht gewollt hatte –, seinen Übergang sehr schwierig gemacht hatte. Denn, wie er sagte, es geht darum, in diesem Prozess so klar oder so bewusst wie möglich zu sein, weil es sich um eine lebenswichtige Einweihung handelt (bitte beachte, dass mein Vater tatsächlich den Begriff *lebenswichtig* verwendet hat). Der Rückzug aus dem physischen, ätherischen und astralen Körper ist von größter Bedeutung: Während des Übergangs werden Fragen auftauchen, die nur der Sterbende selbst beantworten kann. Und diese Antworten sind entscheidend für die Fortsetzung des Weges, den er oder sie geht.

Wir haben nur ein einziges Leben – das ewig währt. Jedoch können wir den der Seele innewohnenden Drang zu höheren Bewusstseinsebenen behindern oder sogar blockieren.

Gegen Ende unserer Unterhaltung bat mich mein Vater, den Fluch loszulassen, den ich seit 1960 auf mich geladen hatte, als ich mir als Zehnjähriger die Schuld am Tod meiner sechsjährigen Schwester gab. *Sie ist wieder inkarniert, glücklich verheiratet und hat Kinder. Es ist an der Zeit, diesen Schatten vorbeiziehen zu lassen.* Und schließlich öffnete er mir einen Zugang, durch den ich die schönste Darstellung und Beschreibung des Paradieses und seiner Funktion, die ich bis heute erlebt oder gehört habe, wahrnehmen konnte. *Ihre Blume ist hier oben zu finden und ist so wunderschön!*

Als er diese Worte sprach, verstand ich sofort, dass jede Seele eine sogenannte Seelenblume hat, die sich auf der höchsten Bewusstseinsebene, der Wohnstätte von ⊙, befindet, und dass jeder von uns zu unserer jeweiligen Blume zurückkehren wird, um sie mit allen Erfahrungen zu nähren, die wir in unserer gegenwärtigen Inkarnation gesammelt haben. Als Fortsetzung der Metapher können wir uns vorstellen, wie die Seelenblumen um den Baum des Lebens in der Mitte des Paradiesgartens verteilt sind.

In einem Moment kindlicher Eifersucht hatte sich mein achtjähriges Ich einmal gewünscht, dass meine Schwester nicht existieren möge. Als sie zwei Jahre später an einem Gehirntumor starb, war ich überzeugt, dass mein Wunsch ihren Tod verursacht hatte. Dieser Fluch hat mich über 40 Jahre lang begleitet und mein grundsätzliches Verhältnis zu Frauen bestimmt. Viele Jahre lang waren die Frauen, die ich attraktiv fand, diejenigen, von denen ich annahm, dass sie meine Hilfe brauchten; ihnen zu helfen war ein unbewusster Versuch, das, was ich als ein begangenes Verbrechen wahrgenommen hatte, zu sühnen. Die Begegnung mit meinem Vater, der von der geistigen Ebene zu mir sprach, war für mich ein Wendepunkt. Ich spürte, dass sich etwas verändert hatte – und dass diese Veränderung dauerhaft sein würde.

Es war schon fast dunkel, als ich in mein Zimmer im Christ Church Hostel zurückkehrte. Ich holte sofort Asaphs Buch aus dem Versteck im Kleiderschrank.

19. Zum Nutzen des Feuerwagen-Reisenden gebe ich hiermit einen Überblick über die sieben vorherrschenden Bewusstseinsdimensionen, die zu eurem Universum gehören – ein System von Sieben Himmeln, in denen eine Vielzahl von ätherischen, astralen, mentalen und spirituellen Ebenen enthalten sind.
Alle weiteren Universen schwingen in immer höheren Frequenzen und Bewusstseinsqualitäten, haben aber strukturell betrachtet das gleiche System, die gleiche Abfolge von sieben Dimensionen.

Der Erste Himmel in eurem Universum wird auch das Mineralreich genannt. Sein Frequenzbereich reicht von eins bis sieben und ist die am niedrigsten schwingende Realität in dieser Sphäre; hier sammeln sich die am langsamsten schwingenden Gedankenformen, und die Energien des Lebens beginnen sich in dieser Dimension zu regen. Das göttliche Bewusstsein ist in jedem einzelnen Atom enthalten und wird auf dieser Ebene durch Magnetismus und Schwerkraft sowie durch verschiedene Elemente und chemische Verbindungen erfahren. Der Erste Himmel ist mit der Wurzel verbunden.

Der Zweite Himmel, das sogenannte Pflanzenreich, dessen Frequenzbereich sich von acht bis vierzehn erstreckt, ist der Ort, an dem das Leben Wurzeln geschlagen hat und sich nun nach den Gesetzen der Natur fortpflanzt. Physisches Licht ist auf dieser Ebene eine Notwendigkeit. Der Reichtum an Mineralien und Elementen im Ersten Himmel liefert die Leben spendende Nahrung, die im Zweiten Himmel benötigt wird, und verbindet sich mit der Nahrung von den oberen Ebenen: dem Licht der Sonne, das Photonen erzeugt, die von den Pflanzen durch Photosynthese in chemische Energie umgewandelt werden. Der Zweite Himmel korrespondiert mit der Sakralkammer.

Der Dritte Himmel ist das Reich der Inkarnation, zu dem Menschen und Tiere gehören. Der Frequenzbereich liegt hier zwischen fünfzehn und einundzwanzig. In diesem Himmel beginnt das Bewusstsein, sich auf komplexere Weise zu entwickeln. Die dritte Dimension entspricht den fünf Sinnen des Menschen: Geschmack, Sehen, Riechen, Hören und Tasten. Dies ist die Ebene der Dualität und die Welt der Fragen, in der Konzepte von Leid und Erlösung herrschen. Schmerz ist der Bote und die Botschaft lautet: Wach auf! Die Lektion, die es hier zu lernen gilt, ist die Integration von bedingungsloser Liebe, Dankbarkeit und Vergebung durch das Verständnis und die Verwirklichung des Verhaltenskodex des Gesetzes des Lichtes. Der Dritte Himmel ist mit dem Solarplexus verbunden.

20. Der Vierte Himmel umfasst den Frequenzbereich von zweiundzwanzig bis achtundzwanzig und besteht aus einer Reihe von ätherischen und astralen Schichten.
Für die Menschheit ist diese Dimension der Eingang zur Welt der Antworten und zu den nachfolgenden höheren Welten. Der Vierte Himmel ist ein Transitbereich, in dem der Mensch seinen Führern in Form von Lichtwesen aus höheren Welten begegnen kann, die sich mit ihm in Meditationen, Träumen und Visionen verbinden und ihm prophetischen Sinn und die Fähigkeit verleihen, im Buch des Lebens zu lesen. Der Vierte Himmel ist das Reich des Übergangs von der physischen zur geistigen Welt, wo die Seelen, die die physische Welt verlassen haben, einen Prozess der Erkenntnis und Reinigung durchlaufen. Es werden Fragen an das Gewissen der Seele gerichtet, die nur von der Seele selbst beantwortet werden können. Die Seele erhält im ewigen Jetzt dieser Dimension einen Bericht über alle ihre Erfahrungen aus dem vergangenen Leben. Die große Lektion hier ist, alle Formen der Dualität zu durchschauen und jetzt bedingungslose Liebe, Dankbarkeit und Vergebung zu *sein* – der Mensch wird neu geboren. Der Vierte Himmel ist mit dem Herzen verbunden.

Eine der größten Gaben der Menschheit, die etwas ganz Besonderes und Schönes des Menschseins hervorhebt, ist unsere Fähigkeit, über Erinnerungen nachzudenken. Leider wird diese Fähigkeit eingeschränkt, wenn sie sich zu reiner Sentimentalität entwickelt. Ich neige dazu, der amerikanischen Fotografin Sally Mann zuzustimmen, wenn sie in ihrem Buch *Hold Still* schreibt: „Wenn man eine Erinnerung bewahren und lebendig halten will, muss man darauf verzichten, sie zu oft hervorzuholen." Jedes Mal, wenn man bei einem vergangenen Ereignis verweilt, verzerrt es sich ein wenig und seine Authentizität wird verwässert. Das liegt daran, dass man jedes Mal etwas anderes erlebt, wenn man sich ein vergangenes Ereignis ins Gedächtnis ruft. Andererseits ist es wichtig, darauf hinzuweisen, dass man durch die Verarbeitung der Vergangenheit neue Realitäten und neue Perspektiven aus der Asche der alten erschafft.

Der Punkt ist, dass die Menschheit aufgrund ihres Gedächtnisses und ihrer erhabenen Fähigkeit, zu kreieren und zu gestalten, direkt mit dem Buch des Lebens verbunden ist. Diese Beziehung wird verstärkt, wenn sich ein schöpferischer Mensch für das Gesetz des Lichtes öffnet. Das Wissen und das Verständnis von der menschlichen Gabe, das Narrativ eines vergangenen Ereignisses erweitern zu können, unterstützt die Fähigkeit einer bewussten Praxis der Visualisierung. Gepaart mit einer einzigartigen Fähigkeit zu Empathie und Mitgefühl ist der Mensch daher in der Lage, sich mit anderen Lebewesen zu identifizieren. Es sind diese Qualitäten, die, wenn sie voll entwickelt sind, es der Menschheit ermöglichen, den nächsten großen Quantensprung zu einem höheren Bewusstsein zu machen. Durch die Bestrebung, den höchsten moralischen und ethischen Verhaltenskodex zu erreichen, legten die Essener vom Toten Meer und die Therapeuten aus Alexandria den wahren hippokratischen Eid ab: jedem, der leidet, bedingungslos und um jeden Preis zu helfen. Sie wussten, dass eine unentgeltliche Behandlung eine Öffnungsaktion an sich darstellt, die die schweren karmischen Themen im Leben eines Menschen beseitigt und transformiert, Themen, die als dunkle Materie in der vierten Dimension gespeichert sind.

Calle de Montségur las die Aufzeichnungen einer Person in der vierten Dimension und war durch Fernheilung in der Lage, das Karma dieser Person zu verändern und die schweren Gedankenformen aufzulösen, die ursprünglich zum Leiden des Klienten geführt hatten.

Calle nahm nur Bezahlung von denjenigen an, die genug Geld hatten. Die ganze Frage der Bezahlung ist eine komplexe Angelegenheit. Ein Klient fragte Calle einmal, wie er denn Geld für eine Heilsitzung nehmen könne, wenn es doch der Heilige Geist sei, der die Arbeit machen würde. Calle antwortete, der Heilige Geist arbeite umsonst, aber er selbst müsse seinen Lebensunterhalt verdienen. Und dann gibt es wiederum Klienten, die glauben, dass eine Heilsitzung nicht wirksam sein kann, wenn sie nichts kostet. Jeder einzelne Therapeut muss für sein eigenes Vorgehen verantwortlich sein. Ein erfahrener Therapeut ist sich dessen bewusst und findet das richtige Gleichgewicht zwischen Heilung und Bezahlung. In vergangenen Zeiten lebten die Essener und Therapeuten in Gemeinschaften, in denen für die täglichen Notwendigkeiten des Lebens gesorgt wurde. Heute müssen die meisten Therapeuten für sich selbst sorgen und brauchen irgendeine Form der Bezahlung, um ihre therapeutische Arbeit leisten und zugleich leben zu können. Es ist jedoch eine sehr feine Balance und hängt letztlich von der spirituellen Integrität des Therapeuten ab.

Die Dunkelheit hatte sich über das alte Jerusalem gelegt, als ich auf der Suche nach dem alten Rabbi Eli das jüdische Viertel betrat. Bevor ich das Christ Church verließ, sammelte ich mich einen Moment mit der *Rukha d'Koodsha – Malkoota d'Shmeya*-Atmung, gefolgt von Taxos Gebet:

„*Maran Atta – Yeshua, Yeshua, komm jetzt zu mir!*"
Ich spürte, wie der Raum um mich herum zu fließen und zu pulsieren begann, und schloss mit meinem eigenen Gebet:

„*Mach mich zu Deinem Instrument. Hilf mir, Dein Ziel zu treffen; lass mich diese Gelegenheit nicht verpassen. Erfülle mich mit Deinem Licht und Deiner Führung. Nimm mein Sein und setze mich ein!*

Ich danke Dir, weil es jetzt so ist."

Ich begab mich auf den freien Platz vor der Hakotel Yeshiva, wo ich Eli zum ersten Mal getroffen hatte. Ich fand dieselbe Bank und setzte mich, um meine Praxis wieder aufzunehmen. Es war wahrscheinlich ein Schuss ins Blaue, aber wer nicht wagt, der nicht gewinnt.

Nach dem Gebet war mir der Gedanke gekommen, dass ich versuchen sollte, den Feuerwagen hier und jetzt zu manifestieren. Letzten Endes war es nur ein Raum gewesen, in dem ein Stuhl in der Mitte gestanden hatte und ein nach unten offener Winkel mit einem Punkt in dessen Zentrum an die Wand gemalt worden war. Müsste es nicht möglich sein, ein Feld um mich entstehen zu lassen, das ich für das Erleben des Feuerwagens benötigen würde, indem ich einfach mein Bewusstsein darauf ausrichte, ohne tatsächlich in dem Raum mit dem Nazarenerzeichen an der Wand oder in der Höhle 4 zu sein? Es gab nur einen Weg, das herauszufinden.

Alles ist im Großen Gedächtnis verborgen, niedergeschrieben im Buch des Lebens, das geduldig darauf wartet, dass wir uns erinnern. Die lange Reihe der Reisenden des Feuerwagens und der Menschensöhne: Enoch, Hermes, Hesekiel, Elia, Elisa, Yeshua! Ich kann ihre Worte hören, die durch die Korridore der Zeit widerhallen. Ich erinnere ...

Das Buch von Asaph vibriert in meinen Händen – ich sitze in meinem Zimmer, in das die Dunkelheit der Nacht eingedrungen ist. Ich schalte das Licht ein und beginne zu lesen:

21. Sag Deiner Seele, sie möge dorthin reisen, wo auch immer Du es wünschst, und sie wird sofort reagieren. Es gibt keinen einzigen Ort, weder innerhalb noch außerhalb dieses Universums, zu dem Deine Seele keinen Zugang hat – sie ist überall sofort im Moment des ewigen Jetzt präsent. Die Seele kann alles durchdringen. Sieh, welche unendliche Kraft und Geschwindigkeit Du besitzt! Wahrlich, alles ist in ⊙ als Bewusstsein und Gedankenformen enthalten. Erweitere Dein

Bewusstsein, verlasse die physische Welt und überwinde Zeit und Raum. Werde formlos, endlos, ewig, und Du wirst Eins sein mit ⊙.

Nichts ist unmöglich. Du bist unsterblich und verstehst alles, weil Du mit allen Dingen verbunden bist. Werde größer als groß und kleiner als klein. Erhebe Dich zu den höchsten Gipfeln und begib Dich in die tiefsten Tiefen. Vereinige alle Elemente in Deinem Selbst. Vereinige alle gegensätzlichen Ideen und Konzepte. Vergiss nie, dass es Dir möglich ist, durch das ewige Jetzt zu jeder Zeit überall präsent zu sein. Von dort aus wirst Du in das Einssein mit ⊙ eintreten. Wenn Du jedoch Deine Seele auf das Bewusstsein Deines Körpers beschränkst, weil Du nicht an Deine Fähigkeiten glaubst und stattdessen Deinen Ängsten folgst, wie kannst Du dann jemals eine Verbindung zu ⊙ erleben?

Werde jetzt vollkommen still. Nur einen Moment. Wie kannst Du ⊙ übersehen oder vermissen, wenn ⊙ überall, wo auch immer Du hingehst, und in jedem, dem Du begegnest, gegenwärtig ist?

Das Auge. Ich muss mich auf mein Inneres Auge konzentrieren, das Auge, durch das ⊙ uns sieht und erkennt und durch das wir ⊙ sehen und erkennen können.

Ich verstehe – Asaphs Worte versuchen, die ultimative Gegenwart zu erklären und wie man alles neu wahrnehmen kann. *Wenn Du durch das Auge von ⊙ schaust, bist Du wiedergeboren …*

Das, was nicht durch Sprache beschrieben werden kann, kann durch Praxis überprüft und erfahren werden. Ich konzentrierte mich auf das Dritte Auge und begann:

B'Shm Adonai (In ⊙s Namen und Vibration, in ⊙s Gegenwart)
Mi yameini Mikael (Mikael an meine rechte Seite)
U mi smoli Gabriel (Gabriel an meine linke Seite)
U mi lifanai Uriel (Uriel vor mir)
U mi achrorai Rafael (Rafael hinter mir)
Ve al roshi Shekinah El (Die Shekinah über mir)
Ve ba levi Mashiach (In meinem Herzen der Messias)

Ich erschaffe diesen Raum. Dieses Feld. Ich etabliere den Feuerwagen. In dieser Praxis wird alles, was in einem Menschen getrennt oder abgespalten wurde, wieder miteinander verbunden. Ich erlebe es als einen Lichtstrahl, der sich seinen Weg in mein Bewusstsein bahnt. Dort erhellt er einen Punkt, lässt ihn erstrahlen und verbindet ihn mit einem weiteren Punkt, der zu leuchten beginnt und sich sofort mit dem nächsten verbindet, und so geht es weiter, bis sich ein pulsierendes Mandala aus Licht gebildet hat. Ich kann das Mandala klar mit meinem Inneren Auge sehen, es umgibt mich wie ein Hula-Hoop-Reifen, der seinen Mittelpunkt in meinem Herzen hat, und ich beginne die *Rukha d'Koodsha – Malkoota d'Shmeya*-Atmung, um es in eine Bewegung nach links zu aktivieren. Dann sehe ich ein zweites Mandala, das mich senkrecht umgibt, von der Krone bis zu den Füßen auf der Vorderseite meines Körpers und von den Füßen bis zur Krone auf der Rückseite. Auch dieses Mandala setze ich mit der *Rukha d'Koodsha – Malkoota d'Shmeya*-Atmung in Bewegung. Die Zentren beider rotierenden Mandalas schwingen gemeinsam als ein Zentrum im Herzen.[59]

[59] Für das horizontale Mandala: Eine Drehung nach links zieht Energie an, eine Drehung nach rechts strahlt Energie aus. Für das vertikale Mandala: Eine Drehung von der Krone hinunter zu den Füßen und von dort den Rücken hoch zurück zur Krone zieht Energie an. Kehrt man diese Drehung um, strahlt sie Energie aus. Es ist möglich, beide Mandalas gleichzeitig in beide Richtungen zu drehen.

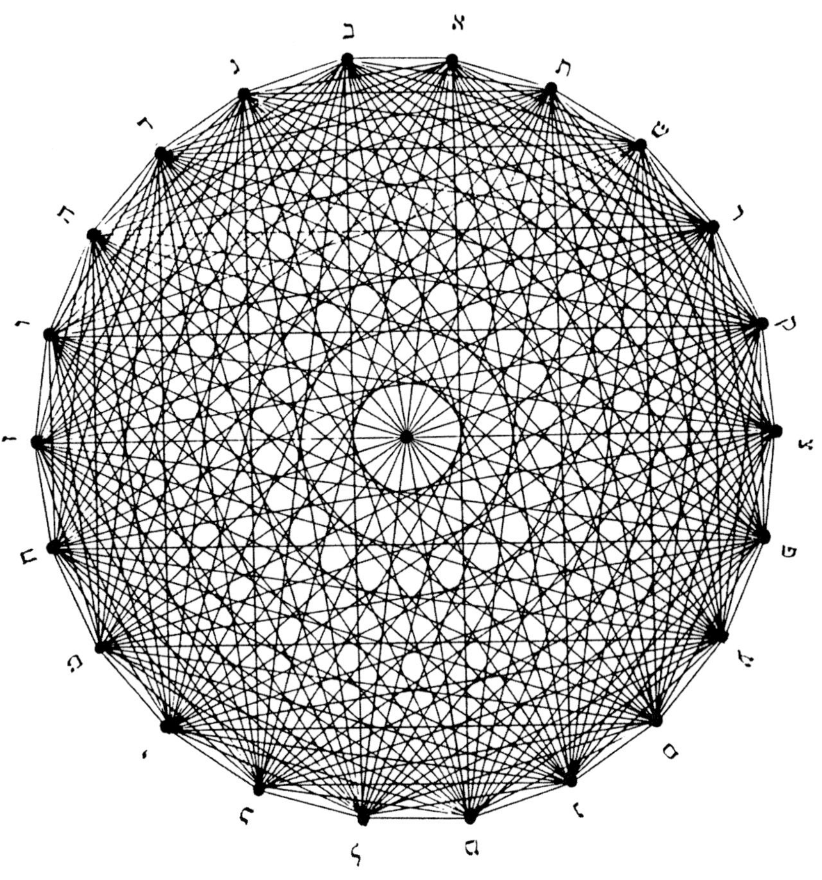

Das Mandala der Schöpfung, bestehend aus den 22 aramäischen Buchstaben, die in ihrer Kombination 231 Tore vom Menschen zu ⊙ bilden. Nach alter jüdisch-kabbalistischer Tradition hat ⊙ durch diese 22 Buchstaben alles erschaffen.

Ich lege meine linke Hand auf meine rechte Schulter. Dabei streckt sich meine weibliche Feuerkraft, Mitgefühl, *Serah*,[60] der männlichen entgegen und erweckt sie. Meine männliche Feuerkraft, Gerechtigkeit und Rechtschaffenheit, *Sadok*, reagiert darauf, indem ich meine rechte Hand auf meine linke Schulter lege. In der Mitte, wo sich die beiden Arme kreuzen, liegt das Herz, die Brautkammer, in der die beiden eins werden.

„Das Weibliche erweckt das Männliche und hebt es aus der Dunkelheit, damit es frei und unbeschwert leuchten kann. In den Stunden der Nacht reflektiert es das Männliche, wie der Mond die Strahlen der Sonne, inspiriert und reinigt seine Essenz und bringt sein Leuchten in die Welt hinein."

Ich fühle die Vereinigung meiner weiblichen und männlichen Prinzipien in meinem Herzen pulsieren und öffne mich für das Ziel meiner Praxis. Taxo finden. Ich rufe sie in meinen Geist und nehme Kontakt mit der Essenz ihrer Seele auf, wo immer sie auch sein mag. Dann atme ich die Essenz von Taxo durch mein Herz ein und lasse sie hinauffließen zum Dritten Auge, spüre das dortige Verschmelzen und atme durch mein Drittes Auge aus, während ich meine Arme öffne und bewusste Gegenwärtigkeit zu ihr ströme. In dieser Position, einer Manifestation des ultimativen Dieneraspekts, *Sethi* (der Same), lasse ich mich in die entstehende Vision hineinziehen.

Serah – Sadok – Sethi – Taxo ...

---

[60] Der Buchstabe H (Heh) ist der fünfte Buchstabe des hebräischen und aramäischen Alphabets. Die Essener glaubten, dass dieser Buchstabe einen ganz besonderen Segen darstellt, der von ⊙ kommt. Ein Name, der auf H (Heh) endet, ist weiblich. Ein Name, der mit diesem Buchstaben beginnt oder ihn enthält, gilt als männlich.

22

DER MESSIAS ERSCHEINT

Ich öffne die Augen und finde mich in einer Wohnung wieder, die mir bekannt vorkommt. Vom Wohnzimmerfenster aus kann ich sehen, wie die Bewohner des Hauses zu ihren Autos rennen.

Im Hausflur höre ich laute Stimmen. Ich öffne meine Wohnungstür und blicke fragend zu zwei Männern, die aufgeregt über etwas diskutieren.

„Ist etwas passiert?"

„Haben Sie es nicht gehört?", fragt einer von ihnen mit sich überschlagender Stimme.

„Nein, was ist denn los?", frage ich und fühle eine Mischung aus Schwindel und Verunsicherung in mir aufsteigen. Seine Hände und Arme bewegen sich aufgeregt, während er lauthals auf mich einredet, und ich muss mich wirklich konzentrieren, um zu verstehen, was er mir zu sagen versucht.

„Etwas ganz Wunderbares! Der Messias ist auf dem Weg zu uns! Er wird dieses ganze Chaos aufräumen! Ich wusste es! Endlich! Die Zeit ist gekommen! Shekinah wird das Goldene Tor wieder öffnen!"

„Entschuldigen Sie bitte … aber wovon sprechen Sie?"

„Meine Güte, haben Sie denn überhaupt gar nichts mitbekommen? Alles ist zusammengebrochen, die Banken sind geschlossen, nirgendwo gibt es irgendwelche Informationen, Facebook ist offline und die Leute plündern überall die Läden! Beeilen Sie sich! Los, kommen Sie!"

Er verschwindet, ohne auf eine Reaktion von mir zu warten. Ich beobachte, wie er in sein Auto springt, den Motor voll aufdreht und sich in den Strom der Autos einreiht, die sich im Schneckentempo in Richtung Stadt bewegen. Ich laufe nach unten und finde meinen Mietwagen, fahre hinein in das Verkehrschaos und folge einem Schild, das in Richtung Jerusalem zeigt.

Das Dröhnen der Autohupen klingt wie verwundete Tiere, die ihre Frustration in die Dunkelheit hinausbrüllen, während wir dem verheißenen Licht entgegenkriechen.

Südlich der Altstadt wird der Autostrom nach Westen gelenkt, und ich schaffe es gerade noch, neben der Einfahrt zu einer Baustelle am Zionstor einen Parkplatz zu finden. In aller Eile erreiche ich das jüdische Viertel. Auch hier herrschen totales Chaos und Verunsicherung und jeder scheint in seiner eigenen kleinen Blase zu sein. Ich folge der Menge in Richtung des Goldenen Tors.

Das Gedränge ergießt sich durch die Via Dolorosa und strömt durch das Löwentor. Auf der anderen Seite des Tores bietet sich mir ein überwältigender Anblick. Die gesamte Ostseite, bis hinauf zum Ölberg, so weit das Auge reicht, ist mit Wellen von Menschen gefüllt – Tausende, die gekommen sind, um diesen historischen Moment zu erleben. Über dem muslimischen Friedhof vor dem Goldenen Tor ist eine riesige Holzbühne errichtet worden, die sich über die gesamte Länge der Mauer erstreckt. Alles wird von riesigen Scheinwerfern in ein helles Licht getaucht, während Fernsehsender und Reporter aus der ganzen Welt darum wetteifern, sich einen Platz so nah wie möglich am Podium zu sichern. Von Zeit zu Zeit werden Hinweise und Anordnungen in verschiedenen Sprachen durch die Lautsprecher geschrien, jedoch müssen diese um die Aufmerksamkeit der versammelten Massen kämpfen, damit sie über den spontanen Jubelrufen und Freudenausbrüchen zumindest teilweise Gehör finden können. Es fühlt sich so an, als hätten die Behörden den Versuch aufgegeben, die Situation unter Kontrolle bringen zu wollen, und würden mittlerweile einfach nur noch darauf hoffen, dass die bloße Anwesenheit der Polizei ausreichen wird, um die Gemüter im Zaum zu halten. Jeder wartet darauf, dass irgendetwas passieren wird. Aber was? Und wann?

Einige Leute beginnen zu singen. Andere folgen ihnen und einen Moment später verwandelt sich die Menge zu einem riesigen Chor aus mehrsprachigen Liedern und Stimmen. Ich spüre, wie mich ein großes Gefühl von Verbundenheit und Zugehörigkeit durchströmt. Jeder ist sich bewusst, dass dies ein unvergleichlich bewegender und vielleicht entscheidender Moment in der Geschichte der Menschheit ist.

Plötzlich, von einem Punkt weit draußen am Rande der Menge, ein gutes Stück den Ölberg hinauf, beginnt eine Kettenreaktion der Stille.

Ein erwartungsvolles Gemurmel geht durch die Menge, dann verstummt alles.

Etwas bewegt sich am Fuße des Ölbergs. Das Menschenmeer teilt sich, und ich kann eine Prozession weiß gekleideter Gestalten ausmachen, die sich langsam in Richtung des Goldenen Tores bewegt. Als die Prozession näher kommt, sehe ich eine große, schlanke, weiß gekleidete Gestalt, die vor einer kleinen Gruppe von zwölf Frauen geht. Von Zeit zu Zeit bleiben sie stehen und legen ihre Hände auf einige der vielen Menschen, die versuchen, die Aufmerksamkeit und Zuwendung der vorausgehenden Frau zu erhalten.

Ich dränge mich durch die Menge in Richtung des Podiums, auf das sie zuzusteuern scheint.

Sie betritt die Bühne und ist nur noch etwa zwanzig Meter von mir entfernt. Ich kann es nicht fassen. Es ist – Taxo! – das Mädchen aus meinen Visionen, das gekommen ist, um die Welt zu retten! Sie zu beschreiben ist unmöglich – sie ist ohne Zweifel das wunderschönste menschliche Wesen, das ich je gesehen habe. Ihre Augen scheinen durch alles hindurchzustrahlen, alles zu sehen und allem mit einer Liebe zu begegnen, für die ich einfach keine Worte finden kann.

Sie lässt ihren Blick über die Menge schweifen, dann tritt sie auf das Podium, während die anderen Frauen einen schützenden Ring um sie bilden.

Alle Aufmerksamkeit ist auf sie gerichtet, als würde das Ende der Welt bevorstehen und als sei das, was die junge Frau gleich enthüllen wird, das Einzige, was die Gezeiten des Schicksals ändern und selbst die am tiefsten erschüttertste Seele berühren kann.

Ich habe noch nie eine Menschenmenge von derartiger Größe erlebt, die in einer so friedlichen Gegenwart zusammensteht. Ein einziges riesiges Wesen, das den Atem anhält und eine Stille erzeugt, in der man ein Staubkorn auf die Erde fallen hören könnte.

Die Frau beginnt auf Aramäisch zu sprechen (im Nachhinein sagten alle, die gefragt wurden, dass sie jedes Wort verstanden hatten, obwohl sie weder Aramäisch sprechen noch verstehen können, und viele noch nie von dieser Sprache gehört hatten).

„Liebe Schwestern und liebe Brüder! Ich grüße Euch in der Freude meines Herzens und in tiefstem Dank – Ihr habt den Ruf gehört und seid ihm gefolgt und habt heute Euren Weg hierhergefunden. Einige von Euch sind viele Tage gereist und haben viele Meilen zurückgelegt, zu Wasser, zu Lande und in der Luft. Alle seid Ihr dem stillen Ruf gefolgt, den wir ausgesandt haben."

Sie blickt zu den Frauen hinter ihr. Eine Welle von Energie strömt vom Podium aus, die mich für einen Moment schwindelig werden lässt. Als sie weiterspricht, habe ich plötzlich das Gefühl, dass ihre Stimme von irgendwo tief in meinem Inneren aufsteigt.

„Möge das, was gehört wird, verkündet werden. Möge das, was verkündet wird, empfangen werden. Mögen die Erhabenen und Gnadenvollen mit uns sein, im Heiligen Licht dieses Augenblicks.

Die Welt, die gestern noch existiert hat, ist heute vergangen. In den letzten Stunden sind alle Institutionen, Kommunikationssysteme und monetären Werte, die uns als vertrauenswürdig präsentiert wurden und denen wir unseren Glauben geschenkt haben, zusammengebrochen. Alle Lügengeschichten, die uns erzählt wurden und denen wir unseren Glauben geschenkt haben, alle Träume und Versprechungen von Komfort, Status und Reichtum haben sich wie Geister in Luft aufgelöst – und uns mit leeren Händen und einem tiefen Gefühl von Verrat und Täuschung zurückgelassen. Verzweifelt nicht! Wir sind heute hier zusammengekommen, um uns daran zu erinnern, wer wir wirklich sind – wir sind Botschafter des Lichtes! Jeder Einzelne von uns ist ein Kind von ☉. Jeder Einzelne von Euch kam mit seinen eigenen einzigartigen Gaben und seiner eigenen Bestimmung auf die Erde. Es ist nun an der Zeit, diese Gaben anzunehmen! Erlaube diesem Bewusstsein in Deinen Geist einzuziehen. Erlaube Deinem kosmischen Gedächtnis, sich in Dich zu ergießen. Kannst Du all die Momente erinnern, in denen Du Dich selbst, Dein wahres Sein, verlassen hast? Kannst Du Dich an einige der unzähligen Male erinnern, in denen Du versucht hast, irrigen Überzeugungen, Projektionen und Versprechungen gerecht zu werden, in der Hoffnung, etwas als Belohnung dafür zu erhalten, dass Du einem Weg gefolgt bist, der nicht wirklich der Deine war; in der Hoffnung, dass es Dir helfen würde, irgendwann, irgendwo einmal etwas ganz Besonderes zu erreichen und jemand ganz Besonderes zu sein?"

Ihre Stimme entfaltet sich wie ein Gesang aus dem Anbeginn der Zeit.

„EPHATAH! Öffne Dich! Du *bist* jemand ganz Besonderes! Du bist es immer gewesen und wirst es immer sein!"

Sie hält inne und blickt auf das Meer von Menschen.

„Dieser Moment ist der Beginn der Neuen Zeit. Öffne Dich – und tritt ein! Vereinige Dich mit dem Wort unseres Bruders Yeshua und unserer Schwester Mariam – Sei neu geboren in diesem Leben! In diesem Moment! – Ich bin gesandt, um gemeinsam mit Euch die Kraft ihrer Botschaft zu erneuern.

Um über das Eine Gesetz – das Gesetz des Lichtes – zu sprechen, das jeder von uns in sich trägt. Öffne Dich – lausche … und finde seine Stimme in Deinem Inneren. Das Gesetz des Lichtes durchdringt und erhält alles. Diejenigen, die es erkennen und wahrnehmen, werden es überall finden. Ich bitte Dich jetzt, in einen Raum des Vertrauens und des Glaubens an dieses Gesetz einzutreten. Bevor Du Dich jedoch entscheidest, diese innere Wandlung zu vollziehen, erlaube Deinem Geist zu reflektieren: Ich bitte Dich nicht um blindes Vertrauen in irgendetwas – sondern um Vertrauen in das Bewusstsein in Dir, das alles Wissen und alle Wahrhaftigkeit in sich vereint. Es *weiß*. Es hat schon *immer* alles gewusst. *Du* hast schon immer alles gewusst.

Aber die farbenfrohen Impulse unseres äußeren Bewusstseins haben viele aufregende Melodien gespielt, die unsere Aufmerksamkeit auf sich gezogen haben. Vertrauen ist eine Schwingung, so zart wie ein Windhauch. Sie kann plötzlich, zwischen zwei Herzschlägen, verschwunden sein. Doch wenn Du Dich ganz auf sie einlässt, wird sie stärker als der härteste Stahl. Nun ist es Zeit für eine Entscheidung. Die Essenz des Gesetzes des Lichtes ist immerwährende Liebe und Mitgefühl. Folge seiner Bewegung in Dir. Verschmelze mit seinem Klang. Tritt mit vollkommener Kraft in das Feld deines inneren Bewusstseins ein – und lass Dich von ihm leiten bis ans Ende der Zeit. Das Gesetz des Lichtes ist wie ein Spiegel, in dem wir immer unser getreues und wahrhaftiges Spiegelbild sehen können. Wir sind jederzeit in der Lage, jede Handlung, jedes Verhalten, jeden Gedanken und jedes Gefühl, das durch einen vergesslichen Moment entstanden ist, zu korrigieren und zu transformieren."

Es ist, als ob sie jedem Einzelnen von uns direkt gegenüberstehen würde.

„Vergiss nie, dass Du ein Geschenk erhalten hast, als Du hier inkarniert bist. Wir sind alle ⊙s gleichwertige, gleichberechtigte und gleichgestellte Kinder, erschaffen nach dem Ebenbild ⊙s. In ⊙s Bewusstsein, in ⊙s Schwingung, in ⊙s Namen. Aber jeder Einzelne von Euch hat auch ein einzigartiges Geschenk erhalten, das nur Euch selbst gegeben wurde. Erlaube ihm jetzt, sich zu entfalten. Hüte seinen ewigen Funken und lass ihn zu einer mächtigen Flamme wachsen! Brenne mit ihr und trage sie mit Sorgfalt und Verantwortung in Dein Leben, gestalte sie und teile sie in Dankbarkeit und Großzügigkeit mit Deinen Mitmenschen. Keiner von uns ist hierhergekommen, um etwas oder jemanden auszunutzen. Das Leid, das wir erfahren und verursacht haben, wurde mit abwesendem Geist und geschlossenem Herzen erschaffen. Segnet alle vergangenen Situationen, alle Erfahrungen, alle Begegnungen und kehrt zurück nach Hause, zum Licht in Euren Herzen. In dem Moment, in dem wir dort eintreten, wissen wir: Wenn ein Wesen leidet, leidet die ganze Menschheit. Wenn ein Mensch bankrottgeht, gehen alle bankrott. Wenn einem Menschen unsere Liebe verweigert wird, sind wir alle von der Liebe getrennt. Kannst Du erkennen, dass Du alles, was wirklich wertvoll ist, umsonst erhalten hast? Bist Du jetzt bereit, zu geben, frei und ohne Bedingungen? Wir sind alle Eins. Niemand ist um seiner selbst willen hierhergekommen. Wir sind hier, um das Versprechen zu erfüllen, das wir uns selbst vor unserer Entscheidung, hierherzukommen, gegeben haben.

Wir sind hier, um uns hin zu GEBEN und zu TEILEN! Um zu LIEBEN und zu LEUCHTEN."

Sie hält erneut inne und die Menge wartet mit angehaltenem Atem.

„Erinnert Euch, in der Sprache von Yeshua werdet Ihr kein Wort für den Begriff Sünde finden, wie wir ihn heute verstehen. *Sündigen* heißt, sich von seinem Ziel zu entfernen. Wenn Du, aus welchem Grund auch immer, der Welt das heilige Geschenk vorenthältst, derjenige zu sein, der zu sein Deine Bestimmung ist, bist Du nicht in ⊙ gegenwärtig. Jeder Groll gegenüber einem anderen ist ein Stachel, mit dem Du Dich selbst verletzt. Jedes Wort, das Du mit einem harten oder geschlossenen Herzen aussprichst, verschließt und verhärtet Dein Herz und entfernt Dich von der Liebe, die Du BIST. Empfange diese Erkenntnis! Fühle sie. Erlaube ihre Erfahrung. Und dann lass jedes Urteil los. Jetzt ist es offensichtlich – wenn Du einen anderen verurteilst, verurteilst Du Dich selbst. Wann immer ein Problem in Deinem äußeren Erleben auftritt, verschwende nicht Deine kostbare Zeit damit, von einem Ort zum nächsten zu rennen; hier, dort und überall zu suchen, um die Hilfe zu finden, die Du brauchst. Bleibe immer in Deinem ewigen Wesen zentriert. Suche immer zuerst das Himmlische Königreich in Dir. Und dann höre auf Seine Antwort. Lausche. Bleibe anwesend. Bleibe bewusst. Sei hellwach. Alles, was von Dir ausgesandt wird, kehrt irgendwann zu Dir zurück. Das ist das Gesetz des Lichtes. Dieses Gesetz kann niemals vergehen, es kann niemals verändert werden, es ist auf immer und ewig gültig. In dem Augenblick, in dem unser Bruder Yeshua seinen Geist am Kreuz *hinaufgab*, schlug ein Blitz in den Tempel ein und zerriss den Vorhang, sodass die Schönheit und Pracht des Allerheiligsten mit seiner reinen Essenz von ⊙ zum Vorschein kamen. Auch Du trägst diese Essenz von ⊙ in Dir! Wenn Du dem Gesetz des Lichtes erlaubst, aus der Tiefe Deines ewigen Seins aufzutauchen, wirst Du immer wissen, was zu tun ist. So gehe hin und sei das Licht, das Du zu Sein bestimmt bist! Gib niemals auf – gib es immer HINAUF!"

Sie streckt ihre Arme und Hände in die Höhe. Einen Moment lang steht sie in völliger Stille. Ich werde nie ihre letzten Worte vergessen, nie die Klarheit ihrer Gegenwart, als sie sich zu uns wendet und jedem von uns direkt in die Augen schaut. Ihre Stimme ist wie ein Flüstern des Himmels:

„Wann – wenn nicht jetzt? Wer – wenn nicht wir?"

Die Aufmerksamkeit aller ist vollkommen auf dieses strahlende Wesen gerichtet. Später waren viele von uns bereit zu schwören, dass ein Klang, den zunächst niemand zuordnen konnte, das kristalline Netz des Äthers für einige Momente sichtbar werden ließ. Die Luft um Taxo herum ist erfüllt von tanzenden Lichtpartikeln. Sie beginnt zu singen.

Es ist unmöglich, den Klang zu beschreiben, der aus ihr herausstrahlt, während sie ihren Kopf hebt und eine sanfte, befreiende und alles umfangene Schwingung auslöst, die unsere Herzen durchdringt und viele weinend auf die Knie fallen lässt. Nach und nach schließen wir uns ihr an, zunächst zögernd, bis schließlich alle unsere Stimmen in einem einzigen Ton vereint sind.

Es ist, als würde sie einen halben Meter über dem Podium schweben, während sie mit ausgestreckten Armen und himmelwärts gerichtetem Gesicht eine leuchtende Säule aus Klang manifestiert, die den Äther mit einer so reinen Liebe erfüllt, dass sie augenblicklich alle Ebenen der Trennung aufhebt. Wir sind Mitwirkende an der Schöpfung selbst. Tausende von Jahren angesammelten Leidens und Kampfes, Bitterkeit und Hass, Angst und Einsamkeit werden in neue Hoffnung umgewandelt. Auch ich kann meine Tränen nicht mehr zurückhalten.

Und plötzlich herrscht völlige Stille. Ich fühle mich umarmt von einem unbeschreiblichen Feld des Friedens.

„Möge die himmlische Quelle Dich segnen und Dich umfangen.

Mögest Du erfüllt sein von Ihrer Schwingung der unendlichen Gnade.

Möge Sie durch Dich leuchten und vibrieren

Und möge Ihr ewiger Frieden mit Dir sein.“

Man könnte eine Stecknadel fallen hören, als sie vom Podium herabsteigt. Dann bewegt sich plötzlich alles gleichzeitig in ihre Richtung. Auch ich versuche, wie im Traum, durch das Meer von Menschen zu ihr zu gelangen. Ich muss es einfach schaffen, in ihre Nähe zu kommen! Sie berühren. Ihre Hand halten. Den Segen dieses göttlichen Wesens empfangen.

Auf ihrem Weg zurück Richtung Ölberg hält sie immer wieder an, um die Menschen um sie herum zu heilen und zu segnen. Einen Moment lang verliere ich sie aus den Augen. Ich gerate in Panik! Dann erinnere ich mich an ihre Worte und bleibe inmitten der chaotischen Aufregung um mich herum vollkommen still stehen. Ich verstehe schlagartig, dass ihre Worte weder eine intellektuelle Theologie noch eine triviale Anleitung zur Selbstfindung zum Ausdruck gebracht haben. Sie hat das Gesetz des Lichtes offenbart, das ich schon IMMER in meinem Herzen getragen habe – ein Gesetz, das JETZT anerkannt, angenommen und gelebt werden muss! In *jedem* JETZT, also auch in *diesem* JETZT.

Ich beginne, tief zu atmen und mein Herz zu öffnen.

In diesem Moment teilt sich die Menge und ich gehe durch das Meer von Menschen auf sie zu. Dann sehe ich ihn. Asaph!

Sein langes weißes Haar weht in der Abendbrise. Taxo geht an seiner Seite.

Ich beginne zu rennen. Ich renne auf sie zu, als hinge mein Leben davon ab.

Ich kann gerade noch sehen, wie sie, Hand in Hand, den Ölberg hinaufgehen, als sie plötzlich verschwinden.

33

DAS LICHT IM HERZEN DER MENSCHEN

Ich renne, wie ich noch nie zuvor gerannt bin. Meine Lungen fühlen sich an, als wären sie mit Sand gefüllt, mein hämmerndes Herz ist zum Platzen gespannt. Ich renne durch den ersten Schleier. Meine Gedanken sind leere Worte, die in ein schwarzes Loch hinter mir gesaugt werden. Ich spüre ein Gefühl der Schwerelosigkeit, als würde ich über dem Boden schweben. Plötzlich bewegt sich alles in Zeitlupe und ich werde durch den zweiten, dritten und vierten Schleier gehoben. Als ich die hauchdünne Wand passiere, die den fünften Schleier kennzeichnet, erlebe ich eine vollständige Transformation des Physischen. Ein durchsichtiges Feld aus goldenen Fäden öffnet sich vor mir.

„Wer bist du?", fragt einer der beiden Schwellenwächter. Der zweite Wächter tritt vor, um mir den Weg zu versperren.[61]

Ich zögere einen Moment und antworte dann:

„Ich komme aus dem Licht!"

„Bist du das Licht?"

„Nein, ich bin ein Kind des Lichtes und kehre als sein Abgesandter zu ihm zurück!"

„Was ist das Zeichen des Lichtes in dir?"

---

[61] Die Schwellenwächter stellen die eigenen Schatten des Menschen dar. Sie offenbaren sich meist in Form von Lichtwesen oder Engeln an den Übergängen zwischen den verschiedenen Welten.

„Es ist sowohl Bewegung als auch Ruhe!“[62]

Sie treten zur Seite und lassen mich passieren.

Ich stehe am Rande der judäischen Wüste und sehe ein Beduinenzelt am Horizont, das wie eine Fata Morgana schimmert. Die brennende Sonne. Der goldbraune Sand. Natürlich! Es kann nur hier sein. Wo sonst? Ich gehe los.

Ich erinnere mich an die Worte eines guten Freundes: „Es ist wie nach Hause kommen... es ist wie... wenn du deinen Kopf nur einen Zentimeter drehst und plötzlich fallen die Sonnenstrahlen auf dein Gesicht – und alles wird klar.“ Dieser eine Zentimeter macht den Unterschied aus – eine winzige Bewegung, die alles verändert. So einfach ist das. Die Entscheidung, sich neu zu orientieren und neu auszurichten, ist immer in Reichweite, aber wir nehmen sie nur selten wahr.

Gedanken füllen meinen Kopf wie Popcorn in einem Topf mit heißem Öl. Es ist nicht nur die Frage, wer den Herd angemacht hat, sondern auch, wer den Topf am Kochen hält.

Ich schalte ihn aus.

Klarheit.

Es heißt, dass es nichts Neues unter der Sonne gibt.

Das mag wohl so sein. Aber niemand hat jemals genau das gefühlt, was du gerade jetzt erlebst, während du dies liest. *Bleibe bewusst. Sei hellwach.* Wir selbst sind entweder die Blockaden oder die Öffnungen zum Mysterium.

Ich betrete das Zelt. In der Mitte steht ein Tisch. Auf ihm liegt ein Buch. Das Buch von Asaph. Ich schlage es auf und lese:

---

[62] Bewegung = Klarheit, Bereitschaft, Präsenz. Ruhe = Frieden, Stille, Rast. Das ist die Antwort, die uns Yeshua im Thomas-Evangelium, Logion 50, gibt. Sie gilt für die Verstorbenen, die sich auf dem Weg nach oben durch den Schacht der Seele begeben, und sie gilt für den Reisenden im Feuerwagen, der sich zwischen den Welten bewegt und auf die Schwellenwächter trifft. Im Logion 50 hören wir: „Yeshua sagte: ‚Wenn sie zu dir sagen: Woher kommst du?‘, dann sag zu ihnen: ‚Ich komme aus dem Licht, wo das Licht sich selbst erschaffen hat und wo es sich durch das Bildnis in den Seelen manifestiert hat.‘ Wenn sie dich fragen: ‚Bist du es?‘, antworte: ‚Ich bin ein Kind des Lichtes und wurde von ⊙ auserwählt.‘ Wenn sie dich fragen: ‚Was ist ⊙s Zeichen in dir?‘, antworte: ‚Es ist Bewegung und Ruhe.‘“ Siehe auch das Buch von April DeConick: *Seek to See Him, Ascent and Vision Mysticism in the Gospel of Thomas.*

22. Der Fünfte Himmel umfasst die Frequenzebenen neunundzwanzig bis fünfunddreißig und beinhaltet eine höhere ätherische Welt der holographischen Kommunikation. Diese Dimension ist ein Bewusstseinsfeld, durch das Informationen aus dem Buch des Lebens kanalisiert werden. Die ersten fünf Bücher des Alten Testaments und die Bücher der Propheten, die jeweils sieben Schichten von Codes enthalten, stammen aus dieser Sphäre. Der Fünfte Himmel korrespondiert mit der Kehle.

Der Sechste Himmel ist die höchste ätherische Dimension und besteht aus reinem Klang. Der Frequenzbereich dieser Dimension erstreckt sich von sechsunddreißig bis zweiundvierzig und ist der Eingang zum Siebten Himmel. Der Sechste Himmel birgt die Schlüssel und Codes für den Feuerwagen in sich. Das planetarische Bewusstsein der Plejaden schwingt auf dieser Frequenz und enthält das Wissen der energetischen Präzision. Der Sechste Himmel entspricht dem Dritten Auge.

Der Siebte Himmel ist die Dimension des Messias, der Propheten, der Avatare sowie aller Engelshierarchien. Das Frequenzfeld liegt hier zwischen dreiundvierzig und neunundvierzig. Diese Dimension schwingt auf der höchsten Ebene von Ganzheit, Heilung und Bewusstsein, die die Menschheit erreichen kann. Der Siebte Himmel korrespondiert mit der Krone.

Eine Verbindung von hier zu einer noch höheren Dimension, dem Paradies, wird möglich sein, wenn der Reisende alle willentlichen Projektionen auf die physische Inkarnation aufgegeben hat. Dort wirst Du alle Seelenblumen finden – rund um den Baum des Lebens gepflanzt.

Alle Dimensionen existieren und schwingen in ⊙.

„Endlich hast du es geschafft!“, höre ich eine weibliche Stimme sagen. „Ich habe lange auf diesen Moment gewartet und bin so froh, dass du einen Weg gefunden hast, um hierherzukommen.“

Ich drehe mich um und sehe ein Lichtwesen vor mir stehen. „Wer bist du?“, frage ich.

„Du kennst die Antwort auf diese Frage. Ich bin jede einzelne der Frauen in deinem Leben. ICH BIN deine Mutter, deine Großmütter, deine Schwester, deine Gefährtinnen, das kleine Mädchen mit dem Lolli, die weinende Stewardess am Flughafen, die Nonne, die Bettlerin – alle Frauen, die du je gekannt oder kennengelernt hast oder an denen du jemals vorbeigegangen bist. Verstehst du? Ich bin deine weibliche Seite. ICH BIN Ishatar, Mariam, Zoé, Hildegard, Naleea, Taxo!“

„Taxo!“

Ich muss ziemlich verblüfft ausgesehen haben, denn meine Reaktion bringt sie zum Lachen. Aus mir bricht es heraus:

„Ich habe dich gesucht! Immer wieder habe ich dich in meinen Träumen und Visionen gesehen! Ich habe versucht, dir zu helfen – ich wollte dir folgen, aber ...“ Das schimmernde Feld ihres Lichtkörpers bewegt sich auf mich zu.

„Glaubst du wirklich, dass *du* es warst, der mich gesucht hat? Es war genau das Gegenteil. Lass mich erklären, wie es wirklich ist. Ich bin eine Schöpfung deiner Gefühle, deiner Gedanken, deiner Phantasien, deiner Ängste und all deiner Sorgen, aber auch, und vor allem, deiner Intuition. Ich war diejenige, die in deinen Träumen zu dir kam, während du deine Trilogie[63] geschrieben hast, um dich zu inspirieren und deine Visionen zu reflektieren. Alles, was du erlebst, ist das Ergebnis deiner eigenen Entscheidungen. Wenn eine Seele inkarniert, erhält sie einen geistigen Helfer, einen sogenannten Schutzengel. Ich bin dein Schutzengel. Ich bin der Spiegel, der dir die Möglichkeit gibt, klar zu sehen. Aber natürlich musst du dafür sorgen, dass der Spiegel immer poliert ist. Und ja, die Zeiten, in denen du mir gefolgt bist, waren Zeiten, in denen du mir geholfen hast – wenn du auf deine Intuition oder

[63] *Der Seher, Magdalena* und *Der Gral* von Lars Muhl.

auf meinen Rat gehört hast. In solchen Momenten wusste ich, dass meine Aufgabe eines Tages erfüllt sein würde.

„Im Laufe der Jahre hast du die zahlreichen Lektionen integriert, die ich dir offenbart habe – jetzt, wo du alles verstehst, was ich dich gelehrt habe, musst du darüber hinausgehen … mit mir gemeinsam …"

Taxo ist zu einem kleinen, funkelnden Punkt geworden, der vor mir in der Luft schwebt und pulsiert. Überall, wo ich auch hinschaue, sehe ich eine goldene Substanz den Äther durchdringen, und plötzlich verstehe ich, was Calle de Montségur gemeint hat, wenn er sagte: *Freude ist Heilung.*

„Weißt du", fährt Taxo fort, „wahres Verstehen ist Sein. Jemanden oder etwas zu verstehen bedeutet, mit diesem Jemand oder Etwas Eins zu werden. In Wirklichkeit kann es in dem, was Eins ist, niemals eine Trennung geben. Wenn ein Individuum die Erfahrung macht, dass es vom Ganzen getrennt ist, liegt das an einer Fehlinterpretation seines oder ihres heiligen Wesens. Wenn du dich mit den Dramen des Alltags identifizierst, wenn du Leiden, Angst und Hass als Realität akzeptierst, nimmst du daran teil, bestehende Illusionen zu verkörpern, auszuleben, zu erweitern oder neue zu erschaffen. Der Schlüssel zum wahren Sein liegt darin, dass man aufhört, auf andere zu projizieren, was man selbst in sich transformieren sollte.

Die goldene Substanz, die du jetzt gerade wahrnimmst, ist das Ergebnis der Ausstrahlungen von Heilung und Mitgefühl, die seit Anbeginn der Zeit von vielen erwachten Seelen an die Menschheit gerichtet werden.

Dieses Potenzial, Heilung und Segen zu projizieren, ist in jedem Menschen zu finden."

Sie hält inne und ihre Worte klingen weiter durch den funkelnden Äther. Nach einer Weile fährt sie fort:

„Wenn du diesen Ort verlassen wirst, geh ein Stück weiter in die Wüste hinein – und du wirst einen Brunnen finden. Es ist Miriams Brunnen. Diejenigen, die diesen Brunnen suchen, tun dies, weil sie von der Weisheit trinken wollen, die in seinen Wassern verborgen ist. Es ist das Lebendige Wasser, von dem Enoch und Yeshua gesprochen haben und das jeden Durst stillen kann. Aber nur diejenigen, die den Mut haben, in die unergründlichen Tiefen des Brunnens hinabzusteigen, werden in der Lage sein, das Leben spendende Wasser heraufzuholen. Als Moses die Juden aus Ägypten ins Heilige Land führte, war es Miriam, die vorausging und durch ihren Gesang das Wasser aus dem Wüstenfelsen sprudeln ließ. Ihr Gesang öffnete nicht nur den Felsen und bewirkte, dass das Leben spendende Wasser floss, sondern er öffnete auch jedes versiegelte Herz.

Wenn du neben dem Brunnen stehst und in ihn hinabschaust, wirst du dein wahres Bildnis sehen. Danach musst du in die Welt hinausgehen und allen erzählen, was du gesehen hast. Sag ihnen, dass es nichts zu fürchten gibt. Das Leben ist ein kosmischer Tanz, bei dem nur der Tänzer die Musik hören kann. Also lausche! Und tanze! Höre ganz genau hin und du wirst Miriams Leben spendendes Lied hören können. Tanze aus der Illusion heraus, hinein in das Zentrum, hinein in ⊙s Wirklichkeit."

Der Lichtpunkt tanzt durch die Luft und pulsiert über Asaphs Buch auf dem Tisch.

Ihre goldene Stimme ruft mich zu ihr:

„Öffne das Buch von Asaph, und schreibe alles hinein, was du über das Menschsein und die Menschheit weißt – und lass diese Worte der letzte Vers des Buches sein. Was muss geschehen, bevor die Menschheit ihre Aufgabe und Bestimmung versteht? Was muss beendet und was muss begonnen werden, bevor die Menschheit all ihre Träume verwirklichen und all ihre Qualitäten entfalten kann? Bist du nicht *der Schreiber*[64]?"

Sie schwebt funkelnd über dem Buch. Ich zögere. „Wenn du der Schreiber bist, dann schreibe!"

Ich spüre, dass sie gleich verschwinden wird.

[64] Mein Lehrer Calle de Monségur nannte mich immer den *Schreiber*, was stets in seiner üblichen Mischung aus Sarkasmus und Ernsthaftigkeit gemeint war. Mit seinem Sarkasmus wollte er unterstreichen, dass ich sein Privatsekretär war, dessen einzige Aufgabe darin bestand, seine oft unverständlichen Erklärungen zu übersetzen. Was die ernst gemeinte Seite betrifft, so hatte er in den Aufzeichnungen des Buches des Lebens meine frühere Inkarnation als Schreiber und Gelehrter der Essener zur Zeit Yeshuas gesehen.

„Geh nicht weg!“ Meine Stimme überschlägt sich.

Ihr Licht strömt in mein Herz. Langsam gehe ich zum Buch, öffne es und schreibe:

33. Lieber unbekannter Freund, der Du mir auf dieser Reise gefolgt bist! Lass mich das Buch von Asaph mit einer einfachen Anekdote beenden. Einst, als ich noch jünger war, las ich alle Bücher über Ethik, Empathie und Spiritualität, die ich in die Finger bekommen konnte. Ich unterstützte alle möglichen guten Zwecke, schickte Geld an Hilfsorganisationen, setzte mich für die eine oder andere Sache ein und versuchte generell, mich anderen Menschen gegenüber so anständig wie möglich zu verhalten. Eines Tages, als ich wandern war und gerade mein mitgebrachtes Proviantpaket verzehrt hatte, musste ich eine Tüte mit Müll loswerden. Ich warf sie in einen Busch. Es war eine reflexartige Handlung meinerseits. Das sich sofort einstellende Schuldgefühl verdrängte ich mit der Ausrede, dass mich ja niemand gesehen habe. Ich wusste jedoch genau – irgendwann einmal würde irgendjemand anders hinter mir aufräumen müssen. Viele Jahre später, als ich bei meinem Lehrer in der Ausbildung war, sagte er mir, dass es „kleine, unschuldige Handlungen“ wie diese gewesen waren, die meine Fähigkeit zu fliegen blockiert hatten. „Was nützt es, alle Arten von spiritueller Literatur gelesen zu haben, Geld an die Armen in Afrika zu schicken, zu singen, um Geld für die Opfer im Kosovo zu sammeln, deine Gebete zu sprechen und Licht in den Himmel zu schicken, wenn du buchstäblich deinen eigenen Weg nicht sauber halten kannst?“ Meine Erfahrung ist daher, dass man niemals Kompromisse eingehen sollte, wenn es um Ethik, Ethos und Empathie geht, und nie zurückhaltend sein sollte, wenn man anderen etwas gibt. Es geht um entweder/oder, sowohl in

großen als auch in kleinen Dingen. Jeder einzelne Gedanke, jedes Gefühl, jedes Wort und jede Handlung bewirkt oder verändert etwas und beeinflusst das Ganze. Was auch immer eine Person tut, wirkt sich auf unsere gemeinsame Realität aus, weshalb die Vorstellung eines autonomen Individuums eine Illusion ist. Wir sind alle Eins, deshalb möchte ich mit diesem Credo schließen:

Versöhnung statt Bestrafung
Herausforderung anstelle der Norm
Mitgefühl statt Zynismus
Gegenwärtig sein statt distanziert
Organisch statt mechanisch
Humor statt Sarkasmus
Dynamisch statt gleichbleibend
Universal statt national
Großzügigkeit statt Gier
Altruismus statt Egoismus
Erleuchtung statt Realitätsflucht
Transzendenz statt Sedierung
Kooperation statt Konkurrenz
Die Weisheit des Herzens statt künstlicher Intelligenz
Klar und liebevoll statt kalt und zynisch

Shlama Alakoom
Gehe in Frieden

Ich lasse das Buch auf dem Tisch liegen, aufgeschlagen und aktiviert, sodass es jeder, der möchte, finden kann.

Draußen in der Wüste gehe ich in die Richtung von Miriams Brunnen.

Da ist er. Ich stehe an seinem Rand und bemerke, wie sich der Himmel im Wasser spiegelt.

Ich schaue hinunter in seine Tiefe und sehe meine eigene Reflexion. Im nächsten Moment erscheint ein weiteres Bild – DEIN Bild –, gefolgt von einer sich immer schneller beschleunigenden und ununterbrochen wechselnden Abfolge aus Bildern von all den Seelen, die jemals hier inkarniert waren.

Irgendetwas in der Stille um mich herum lässt mich den Atem anhalten. Ich setze mich und lausche. Ich lausche dem Klang von Feuer im aufkommenden Wind.

Und jetzt fängt alles an.

SERAH SADOK SETHI

SHEM

ÜBER DEN AUTOR

Lars Muhl wurde 1950 in Aarhus, Dänemark, geboren. Über viele Jahre war er erfolgreicher Sänger/Liedermacher und Musiker. Sein hauptsächliches Interesse bestand aber schon immer darin, die großen geistlichen Traditionen der Welt zu studieren und dies zu seiner Lebensaufgabe zu machen.

Im Jahr 1996 wurde er von einer unerklärlichen Krankheit niedergestreckt und konnte nur durch das Eingreifen des Sehers *Calle de Montségur* wieder gesund werden. Dies war der Beginn seiner Lehrzeit bei dem Seher bis zu dessen Tod im Jahr 2007 und der spirituellen Reise, die er in seinem berühmten „*⊙-Manuskript*" (Die Trilogie auf Deutsch: *Der Seher, Magdalena, Der Gral*) beschreibt.

Heute lebt Lars Muhl als Visionär und Mystiker, Heiler, inspirierender Autor und Redner. Er gibt regelmäßig Seminare im deutschsprachigen Raum.

Infos zu Terminen, Büchern, Videos hier: **www.larsmuhl.com**

Die Gral-Trilogie – Reise

Erster Band der Gral-Trilogie

Dieses Buch, geschrieben mit außerordentlicher Energie, Aufrichtigkeit und Demut, ist die fesselnde Erzählung über das Erwachen eines Mannes. Die Begegnung mit dem Seher ist für den Autor der Beginn einer persönlichen und philosophischen Suche, die seine Seele für eine neue Wahrheit öffnet.

Eine mystische Reise zum wahren Selbst.

Lars Muhl
Der Seher
208 Seiten, Klappenbroschur
ISBN 978-3-95883-103-2

Auch als Hörbuch
bei „steinbach sprechende bücher"
Sprecher: Wolfgang Berger
4 CDs, ca. 300 Min.
ISBN 978-3-86266-070-4